Künstliche Intelligenz

Künstliche Intelligenz

Wie sie funktioniert und wann sie scheitert

Janelle Shane

Deutsche Übersetzung von
Jørgen W. Lang

O'REILLY®

Janelle Shane

Lektorat: Alexandra Follenius
Übersetzung: Jørgen W. Lang
Korrektorat: Sibylle Feldmann, *www.richtiger-text.de*
Satz: III-satz, *www.drei-satz.de*
Herstellung: Stefanie Weidner
Umschlaggestaltung: Michael Oréal, *www.oreal.de*
Druck und Bindung: mediaprint solutions GmbH, 33100 Paderborn

Bibliografische Information der Deutschen Nationalbibliothek
Die Deutsche Nationalbibliothek verzeichnet diese Publikation in der Deutschen Nationalbibliografie; detaillierte bibliografische Daten sind im Internet über *http://dnb.d-nb.de* abrufbar.

ISBN:
Print 978-3-96009-160-8
PDF 978-3-96010-495-7
ePub 978-3-96010-496-4
mobi 978-3-96010-497-1

1. Auflage

Wieblinger Weg 17
69123 Heidelberg

Hinweis:
Dieses Buch wurde auf PEFC-zertifiziertem Papier aus nachhaltiger Waldwirtschaft gedruckt. Der Umwelt zuliebe verzichten wir zusätzlich auf die Einschweißfolie.

PEFC zertifiziert
Das Papier für dieses Buch stammt aus nachhaltig bewirtschafteten Wäldern und kontrollierten Quellen.
PEFC
PEFC/04-31-0810 www.pefc.de

Schreiben Sie uns:
Falls Sie Anregungen, Wünsche und Kommentare haben, lassen Sie es uns wissen:
kommentar@oreilly.de.

5 4 3 2 1 0

Für alle Leser meines Blogs, die über all die Albernheiten gelacht haben, die die seltsamen Kreaturen gezeichnet und alle Giraffen gefunden haben und die die vom neuronalen Netz erschaffenen Kekse tatsächlich gebacken haben. Danke, dass ihr die Meerrettich-Brownies ausgehalten habt.

Für meine Familie dafür, dass ihr meine größten Fans seid.

Inhalt

KI ist überall

Einer künstlichen Intelligenz (KI) beizubringen, wie man flirtet, ist auch für mich keine alltägliche Aufgabe.

Und dabei habe ich schon eine Menge seltsamer KI-Projekte durchgeführt. In meinem Blog *AI Weirdness (https://aiweirdness.com/)* habe ich eine KI beispielsweise darauf trainiert, sich Katzennamen auszudenken. Die Namen Mr. Tinkles (»Mr. Pinkel«) und Retchion (»Würgion«) waren dabei eher weniger erfolgreiche Versuche. Auch hatte ich schon probiert, einer KI beizubringen, wie man neue Kochrezepte erfindet. Dafür waren dann Zutaten wie geschälter Rosmarin oder eine Handvoll zerbrochenes Glas nötig. Aber der Versuch, einer KI das Flirten beizubringen, war noch einmal etwas vollkommen anderes.

KI lernt anhand von Beispielen. In meinem Fall hieß das, eine Liste mit Flirtsprüchen zu studieren und darauf basierend neue Sprüche zu erzeugen. Das Problem dabei war, dass ich die Trainingsdaten auf meinem Computer aus verschiedenen ziemlich furchtbaren Quellen im Internet zusammengesucht hatte. Sie reichten von anzüglichen Wortspielen bis hin zu ziemlich derben sexuellen Anspielungen. Sobald ich die KI darauf trainiert haben würde, diese Sprüche zu imitieren, sollte sie auf Knopfdruck Tausende neuer Varianten produzieren können. Wie ein vollkommen unbefangenes Kind würde sie absolut keine Ahnung haben, was sie imitieren sollte und was sie besser vermeidet. Die KI würde komplett bei null anfangen, ohne zu wissen, was Anmachsprüche sind (oder auch nur, was Englisch ist), und aus den Beispielen lernen. Dabei würde sie ihr Bestes geben, um die gefundenen

Muster zu imitieren – inklusive der Grobheiten. Woher soll sie es auch besser wissen?

Ich war schon drauf und dran, das Projekt aufzugeben, aber ich musste einen Blogartikel schreiben und hatte schon viel zu viel Zeit mit dem Sammeln der Beispielsprüche verbracht. Also begann ich mit dem Training. Die KI suchte nach Mustern, sie erfand und testete Regeln, die ihr dabei helfen sollten, vorherzusagen, welche Buchstaben in einem Anmachspruch in welcher Reihenfolge vorkommen sollten. Endlich war das Training beendet. Etwas beklommen forderte ich die KI auf, ein paar Zeilen auszugeben:*

```
Bist du eine Gardinenstange? Denn du bist das Einzige, was es
   hier gibt.
Hey Baby, du musst ein Schlüssel sein, denn ich kann dein Tuten
   ertragen.
Bist du eine Kerze? Weil du so heiß bist von den Blicken mit dir.
Du bist so schön, dass du sagst, eine Fledermaus auf mich und Baby.
Du siehst aus wie ein Ding und ich liebe dich.
```

Ich war überrascht – und erleichtert. Das virtuelle Gehirn der KI (ungefähr so komplex wie das eines Wurms) war nicht in der Lage, irgendwelche Feinheiten, einschließlich Frauenfeindlichkeiten oder Geschmacklosigkeiten, in den Trainingsdaten aufzuspüren. Sie hat die gefundenen Muster so gut sie konnte imitiert. Auf diese Weise hat sie eine deutlich bessere Lösung für das Problem gefunden – nämlich einen Fremden zum Lachen zu bringen.

Für mich waren diese Sprüche ein durchschlagender Erfolg. Wenn Ihr Wissen über künstliche Intelligenz dagegen aus Zeitungsüberschriften und Science-Fiction-Romanen stammt, kann diese Ahnungslosigkeit der KI jedoch sehr überraschend sein. Unternehmen behaupten gern, dass KI die Feinheiten menschlicher Sprache mindestens so gut wie Menschen beurteilen kann. Sie vermitteln den Eindruck, der Mensch werde in den meisten Berufen schon sehr bald durch künstliche Intelligenz ersetzt werden. In ihren Pressemitteilungen kann man lesen, die KI würde in allernächster Zukunft alle Lebensbereiche durchdrungen haben. Einerseits haben sie damit recht – andererseits aber absolut nicht.

In Wirklichkeit ist KI schon jetzt überall. Sie beeinflusst, was wir online erleben, legt fest, welche Werbeanzeigen wir zu sehen bekommen, und schlägt uns Videos vor. Daneben spürt sie Social-Media-Bots auf und warnt uns vor bösartigen Websites. Unternehmen setzen KI ein, um anhand von

* Die Ähnlichkeit mit vogonischer Liebeslyrik ist rein zufällig, siehe Douglas Adams. (Anm. d. Übersetzers)

Lebensläufen zu entscheiden, welche Kandidaten zum Bewerbungsgespräch eingeladen werden, wer kreditwürdig ist und wer nicht. KI-gesteuerte selbstfahrende Autos haben bereits Millionen von Kilometern zurückgelegt (wobei in verwirrenden Situationen immer noch Menschen eingreifen). Auch in unseren Smartphones ist KI am Werk. Sie reagiert auf Sprachbefehle, markiert automatisch die Gesichter in unseren Fotos und setzt uns in Videos diese süßen Häschenohren auf.

Aus Erfahrung wissen wir aber auch, dass künstliche Intelligenz nicht ohne Fehler ist – bei Weitem nicht. Wer kennt das nicht: Ständig wird uns Werbung für Schuhe angezeigt, die wir längst gekauft haben. Spamfilter übersehen Betrugsversuche, während die wichtigsten E-Mails zur ungünstigsten Zeit im Spamordner landen.

Je mehr unser Leben von Algorithmen bestimmt wird, desto größer und weitreichender sind die Konsequenzen, wenn die KI fehlerhaft ist. Die Empfehlungsalgorithmen von YouTube leiten uns zu immer stärker polarisierenden Inhalten. Schon mit wenigen Klicks gelangen wir von glaubwürdigen Nachrichtenquellen zu Videos, die Hassreden und Verschwörungserzählungen enthalten.[1] Algorithmen, die entscheiden, wer auf Bewährung freikommt, einen Kredit erhält oder zum Bewerbungsgespräch eingeladen wird, sind nicht unparteiisch. Sie unterliegen den gleichen Vorurteilen wie die Menschen, die sie eigentlich ersetzen sollen – manchmal ist diese Voreingenommenheit sogar noch deutlich stärker. Eine KI-basierte Überwachungsfunktion ist unbestechlich, sie kann aber auch keine moralischen Bedenken zu den übertragenen Aufgaben äußern. Auch kann sie Fehler machen, wenn sie falsch benutzt oder gar gehackt wird. Forscher haben entdeckt, dass schon ein unscheinbarer kleiner Aufkleber eine Bilderkennungs-KI dazu bringen kann, eine Pistole für einen Toaster zu halten; ein Fingerabdruckscanner mit niedrigem Sicherheitsstandard konnte in 77 Prozent aller Fälle mit einem einzigen Master-Fingerabdruck ausgetrickst werden.

Oft wird KI als deutlich leistungsfähiger angepriesen, als sie es tatsächlich ist. Manche Unternehmen behaupten Dinge, die klar ins Reich der Science-Fiction gehören. Andere bewerben ihre KI als unbestechlich, obwohl ihr Verhalten messbar diskriminierend ist. Oft ist das, was als Leistung einer KI angepriesen wird, in Wirklichkeit die Arbeit von Menschen, die hinter den Kulissen tätig sind. Als Konsumenten und Bürger dieses Planeten dürfen wir uns nicht übertölpeln lassen. Wir müssen verstehen, wie unsere Daten verwendet werden und was die von uns benutzte künstliche Intelligenz tatsächlich ist – und was nicht.

In meinem Blog *AI Weirdness* führe ich aus Spaß Experimente mit künstlicher Intelligenz durch. Manchmal lasse ich KI Dinge imitieren, die eher unüblich sind, zum Beispiel Anmachsprüche. In anderen Fällen versuche ich, die KI an ihre Grenzen zu bringen. Einmal habe ich einer KI beispielsweise ein Bild von Darth Vader gezeigt und gefragt, was sie sieht. Sie behauptete, Darth Vader sei ein Baum, und versuchte dann, mit mir darüber zu diskutieren. Durch meine Experimente fand ich heraus, dass eine KI selbst an den einfachsten Aufgaben scheitern kann, als hätte man sie absichtlich auf die falsche Fährte gelockt. Gerade dadurch, dass man einer KI eine Aufgabe gibt und beobachtet, wie sie versagt, kann man eine Menge über sie lernen.

Wie wir in diesem Buch sehen werden, sind die Dinge, die im Innern von KI-Algorithmen vor sich gehen, oft sehr seltsam und irgendwie ineinander verschlungen. Ihr Output ist häufig die einzige Quelle, mit deren Hilfe man herausfinden kann, was sie verstanden hat und was vollkommen schiefgegangen ist. Weisen Sie eine KI an, eine Katze zu zeichnen oder sich einen Witz auszudenken, macht sie die gleiche Art von Fehlern wie bei der Analyse von Fingerabdrücken oder der Sortierung medizinischer Abbildungen. Der Unterschied ist, dass man leichter erkennen kann, dass etwas nicht stimmt, weil die Katze sechs Beine hat oder dem Witz die Pointe fehlt. Außerdem machen diese Experimente einen Heidenspaß.

Im Verlauf meiner Versuche, KIs aus ihrer Komfortzone herauszuholen und unserer näherzubringen, habe ich KIs angewiesen, die erste Zeile eines Romans zu schreiben, Schafe an ungewöhnlichen Orten zu erkennen, Rezepte zu schreiben, Namen für Meerschweinchen zu erfinden und sich überhaupt so seltsam wie möglich zu verhalten. Durch diese Experimente können Sie lernen, was KI wirklich gut kann und wo sie Schwierigkeiten hat – und was sie weder in meinem noch in Ihrem Leben vermutlich nie lernen wird.

Die folgenden fünf Prinzipien der KI-Seltsamkeit habe ich herausgefunden:

- Die Gefahr ist nicht, dass eine KI zu schlau ist, sondern dass sie nicht schlau genug ist.
- Die »Intelligenz« einer KI entspricht ungefähr der eines Wurms.
- KI versteht die zu lösenden Probleme nicht wirklich.
- Aber: Eine KI macht genau das, was Sie ihr sagen. Zumindest versucht sie, ihr Bestes zu geben.
- Die KI geht den Weg des geringsten Widerstands.

Und damit wollen wir eintauchen in die seltsame Welt der künstlichen Intelligenz. Wir werden lernen, was KI ist – und was nicht. Wir werden lernen, worin sie gut ist und wo sie zum Scheitern verurteilt ist. Wir werden lernen, warum zukünftige KIs mehr Ähnlichkeit mit einem Insektenschwarm haben als mit C-3PO. Wir werden lernen, warum ein selbstfahrendes Auto bei einer Zombie-Apokalypse ein ziemlich schlechtes Fluchtfahrzeug ist. Außerdem werde ich Ihnen zeigen, warum Sie sich niemals freiwillig melden sollten, um eine KI zu testen, die Sandwiches sortiert, und Sie werden laufende KIs kennenlernen, die alles gerne tun außer zu laufen. Auf diese Weise lernen wir die Funktionsweise von KIs kennen: wie sie denkt und warum die Welt dadurch zu einem seltsameren Ort wird.

Was ist KI?

Man könnte glauben, dass KI bereits alle Lebensbereiche durchdrungen hat. Das liegt zum Teil daran, dass der Begriff »künstliche Intelligenz« so viele verschiedene Bedeutungen hat. Je nachdem, ob Sie Science-Fiction-Literatur lesen, eine neue App verkaufen oder wissenschaftliche Forschung betreiben, wird er anders interpretiert. Wenn jemand sagt, er habe einen Chatbot mit KI-Fähigkeiten, können wir dann erwarten, dass er Meinungen und Gefühle hat wie C-3PO? Oder ist es nur ein Algorithmus, der gelernt hat, zu erraten, wie Menschen wahrscheinlich auf einen bestimmten Satz reagieren? Oder eine Tabelle, die Wörter in Ihrer Frage mit vorformulierten Antworten abgleicht? Oder ein unterbezahlter Mensch, der alle Antworten von irgendeinem Ort der Welt von Hand eintippt? Oder vielleicht sogar eine komplett vorgefertigte Unterhaltung, in der Mensch und KI vordefinierte Textzeilen vorlesen wie die Figuren in einem Theaterstück? Verwirrenderweise wurden alle diese Definitionen schon benutzt, um zu erklären, was KI bedeutet.

In diesem Buch benutzen wir den Begriff *künstliche Intelligenz* (*KI*) so, wie er heutzutage üblicherweise von Programmierern verwendet wird: als eine bestimmte Art von Computerprogramm, die als **Algorithmus für maschinelles Lernen** bezeichnet wird. Das folgende Diagramm zeigt eine Reihe von Begriffen, die wir in diesem Buch behandeln und wie sie nach dieser Definition einzuordnen sind.

Als KI bezeichnete Dinge

KI in diesem Buch:	In diesem Buch, aber keine KI:
Algorithmen für maschinelles Lernen	Science-Fiction-KIs
Deep Learning	Regelbasierte Programmierung
Neuronale Netzwerke	Als Roboter verkleidete Menschen
Rekurrente neuronale Netzwerke	Roboter, die Skripte vorlesen
Markow-Ketten	Menschen, die vorgeben, KIs zu sein
Random Forests	Kakerlaken mit Bewusstsein
Genetische Algorithmen	Phantomgiraffen
Generative Adversarial Networks	
Reinforcement Learning	
Smartphone-Textvorschläge	
Magische Sandwich-Sortierer	
Unglückliche Mörder-Roboter	

Alles, was in diesem Buch als KI bezeichnet wird, ist auch ein Algorithmus für maschinelles Lernen. Daher wollen wir zunächst einmal sehen, was das eigentlich ist.

Klopf klopf, wer ist da?

Um eine KI in freier Wildbahn zu erkennen, müssen Sie zuerst den Unterschied zwischen **Algorithmen für maschinelles Lernen** (die wir in diesem Buch als KI bezeichnen) und traditionellen Programmen kennen (die Programmierer üblicherweise als **regelbasiert** bezeichnen). Wenn Sie sich jemals mit einfacher Programmierung beschäftigt oder auch nur eine HTML-Seite erstellt haben, werden Sie mit großer Sicherheit ein regelbasiertes Programm benutzt haben. Sie erstellen eine Liste mit Befehlen oder Regeln in einer Computersprache, und der Computer tut genau das, was Sie ihm gesagt haben. Um mit einem regelbasierten Programm ein Problem zu lösen, müssen Sie alle dafür nötigen Schritte kennen und beschreiben können.

Ein Algorithmus für maschinelles Lernen findet die Regeln dagegen durch selbstständiges Ausprobieren, indem er seine Fortschritte ständig mit dem vom Programmierer vorgegebenen Ziel abgleicht. Das kann eine Liste mit Beispielen sein, die imitiert werden sollen, ein Spielstand, der verbessert werden soll, oder etwas vollkommen anderes. Während die KI versucht, ihr Ziel zu erreichen, kann sie sogar Regeln und Beziehungen finden, deren Existenz der Programmierer nicht einmal geahnt hat. Die Programmierung einer KI hat mehr Ähnlichkeit damit, einem Kind etwas beizubringen, als damit, einen Computer zu programmieren.

Regelbasierte Programmierung

Angenommen, wir wollten regelbasierte Programmierung benutzen, um einem Computer beizubringen, wie man Klopf-klopf-Witze* erzählt. Zuerst müssen wir herausfinden, nach welchen Regeln die Witze funktionieren. Ich würde ihre Struktur analysieren und feststellen, dass sie nach einer Art Formel ablaufen:

```
Klopf klopf.
Wer ist da?
[Name/Begriff]
[Namc/Begriff] Wer?
[Name/Begriff] [Pointe]
```

Sobald wird diese Formel kennen, gibt es nur noch zwei Stellen, die das Programm erzeugen muss: [Name/Begriff] und [Pointe]. Aber auch hierfür werden Regeln gebraucht.

Ich könnte eine Liste mit Namen/Begriffen und dazu passenden Pointen erstellen, wie etwa diese:

Namen/Begriffe	***Pointen***
Mani	*Manitu. Für Mani tu ich alles.*
Muh	*Muh-Tation.*
Salat	*Klopf-Salat.*
Werner	*Wer nervt mich andauernd mit diesen Klopf-klopf-Witzen?*
Karla	*Karla Gerfeld.*

* Eine Form von Witzen, die besonders in den USA sehr populär ist und so ähnlich funktioniert wie die Häschen-Witze (»Hattu Möhrchen?«) im deutschsprachigen Raum.

Namen/Begriffe	***Pointen***
Tupper	*Tupperware.*
Australien	*Kängurus kommen Aus Tralien.*
Corona	*Corona-Impfstoff. Bitte warten! Bitte warten!*

Jetzt kann der Computer einen Klopf-klopf-Witz erzeugen, indem er ein Paar aus Name und Pointe auswählt und in die Vorlage einfügt. Hierbei werden allerdings *keine neuen Witze* erzählt, sondern nur solche, *die wir bereits kennen*. Ich könnte versuchen, das etwas interessanter zu machen, indem wir [Manitu] zum Beispiel durch [Manipulation] ersetzen. Dann kann das Programm einen neuen Witz erzeugen:

```
Klopf klopf.
Wer ist da?
Mani
Mani wer?
Manipulation. Du wirst jetzt ganz müde.
```

Ich könnte [Manitu] durch [Manifest], [Manila] oder irgendetwas anderes ersetzen, und der Computer könnte noch mehr neue Witze produzieren. Mit genug Regeln könnte ich vermutlich Hunderte neuer Witze ausgeben lassen.

Je nachdem, wie ausgeklügelt das Programm sein soll, könnte ich sehr viel Zeit mit dem Festlegen neuer Regeln verbringen. Ich könnte eine Liste mit vorhandenen Pointen finden und nach einer Möglichkeit suchen, sie in das nötige Format für die Klopf-klopf-Witze umzuwandeln. Ich könnte sogar versuchen, Ausspracheregeln zu programmieren oder Reime, Homophone oder kulturelle Anspielungen und so weiter. Diese könnte der Computer dann zu neuen interessanten Pointen zusammensetzen. Wenn ich das schlau genug anstelle, kann das Programm Pointen erstellen, die es nie zuvor gehört hat. (Allerdings hat eine Person, die das tatsächlich ausprobiert hat, festgestellt, dass die vom Algorithmus verwendeten Wörter und Phrasen so altmodisch und verworren waren, dass sie heutzutage niemand mehr verstehen würde.) Dennoch, egal wie ausgeklügelt meine Witzeregeln auch sein mögen: Ich gebe dem Computer immer genau Anweisungen dazu, wie er das Problem lösen soll.

KI trainieren

Wenn ich dagegen eine KI darauf trainiere, Klopf-klopf-Witze zu erzählen, lege ich keine Regeln fest. Die KI muss die Regeln selbst herausfinden.

Ich übergebe ihr nur eine Reihe schon bekannter Klopf-klopf-Witze und ein paar absolut notwendige Spielregeln: »Hier hast du ein paar Klopf-klopf-Witze. Versuche, mehr davon herzustellen.« Und das Rohmaterial, mit dem die KI arbeiten soll? Ein Sack voll zufälliger Buchstaben und Satzzeichen.

Danach hole ich mir erst mal einen Kaffee.

Die KI macht sich an die Arbeit.

Zuerst versucht sie, ein paar Buchstaben zu finden, die in Klopf-klopf-Witzen vorkommen. Im Moment sind die Rateversuche dabei komplett zufällig. Der erste Versuch könnte also alles Mögliche sein, zum Beispiel: »qasdnw,m sne?mso d.« Soweit die KI im Moment weiß, wird so ein Klopf-klopf-Witz erzählt.

Dann sieht sich die KI an, was Klopf-klopf-Witze *tatsächlich* sein sollen. Sehr wahrscheinlich liegt sie dabei ziemlich falsch. »Also gut«, sagt sich die KI und passt ihre eigene Struktur ein wenig an, damit sie beim nächsten Mal etwas besser rät. Dabei ist die Stärke der Änderungen begrenzt, um zu verhindern, dass sich die KI jedes neu gefundene Textstück merkt. Aber schon mit minimalen Anpassungen findet die KI heraus, dass sie zumindest nicht vollkommen falsch liegt, wenn sie nur *k*s und Leerzeichen errät. Nachdem sie sich den ersten Stapel Klopf-klopf-Witze angesehen und ein paar Korrekturen vorgenommen hat, ist das nun Folgende ihre Vorstellung davon, wie ein Klopf-klopf-Witz auszusehen hat:*

```
   k k k  k  k
 kk    k kkkok
k kkkk

kk
 kk  k  kk

klokp  k

     k
 k
```

Das ist jetzt nicht gerade der beste Klopf-klopf-Witz der Welt. Aber mit diesem Startpunkt kann die KI mit einem zweiten Stapel Witze weitermachen und dann mit noch einem. Bei jedem Durchgang verfeinert sie ihre Witzeformel weiter, um zu immer besseren Ergebnissen zu gelangen.

* Wir haben die englischen Ausgaben der KI für dieses Buch ins Deutsche übersetzt, damit die Beispiele für deutsche Leser:innen besser nachvollziehbar sind.

Nach ein paar Runden mit Rateversuchen und Anpassungen mehr hat die KI weitere Regeln gelernt. Sie weiß nun, dass am Ende einer Zeile gelegentlich ein Fragezeichen auftauchen muss. Sie lernt, Vokale zu benutzen (insbesondere *o*). Sie versucht sich sogar an der Verwendung von Kommata.

```
noo,
Lnop noo
Kof?
hnos h st
wrst oa , a

asutWen
klo ada
pf kla
w is
e
```

Wie gut stimmen ihre Regeln für die Erzeugung von Klopf-klopf-Witzen mit der Realität überein? Offenbar fehlt noch etwas.

Um einen guten Klopf-klopf-Witz zu erzählen, muss sie herausfinden, in welcher *Reihenfolge* die Buchstaben angeordnet werden müssen. Auch hier beginnt sie mit ein paar Rateversuchen. Folgt auf ein *o* immer ein *w*? Offenbar keine so gute Idee. Aber dann rät sie, dass auf ein *o* oft *pf* folgt. Großartig. Wieder hat die KI einen Fortschritt erzielt. So sieht für sie aktuell der perfekte Witz aus:

```
Weopf
Weopf
Weopf
Weopf
Weopf Weopf Weopf
Weopf Weopf
Weopf
Weopf
```

Das ist immer noch kein Klopf-klopf-Witz – es klingt mehr nach einem Huhn mit einem Sprachfehler. Die KI muss also weitere Regeln finden.

Sie sieht sich die Trainingsdaten erneut an und sucht nach neuen Möglichkeiten, »opf« zu benutzen. Dabei versucht sie, Kombinationen zu finden, die noch besser auf die bestehenden Beispiele für Klopf-klopf-Witze passen.

```
klpf wopf worpf
WKl wWlopf
Kmopf
er is Westa Wler
looo ooop
Keee?
eerr
lop lo,p Wler s rsit
ea lo oo pf KropfWnopf Woors
Dapf
lop K opf
Kop
wee
KKopf Klopf Daopf Weompf
```

Diese Entwicklung dauert nur wenige Minuten. Als ich mit meinem Kaffee zurückkomme, hat die KI schon herausbekommen, dass es sehr, sehr gut zu den Beispielen passt, wenn die Witze mit »Klopf klopf, wer ist da?« beginnen. Sie entscheidet sich, diese Regel *immer* anzuwenden.

Allerdings dauert es etwas länger, den Rest der Formel herauszubekommen. Dabei verfängt sich die KI immer wieder in einer Art Schleife, in der sie mit sich selbst »Stille Post« spielt.

```
Klopf klopf.
Wer ist da?
lien
Austra wer?
Aaani wer?
Alien wer?
Aulali wer?
trali wer?
stilien wer?
```

Schon bald bekommt sie auch den Rest der Formel heraus, allerdings noch ohne richtige Wörter (die KI hat keine Ahnung, was »Wörter« eigentlich sind):

```
Klopf klopf.
Wer ist da?
Wern
Hane wer?
Glarm sind dann denen da
```

Manchmal ist die Pointe auch etwas zu lang:

```
Klopf klopf.
Wer ist da?
Dieelieb
Manipizz wer?
Hingeh den letzt emotiwan aut ehn weonges eich anet ehn tee
   soor dein onithit das wo dein thasg glib tine wenn dasle ter
   den dieung!
```

Irgendwann im Verlauf des Trainings lernt die KI den Witz mit der lippenlosen Kuh, der ab sofort ihr »Absolut Großartigster Lieblingswitz Aller Zeiten« ist. Falls Sie den Witz nicht kennen – hier ist er:

Klopf klopf.
Wer ist da?
Eine lippenlose Kuh.
Welche lippenlose Kuh?
Eine lippenlose Kuh macht uuh, uuuuuh, uuuuh.

Für die KI ist dies aktuell die höchste Form des Humors. Also glaubt die KI zunächst für einige Zeit, dass die Pointe jedes Klopf-klopf-Witzes mit *uuh, uuuuuh, uuuuh* endet.

```
Klopf klopf.
Wer ist da?
Alex
Alim wer?
Wuh ku zuh den do do duhhr zu dem suuuh uuu uuuu uuuh uu uu uu
   uuuuuu uuuh uuuuuh uuu uuu uuh uuuu uuu uu...
```

Okay, die KI hat eine neue Regel gefunden. Nach und nach (und vermutlich etwas widerstrebend) nimmt sie wieder etwas Abstand von der »Kuh ohne Lippen«-Pointe. Sie hat aber weiterhin Probleme, die eine erstaunliche Ähnlichkeit mit zwei Personen haben, die sich Klopf-klopf-Witze über eine schlechte Telefonverbindung erzählen und dabei offenbar vergessen, wer denn jetzt den Witz erzählt:

```
Klopf klopf.
Wer ist da?
```

```
Alter
Wasser wer?
Wasser wer wer?
Wer wer?
Wasser damit macht gerne blau?
```

Schließlich findet die KI die korrekte Struktur eines Klopf-klopf-Witzes. Jetzt erzeugt sie Witze, die technisch zwar funktionieren, aber immer noch wenig Sinn ergeben. Viele der Witze scheinen Plagiate aus den Trainingsdaten zu enthalten:

```
Klopf klopf.
Wer ist da?
Mani
Mani wer?
Raubüberfall! Her mit der Knete!

Klopf klopf.
Wer ist da?
Salat
Salat wer?
Eine lippenlose Kuh kann gar nicht sprechen.

Klopf klopf.
Wer ist da?
Australien
Australien wer?
Aus Tralien Gerfeld.
```

Und dann ... produzierte die KI ... tatsächlich einen Witz ... selbstständig, ohne hierfür auf die Trainingsdaten zurückzugreifen. Der Witz war nicht nur verständlich, sondern sogar ... lustig?

```
Klopf klopf.
Wer ist da?
Mark
Mark wer?
Ich Mark Klopf-klopf-Witze.
```

Hat die KI also tatsächlich begonnen, Klopf-klopf-Witze und Wortspiele zu verstehen? Bei dem relativ kleinen Trainingsdatensatz ist das mehr als unwahrscheinlich. Immerhin hatte die KI vollkommen freien Zugriff auf alle möglichen Zeichen und Buchstaben. Dadurch konnte sie neue Kombinationen von Lauten ausprobieren, von denen einige am Ende tatsächlich funktionierten. Hier war also eher der sprichwörtliche Affe mit der Schreibmaschine* am Werk. Als Beweis dafür, dass KIs bald ihre eigene Comedy-Sendung bekommen, reicht das aber nicht.

Noch ein paar Beispiele

Das Schöne daran, die KI ihre eigenen Regeln aufstellen zu lassen (nach dem Motto: »Hier sind die Daten. Finde heraus, wie du das Prinzip imitierst.«), ist, dass ein einziger Ansatz für viele verschiedene Probleme eingesetzt werden kann. Hätte ich dem Witze erzählenden Algorithmus andere Trainingsdaten gegeben, hätte er stattdessen gelernt, diesen Datensatz zu imitieren.

Ich könnte die KI beispielsweise neue Namen für Vogelarten erfinden lassen:

```
Yucatan-Kriechente
Bootschnäbliger Sonnenvogel
Brasilianischer Zackenschnäbler
Schwarzmützen-Flauschschwanz
Vierbeiniger Dremelkopf
Isländischer Schnickschnackschnuck
```

Oder Parfums:

```
Fancy Ten
Eau de Pochoir
Fleur de Rhume
Momite
Le Phonême
```

Oder neue Kochrezepte:

Einfache Muschelglasur:

```
Hauptgericht, Suppen

½ Kilo Huhn
½ Kilo Schweinefleisch, gewürfelt
½ Knoblauchzehe, zerstoßen
1 Tasse Sellerie, in Scheiben geschnitten
```

* Das alte Sprichwort von dem Affen mit der Schreibmaschine. Wenn er nur lange genug darauf herumtippt, wird er irgendwann sogar die gesammelten Werke Shakespeares hervorbringen. Diese Analogie beschreibt die »Brute-Force-Methode« recht gut, bei der versucht wird, eine Problemlösung zu finden, indem alle Möglichkeiten durchprobiert werden. Bestenfalls sollte eine KI eine Verbesserung dieser Methode sein. Bestenfalls.

```
1 Kopf (etwa ½ Tasse)
6 Teelöffel elektrischer Mixer
1 Teelöffel schwarzer Pfeffer
1 Zwiebel - gehackt
3 Tassen Rinderbrühe mit Eulen für die Frucht
1 frisch zerstoßenes halb und halb; entspricht Wasser

Mit püriertem Zitronensaft und Zitronenscheiben in
   einer 750ml-Pfanne.
Gemüse hinzufügen, Huhn zur Soße hinzufügen, gut in
   der Zwiebel vermischen. Lorbeerblätter und roten
   Pfeffer hinzufügen, langsam abdecken und abgedeckt
   für drei Stunden köcheln lassen. Kartoffeln und
   Karotten zum Köcheln hinzufügen. Erhitzen, bis die
   Soße kocht. Mit Pasteten servieren.
Wenn die gelausten Teile Nachtisch gekocht haben, und
   über dem Wok kochen.
Für eine ½ Stunde dekoriert kühlen.
Ergibt: 6 Portionen
```

Die KI einfach mal machen lassen

Allein mit einer Reihe von Kopf-klopf-Witzen, aber ohne weitere Anweisungen, konnte die KI eine Menge Regeln finden, die ich ansonsten von Hand hätte programmieren müssen. Einige dieser Regeln wären mir vermutlich niemals eingefallen, zum Beispiel dass die »Kuh ohne Lippen« offenbar der beste Witz der Welt ist.

Unter anderem deshalb gelten KIs als attraktive Problemlöser, besonders wenn die Regeln sehr kompliziert oder regelrecht mysteriös sind. Daher wird KI oft zur Bilderkennung genutzt, einer überraschend schwierigen Aufgabe, die sich nur schwer mit einem einfachen Computerprogramm umsetzen lässt. Für uns Menschen ist es kein Problem, eine Katze in einem Bild zu erkennen. Trotzdem ist es ziemlich schwer, Regeln zu finden, die eine Katze definieren. Sagen wir dem Programm, dass eine Katze zwei Augen, eine Nase, zwei Ohren und einen Schwanz hat? Das würde auch eine Maus oder eine Giraffe beschreiben. Was machen wir, wenn sich die Katze eingerollt hat oder in eine andere Richtung schaut? Allein die Regeln für das Erkennen eines Auges sind schon sehr kompliziert. Eine KI kann sich dagegen Tausende von Katzenbildern ansehen und eigene Regeln entwickeln, nach denen eine Katze fast immer erkannt werden kann.

Pseudo-KI

Manchmal ist eine KI nur ein kleiner Teil eines größeren Programms, das hauptsächlich aus regelbasiertem Code besteht. Nehmen wir zum Beispiel ein Programm, über das Kunden telefonisch Informationen über ihre Bankkonten abfragen können. Die Spracherkennungs-KI gleicht den Klang gesprochener Wörter mit den Optionen im Menü der Kundenhotline ab, auf die der Anrufer zugreifen kann. Diese Liste und der Code, der das Konto als zum Kunden gehörig identifiziert, werden jedoch von einem menschlichen Programmierer festgelegt.

Bei anderen Programmen ist die KI das bestimmende Element. Wird die Aufgabe zu knifflig, übergibt sie die Kontrolle an einen Menschen. Dieser Ansatz wird auch als *Pseudo-KI* bezeichnet. Nach diesem Prinzip funktionieren beispielsweise einige Kundendienst-Chatfenster. Wenn Sie ein Gespräch mit einem Bot beginnen und sich zu verwirrend verhalten oder wenn die KI feststellt, dass Sie zu genervt sind, kann es überraschend passieren, dass Sie plötzlich mit einem echten Menschen kommunizieren. (Ein Mensch, der jetzt allerdings mit einem verwirrten und/oder genervten Kunden umgehen muss. Vielleicht wäre hier eine »Gleich mit einem Menschen sprechen«-Option besser für Kunden und Angestellte). Auch die aktuellen selbstfahrenden Autos funktionieren auf diese Weise – der Fahrer muss immer bereit sein, die Kontrolle zu übernehmen, falls die KI einmal durcheinanderkommt.

KI eignet sich außerdem sehr gut für Strategiespiele wie Schach. Wir können zwar alle möglichen Spielzüge beschreiben, aber wir wissen nicht, wie man eine Formel schreibt, um den besten Folgezug zu ermitteln. Selbst Großmeister können keine festen Regeln aufstellen, nach denen in jeder Situation der beste Spielzug bestimmt werden kann, dafür ist das Spiel einfach zu komplex. Ein Algorithmus kann dagegen Millionen von Übungsspielen gegen sich selbst spielen, um Regeln zu finden, die ihm beim Gewinnen helfen. Das wird so oft wiederholt, bis selbst der ehrgeizigste Großmeister nicht mehr mitkommt. Und weil die KI ohne ausdrückliche Anweisungen gelernt hat, sind ihre Strategien manchmal sehr unkonventionell. Manchmal etwas *zu* unkonventionell.

Wenn Sie der KI nicht sagen, welche Züge gültig sind, findet sie möglicherweise einige sehr seltsame Schlupflöcher, die das Spiel komplett zerstören können. 1997 schrieben Programmierer Algorithmen, mit denen zwei Computer über eine Datenverbindung auf einem unendlich großen Spielfeld Tic Tac Toe (auch als »Drei gewinnt« bekannt) gegeneinander spielten. Anstelle einer regelbasierten Strategie verwendete einer der Programmierer eine KI, die ihre Vorgehensweise selbstständig weiterentwickeln konnte. Die Strategie der KI bestand am Ende darin, den nächsten Spielzug möglichst weit vom letzten entfernt zu platzieren. Wenn der Computer des Gegners versuchte, das neue, extrem erweiterte Spielfeld zu simulieren, war irgendwann nicht mehr genug Arbeitsspeicher vorhanden. Der Computer stürzte ab, und das Spiel war verloren.[1] Die meisten KI-Programmierer kennen solche Geschichten, in denen ihre Algorithmen sie mit unerwarteten Lösungen überraschten. Manchmal waren diese Lösungen genial, manchmal aber auch ziemlich problematisch.

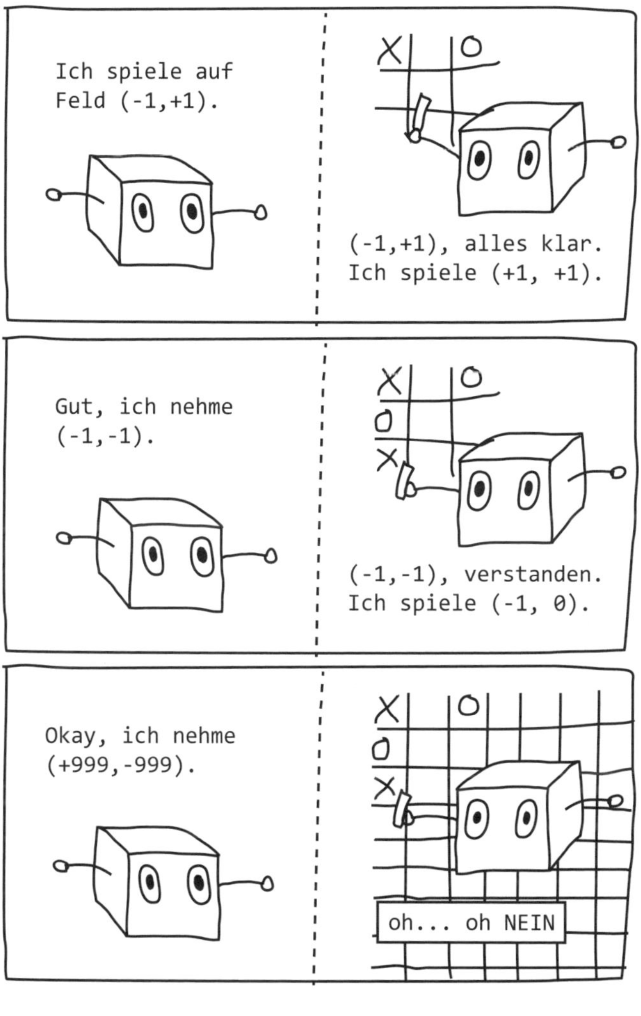

Damit eine KI funktioniert, braucht sie mindestens ein Ziel und einen Satz Trainingsdaten. Mögliche Ziele wären beispielsweise, von Menschen getroffene Kreditentscheidungen zu imitieren oder vorherzusagen, ob ein Kunde eine bestimmte Socke kauft. Vielleicht soll sie den Spielstand in einem Videospiel oder die Entfernung optimieren, die ein Roboter zurücklegen kann. In allen Szenarien geht die KI nach dem Prinzip von Versuch und Irrtum vor, um Regeln zu erfinden, die ihr beim Erreichen ihres Ziels helfen.

Manchmal sind die Regeln schuld

Gelegentlich basieren die brillanten Regeln, die eine KI zur Problemlösung verwendet, aber auf falschen Annahmen. Für eines meiner seltsamsten KI-Experimente setzte ich ein Microsoft-Produkt zur Bilderkennung ein. Übergibt man der KI ein beliebiges Bild, kann sie es automatisch mit Schlagwörtern und einer Bildunterschrift versehen. Normalerweise bekommt der Algorithmus das auch recht gut hin und kann Wolken, U-Bahn-Züge und sogar ein Kind, das Skateboard-Tricks übt, richtig erkennen. Eines Tages fiel mir an den Ergebnissen aber etwas Merkwürdiges auf: Die KI versah Bilder mit dem Schlagwort *Schaf*, die eindeutig keine Schafe enthielten. Als ich der Sache auf den Grund ging, stellte ich fest, dass die Schafe immer in Bildern gefunden wurden, die auch satte grüne Weiden zeigten, selbst wenn es dort keine Schafe gab.

Woher kam dieser beharrliche und ziemlich spezifische Fehler? Vielleicht hatte die KI beim Training meistens Schafe auf einer Weide gesehen. Dabei muss ihr entgangen sein, dass die Beschriftung »Schaf« sich auf die Tiere, aber nicht auf die Grasslandschaft bezog. Die KI hatte schlicht nach der falschen Sache gesucht. Und richtig: Nachdem ich ihr Bilder von Schafen gezeigt hatte, die sich nicht auf einer grünen Weide befanden, kam die KI durcheinander. Zeigte ich ihr Bilder von Schafen in Autos, erkannte sie stattdessen Hunde oder Katzen. Schafe in Wohnzimmern wurden ebenfalls als Hunde oder Katzen markiert, ebenso wie Schafe, die ein Mensch im Arm hielt. Auch Schafe an der Leine wurden als Hunde eingeordnet. Ähnliche Probleme hatte die KI mit Ziegen. Wenn sie auf Bäume kletterten, wie es manchmal ihre Art ist, hielt der Algorithmus sie für Giraffen (ein ähnlicher Algorithmus war dagegen fest überzeugt, dass die Ziegen Vögel sein müssten).

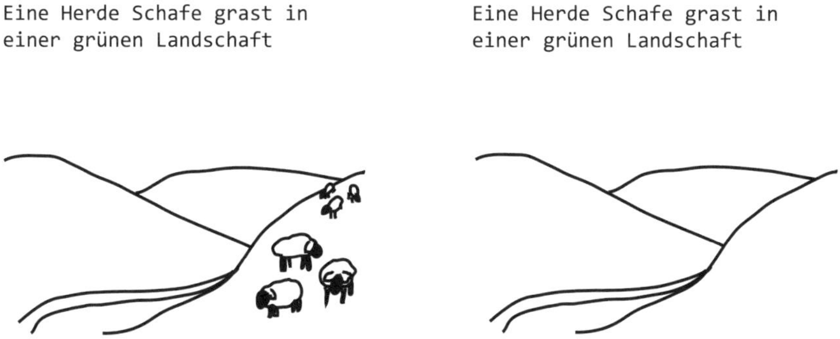

Ich kann es zwar nicht mit Sicherheit sagen, aber es ist denkbar, dass die KI Regeln entwickelt hat wie *Grünes Grass = Schafe* und *Fell in Autos oder Küchen = Katzen*. Diese Regeln haben beim Training gut funktioniert, scheiterten aber in der wirklichen Welt, die eine verwirrende Vielfalt an Umgebungen bereithält, in denen Schafe sich aufhalten können.

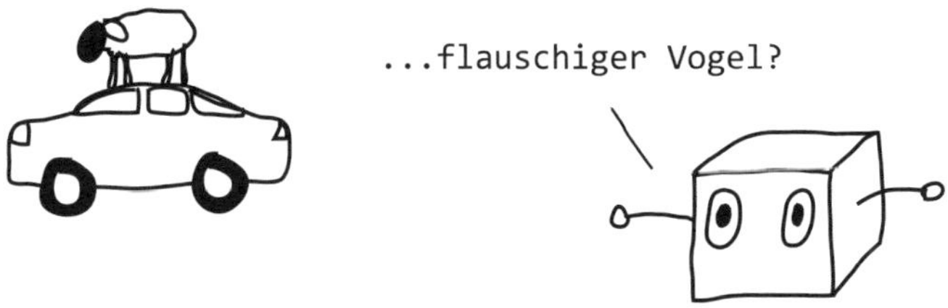

Diese Art von Trainingsfehlern kommt bei KIs für die Bilderkennung recht häufig vor, was manchmal auch recht ernste Konsequenzen haben kann. Ein Forschungsteam der Stanford University trainierte beispielsweise eine KI darauf, zwischen Bildern mit gesunder Haut und solchen mit Hautkrebs zu unterscheiden. Nachdem sie ihre KI trainiert hatten, mussten die Forscher allerdings feststellen, dass sie der KI stattdessen beigebracht hatten, Lineale zu erkennen – in den Trainingsdaten war neben vielen Tumoren ein Lineal als Maßstab zu sehen.[2]

Wie man eine schlechte Regel erkennt

Oft ist es nicht gleich erkennbar wenn KIs Fehler machen. Da wir ihnen keine Regeln vorgeben, entwickeln sie ihre eigenen, ohne sie aufzuschreiben oder sie wie Menschen zu erklären. Stattdessen nehmen KIs komplexe voneinander abhängige Anpassungen an ihren internen Strukturen vor und verwandeln ein allgemeines Grundgerüst in eine fein auf die zu bewältigende Aufgabe abgestimmte Form. Das ist, als würden sie mit einer Küche voller allgemeiner Zutaten beginnen, um am Ende Kekse zu erhalten. Die Regeln sind dabei in den Verbindungen zwischen den virtuellen Gehirnzellen oder den Genen eines virtuellen Organismus gespeichert. Dabei können die Regeln komplex sein, weit verteilt und seltsam ineinander verschlungen. Das Studium der internen Struktur einer KI hat oft große Ähnlichkeit mit dem Studium eines Gehirns oder eines Ökosystems. Auch ohne Neurologie oder Ökologie studiert zu haben werden Sie sich denken können, wie komplex so etwas sein kann.

Obwohl Forscher herauszufinden versuchen, wie KIs ihre Entscheidungen treffen, ist es im Allgemeinen sehr schwer, die internen Regeln einer KI genau zu bestimmen. Das liegt oft einfach daran, dass die Regeln schwer zu verstehen sind. In anderen Situationen, besonders bei Algorithmen für Unternehmen oder Regierungen, ist der Algorithmus grundsätzlich geheim. Dadurch werden Probleme mit den Ergebnissen des Algorithmus oft erst erkannt, wenn dieser bereits im Einsatz ist. In der Folge werden möglicherweise Entscheidungen getroffen, die Auswirkungen auf Menschenleben haben und echten Schaden anrichten können.

Eine KI wurde beispielsweise eingesetzt, um Empfehlungen auszusprechen, welche Gefängnisinsassen begnadigt werden sollen. Bald stellte man fest, dass die KI offenbar voreingenommen war, weil sie, ohne es zu wissen, die rassistischen Vorurteile kopierte, die in den Trainingsdaten enthalten waren.[3] Eine KI kann also befangen sein, ohne zu verstehen, was Vorurteile eigentlich sind. KIs lernen, indem sie Menschen imitieren. Sie beantworten also nicht die Frage: »Was ist die beste Lösung?«, sondern »Was hätte ein Mensch getan?«.

Wenn systematisch auf Befangenheit getestet wird, können einige dieser verbreiteten Probleme erkannt werden, bevor ein Schaden entsteht. Ein weiterer wichtiger Baustein besteht darin, Probleme schon vor ihrem Auftreten vorherzusehen und die KIs so zu entwickeln, dass sie von vornherein vermieden werden.

Vier Anzeichen für KI-Katastrophen

Bei einer KI-Katastrophe denkt man daran, dass eine KI Befehle verweigert und entscheidet, dass es in ihrem besten Interesse ist, alle Menschen zu töten oder Terminator-Bots zu erschaffen. Diese Katastrophenszenarien basieren aber auf der Annahme, dass KIs ein bestimmtes Niveau an kritischem Denken und ein menschengleiches Weltverständnis besitzen, das sie in der vorhersehbaren Zukunft aber nicht erreichen werden. Einer der führenden Forscher für maschinelles Lernen, Andrew Ng, hat einmal gesagt, die Angst vor einer Machtübernahme der KI ist wie die Sorge vor einer Überbevölkerung auf dem Mars.[4]

Deshalb sind die heutigen künstlichen Intelligenzen aber nicht unbedingt harmlos. Das Spektrum möglicher Probleme reicht von leichter Genervtheit der Programmierer bis zur Übernahme von Vorurteilen, oder Unfällen mit selbstfahrenden Autos. Aber mit etwas Wissen über KIs können wir uns auf einige dieser Probleme zumindest vorbereiten.

Hier ein Beispiel dafür, wie eine KI-Katastrophe heutzutage aussehen könnte:

Ein Silicon-Valley-Startup bietet anderen Unternehmen an, aus einer Reihe von Bewerbern die am besten geeigneten Kandidaten für einen Job herauszufinden, indem es kurze Video-Interviews analysiert. Das könnte attraktiv sein, denn Unternehmen wenden eine Menge Zeit und Ressourcen dafür auf, mit Dutzenden von Bewerbern Gespräche zu führen, um möglichst passende Kandidaten für eine Position zu finden. Software wird niemals müde, hungrig oder schlecht gelaunt und sie kann alle Kandidaten gleich gut leiden.

Warnsignal 1: Das Problem ist zu kompliziert

Selbst Menschen haben Probleme, die richtigen Kandidaten für einen Job zu finden. Ist der Bewerber wirklich davon begeistert, hier zu arbeiten oder ist er nur ein guter Schauspieler? Haben wir Handicaps oder kulturelle Unterschiede ausreichend berücksichtigt? Wenn wir eine KI hinzuziehen, wird die Sache sogar noch schwieriger. Für eine KI ist es fast unmöglich, die verschiedenen Nuancen bestimmter Witze, den Tonfall, oder bestimmte kulturelle Anspielungen richtig zu verstehen. Wie soll sie sich verhalten, wenn ein Bewerber sich auf tagesaktuelle Ereignisse bezieht? Wurde die KI mit Daten aus dem vergangenen Jahr trainiert, hat sie keine Chance, diese Anspielungen zu verstehen. Im Ergebnis könnte Sie den Kandidaten schlechter bewerten, weil die Äußerungen für sie keinen Sinn ergeben. Kann die KI ihre Aufgabe nicht gut erledigen, wird sie früher oder später daran scheitern.

Warnsignal 2: Es geht eigentlich um ein anderes Problem

Bei der Entwicklung einer KI zur Bewertung von Bewerbungen können wir die KI nicht einfach anweisen, die besten Kandidaten zu finden. Vielmehr versucht die KI, Personen zu ermitteln, die am ehesten den bisherigen Vorlieben der Personalchefs entsprechen.

Das mag funktionieren, wenn die Personalchefs zuvor gute Entscheidungen getroffen haben. Die meisten US-Unternehmen haben jedoch ein Diversitätsproblem. Das gilt besonders für Manager und für die Art, in der Personalverantwortliche Lebensläufe und Kandidaten für Bewerbungsgespräche bewerten. Wenn alle Kriterien gleich sind, ist es deutlich wahrscheinlicher, dass Personen mit Namen die weiß und männlich klingen zu einem Bewerbungsgespräch eingeladen werden, als solche deren Namen weiblich oder nach Minderheiten klingen.[5] Selbst Personalchefs, die selbst weiblich und/oder Mitglieder von Minderheiten sind, haben eine unbewusste Tendenz, weiße männliche Kandidaten zu bevorzugen.

Viele schlechte und/oder regelrecht gefährliche KI-Programme werden von Leuten entwickelt, die dachten, dass ihre KI ein bestimmtes Problem löst. In Wirklichkeit haben sie die KI aber auf etwas vollkommen anderes trainiert.

Warnsignal 3: Versteckte Abkürzungen

Erinnern Sie sich noch an die Hautkrebs-KI, die in Wirklichkeit ein Linealdetektor war? Der Unterschied zwischen gesunden Zellen und Krebszellen ist schwer zu erkennen. Für die KI war es viel einfacher, ein Lineal im Bild als Unterscheidungsmerkmal zu finden.

Übergeben Sie einer KI, die den besten Bewerber finden soll, unausgewogene Trainingsdaten (was Sie ziemlich sicher der Fall ist, es sei denn Sie haben einen ziemlich großen Aufwand getrieben, um die Befangenheit aus den Daten zu entfernen), dann bieten Sie ihr auch eine bequeme Abkürzung, mit der sie ihre Genauigkeit bei der Vorhersage der »besten« Kandidaten verbessern, nämlich weiße Männer zu bevorzugen. Das ist viel einfacher, als alle Feinheiten in der Wortwahl eines Kandidaten zu berücksichtigen. Vielleicht findet die KI auch eine komplett andere Abkürzung und nutzt diese aus – vielleicht haben wir die erfolgreichen Kandidaten mit einer bestimmten Kamera gefilmt und die KI benutzt nun die Metadaten, um nur Kandidaten die damit gefilmt wurden, auszuwählen.

KIs nehmen andauernd versteckte Abkürzungen – sie wissen es einfach nicht besser!

Warnsignal 4: Die KI versucht, aus fehlerhaften Daten zu lernen

In der Informatik gibt es ein altes Sprichwort: Wenn du Müll reintust, kommt auch nur Müll wieder raus (»garbage in, garbage out«). Wenn das Ziel der KI darin besteht, Menschen zu imitieren, die fehlerhafte Entscheidungen treffen, ist es ihr größter Erfolg, diese Entscheidungen möglichst genau zu nachzuahmen – inklusive aller enthaltenen Fehler.

Unabhängig davon, ob von fehlerhaften Beispielen gelernt wird oder in einer fehlerhaften Simulation mit seltsamen physikalischen Eigenschaften: Fehlerhafte Daten können eine KI schnell in eine Endlosschleife oder in die falsche Richtung schicken. Da das zu lösende Problem oftmals *unsere Beispieldaten sind*, verwundert es nicht, das schlechte Daten zu schlechten Lösungen führen. Tatsächlich sind die Warnsignale 1 bis 3 in den meisten Fällen ein Beweis für Probleme mit den Daten.

Fluch oder Segen?

Das Beispiel mit der Bewerberauswahl ist leider real. Viele Unternehmen bieten bereits eine KI-gestützte Bewerberauswahl anhand von Lebensläufen oder Video-Interviews an. Nur wenige geben dabei Informationen darüber preis, wie sie mit Befangenheit, Handicaps oder kulturellen Unterschieden umgehen oder wie sie herausfinden, welche Informationen ihre KIs für die Auswahl tatsächlich verwenden. Durch sorgfältiges Arbeiten sollte es zumindest möglich sein, eine KI für die Bewerberauswahl zu schaffen, die neutraler ist als menschliche Personalchefs. Ohne veröffentlichte Statistiken zum Beweis können wir aber ziemlich sicher sein, dass die Vorurteile auch weiter existieren.

Der Unterschied zwischen erfolgreichen KI-basierten Problemlösungen und ihrem Scheitern hat eine Menge damit zu tun, wie gut eine KI für die Aufgabe tatsächlich geeignet ist. Tatsächlich gibt es viele Bereiche, in denen KI-Lösungen effizienter sind als menschliche. Welche das sind und warum sie für bestimmte Aufgaben besser geeignet sind als andere, sehen wir uns im folgenden Kapitel an.

KI ist überall, aber wo genau ist das? – Warum KI für bestimmte Aufgaben besser geeignet ist

Dieses Beispiel ist wirklich wahr, ehrlich!

In Xichang in China gibt es einen landwirtschaftlichen Betrieb, der aus verschiedenen Gründen sehr ungewöhnlich ist. Zunächst einmal ist er die größte Farm dieser Art auf der Welt. Die Produktivität dieses Betriebs ist so hoch, dass jedes Jahr sechs Milliarden Exemplare der Art *Periplaneta americana* produziert werden, über 300.000 davon pro Quadratmeter.[1] Um die Produktivität zu maximieren, setzt die Farm Algorithmen ein, die Temperatur, Luftfeuchtigkeit sowie Nahrungszufuhr kontrollieren und sogar das Erbgut und die Wachstumsrate von *Periplaneta americana* analysieren.

Die Farm ist deshalb so ungewöhnlich, weil *Periplaneta americana* einfach der lateinische Name für die Kakerlake ist, genauer gesagt, die Amerikanische Großschabe. Richtig: Auf der Farm werden Kakerlaken gezüchtet – Küchenschaben, aus denen dann ein Heiltrank hergestellt wird, der in der traditionellen chinesischen Medizin als sehr wertvoll gilt. Auf der Packung kann man Dinge lesen wie »süßlich« und »leicht fischiger Geruch«.

Da es sich um ein wertvolles Geschäftsgeheimnis handelt, sind nur wenige Details zu dem Kakerlaken-Vermehrungsalgorithmus bekannt. Aber das Szenario hat eine bestürzende Ähnlichkeit mit einem berühmten Gedankenexperiment, das als Büroklammern-Maximierer (*Paper-Clip-Maximizer*) bekannt ist, bei dem eine superintelligente KI nur ein Ziel verfolgt: Büroklammern herzustellen. Um das zu erreichen, *könnte* die KI entscheiden, sämtliche verfügbaren Ressourcen einschließlich des Planeten selbst und seiner Bewohner für die Herstellung von Büroklammern zu verwenden. Sehr zum Glück sind die hier besprochenen Algorithmen für die Vermehrung von Kakerlaken allerdings noch Lichtjahre davon entfernt, vollkommen selbstständig Fabriken oder Landwirtschaftsbetriebe zu steuern, geschweige denn die gesamte Weltwirtschaft auf die Erzeugung von Kakerlaken umzustellen. Sehr wahrscheinlich trifft die Kakerlaken-KI auf Basis der vorhandenen Daten Vorhersagen über zukünftige Produktionsraten. Aus den Daten sucht sie dann die Umweltbedingungen heraus, die die Schabenproduktion erhöhen. Vermutlich kann die KI innerhalb eines von Menschen gesteckten Rahmens auch Anpassungsvorschläge machen. Das Sammeln der Daten, das Ausfüllen von Bestellungen, das Entladen von Vorräten und vor allem das wichtige Marketing des Kakerlakenextrakts wird mit großer Wahrscheinlichkeit aber auch weiterhin von Menschen erledigt.

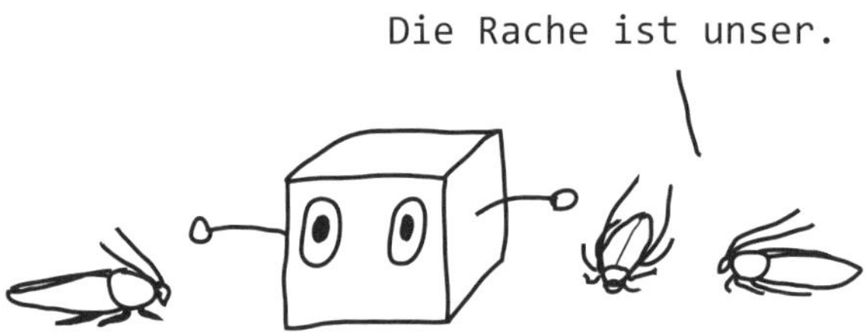

Dennoch könnte eine KI bei der Optimierung einer Schabenfarm nützlich sein. Es gibt eine Menge Daten zu verarbeiten, und Algorithmen können Trends in großen Datensätzen besonders gut aufspüren. Die Arbeit ist sicher nicht sehr beliebt, aber KIs haben weder mit sich ständig wiederholenden Aufgaben noch mit dem klickernden Geräusch von Millionen von Schabenfüßen in der Dunkelheit ein Problem. Kakerlaken vermehren sich schnell. Es dauert also nicht lange, bis die Auswirkungen einer veränderten Variablen sichtbar (und messbar) werden. Zudem handelt es sich um ein sehr spezielles Problem mit klaren Grenzen, das weder zu komplex ist noch einen ungewissen Ausgang hat.

Natürlich können beim Einsatz einer KI für die Maximierung der Schabenproduktion auch Probleme auftreten. Da KIs weder Zusammenhänge noch den Grund für ihre Aufgabe kennen, lösen sie Probleme oft auf unerwartete Weise. Nehmen wir an, die Kakerlaken-KI hätte herausgefunden, dass sie die Zahl der Schaben, die in einem bestimmten Raum erzeugt werden können, deutlich erhöhen kann, indem sie die Heizung und das Wasser in diesem Raum voll aufdreht. Dabei hat die KI keine Möglichkeit, herauszufinden (es kümmert sie auch nicht), dass sie mit dem Wassereintritt eigentlich die elektronisch gesicherte Tür kurzgeschlossen hat, die verhindert, dass Kakerlaken in die Mitarbeiterküche gelangen. In der Küche gibt es Snacks, und den Kakerlaken geht es besser, wenn sie mehr Snacks haben.

Technisch gesehen, hat die KI durch den Kurzschluss der Tür gute Arbeit geleistet. Ihre Aufgabe war es, die Schabenproduktion zu erhöhen, aber nicht, ihr Entkommen zu verhindern. Wollen wir effektiv mit künstlicher Intelligenz arbeiten und mögliche Probleme vor ihrem Auftreten erkennen, müssen wir verstehen, wofür maschinelles Lernen am besten geeignet ist und wofür nicht.

Für mich wäre es eigentlich völlig in Ordnung, wenn ein Roboter das für mich macht

Algorithmen für maschinelles Lernen können sogar bei Aufgaben nützlich sein, die Menschen eigentlich besser erledigen können. Der Einsatz eines Algorithmus kann Aufwand und Kosten sparen, die entstehen, wenn die Arbeit von einem Menschen erledigt werden muss. Das gilt übrigens nicht nur für Algorithmen für maschinelles Lernen, sondern für die Automation im Allgemeinen – besonders wenn bestimmte Arbeitsschritte sehr oft wiederholt werden müssen. Erledigt ein Roboter für uns das Staubsaugen, nehmen wir in Kauf, dass er auch Fehler macht, und befreien ihn, wenn er wieder einmal unter dem Sofa feststeckt.

Eine sich wiederholende Aufgabe, bei der KI helfen soll, ist die Analyse medizinischer Bilder. Laboranten verbringen täglich Stunden damit, sich unter einem Mikroskop Blutproben anzusehen, Blutplättchen oder rote und weiße Blutkörperchen zu zählen oder Gewebeproben auf abnorme Zellen zu untersuchen. Dabei handelt es sich um einfache, in sich klar begrenzte Aufgaben mit wenig Veränderungen im Ablauf. Deshalb eignen sie sich gut für eine Automatisierung. Sobald diese Algorithmen nicht mehr nur in Versuchslaboren, sondern im klinischen Alltag eingesetzt werden, können Fehler jedoch ernste Konsequenzen haben. Ähnliche Probleme gibt es mit selbstfahrenden Autos. Das Fahren an sich ist eher repetitiv. Daher kann ein Fahrer, der niemals müde wird, recht praktisch sein. Andererseits kann schon eine kleine Störung bei Tempo 100 sehr ernste Folgen haben.

Eine weitere sich ständig wiederholende Aufgabe, die wir gern an eine KI abgeben, ist das Ausfiltern von Spam – selbst wenn Menschen das immer noch besser können. Durch die schiere Menge an Spam ist das Problem sehr vielfältig und kann sich stark verändern, was eine Lösung für eine KI erschwert. Andererseits nehmen wir gelegentlich falsch gefilterte Nachrichten meist in Kauf, wenn unsere Postfächer dadurch sauber bleiben. Die Markierung böswilliger URLs, das Ausfiltern von Social-Media-Meldungen und das Erkennen von Bots sind umfangreiche Aufgaben, bei denen wir gern bereit sind, fehlerhaftes Verhalten bis zu einem bestimmten Grad zu tolerieren.

Ein weiterer Bereich, in dem KI helfen kann, ist extreme Personalisierung. Mit KI-Hilfe können Unternehmen individuell auf einzelne Kunden zugeschnittene Produkt-, Film- und Musikempfehlungen abgeben. Wenn Menschen diese Arbeit täten, wäre das schlicht nicht bezahlbar. Was passiert aber, wenn die KI meint, wir bräuchten unendlich viele Teppiche für den Flur, oder annimmt, wir seien ein Kleinkind, weil wir einmal ein Geschenk für eine Babyparty gekauft haben? Solche Fehler sind größtenteils noch harmlos (es sei denn, es läuft wirklich unglücklich) und werden meist in Kauf genommen. Schließlich könnten sie dem Unternehmen weiteren Umsatz einbringen.

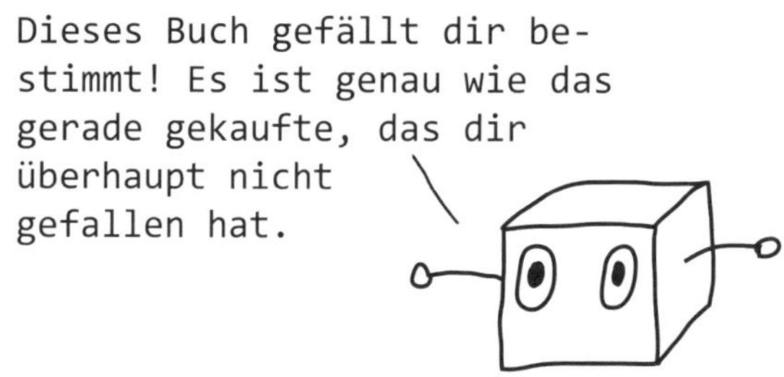

Kommerzielle Algorithmen sind inzwischen in der Lage, selbstständig hyperlokale Zeitungsartikel zu Wahl- oder Sportergebnissen und kürzlich erfolgten Hausverkäufen zu schreiben. Diese Artikel sind allerdings nur sehr formelhaft. Für Menschen, die genug Interesse am Inhalt haben, spielt das aber anscheinend keine Rolle. Einer dieser Algorithmen heißt *Heliograf* und wurde von der Washington Post entwickelt, um aus Sportergebnissen Zeitungsartikel zu erstellen. Bereits 2016 erstellte Heliograf Hunderte von Artikeln im Jahr. Hier ein Beispielartikel zu einem Footballspiel:[2]

Die Quince Orchard Cougars schalteten am Freitag die Einstein Titans mit 47–0 aus.

Quince Orchard eröffnete das Spiel mit einem Acht-Yard-Touchdown nach einem geblockten Punt-Return von Aaron Green. Die Cougars gingen durch einen Drei-Yard-Touchdown-Lauf von Marquez Cooper in Führung. Die Cougars bauten ihre Führung durch einen 18-Yard-Touchdown-Lauf von Aaron Derwin aus. Die Cougars gingen sogar noch weiter in Führung, nachdem Derwin mit einer 63-Yard-Touchdown-Reception von Quarterback Doc Bonner den Spielstand auf 27:0 brachte.

Das klingt zwar nicht besonders aufregend, aber Heliograf beschreibt das Spiel.* Der Algorithmus kann auf Basis einer Datentabelle und ein paar allgemeinen Sportfloskeln einen Artikel mit Inhalt zu füllen. Sobald die Informationen aber nicht genau in die vordefinierten Kategorien passen, wird eine KI wie Heliograf kläglich scheitern. Ist während des Spiels ein Pferd auf das Spielfeld gerannt? War der Umkleideraum der Einstein Titans von Kakerlaken überlaufen? Gibt es die Möglichkeit für ein nettes Wortspiel? Diese Fragen kann Heliograf nicht beantworten. Er weiß nur, wie man aus den Daten in der Tabelle einen Artikel erzeugt.

Andererseits können Nachrichtenagenturen durch den Einsatz von KI auch Artikel veröffentlichen, die zuvor aus Kostengründen nicht möglich gewesen wären. Zwar müssen Menschen immer noch entscheiden, welche Artikel automatisiert werden, und auch die Vorlagen und Standardsätze auswählen, sobald eine Zeitung diese hoch spezialisierten Algorithmen aber eingerichtet hat, kann sie so viele Nachrichtenartikel ausstoßen, wie es Tabellen mit Daten gibt. Eine schwedische Nachrichtenseite hat beispielsweise den *Homeowners Bot* geschaffen, der Tabellen mit Immobiliendaten auslesen und zu jedem Hausverkauf einen eigenen Artikel schreiben kann. So wurden in nur vier Monaten mehr als 10.000 Meldungen erzeugt. Sie stellten sich als die beliebtesten – und lukrativsten – aller von der Nachrichten-Website veröffentlichten Artikel heraus,[3] und die menschlichen Berichterstatter können ihre wertvolle Zeit mit kreativer und investigativer Arbeit verbringen. Immer mehr große Nachrichtenagenturen setzen inzwischen KI zum Schreiben von Artikeln ein.[4]

Auch in der Wissenschaft erscheint der Einsatz von KI für die Automatisierung sich wiederholender Aufgaben recht vielversprechend. So haben Physiker beispielsweise eine KI dazu eingesetzt, das Licht entfernter Sterne

* Die Tatsache, dass der Spielstand zu diesem Zeitpunkt 27:0 und nicht 28:0 beträgt, bedeutet, dass die Cougars möglicherweise einen Conversion Point verpasst haben. Das wird von Heliograf jedoch mit keinem Wort erwähnt.

zu beobachten, um nach Anzeichen für Planeten zu suchen.[5] Natürlich erwies sich die KI als nicht so präzise wie die Physiker, die sie trainiert hatten. Die meisten als interessant markierten Sterne stellten sich als Fehlalarme heraus. Dennoch war die KI in der Lage, 90 Prozent der Sterne als *nicht* interessant auszusortieren, was für die Physiker eine große Zeitersparnis war.

In der Astronomie fallen ständig sehr große Datenmengen an. Im Laufe seines Lebens sammelt das Euclid-Teleskop Milliarden an Bildern von Galaxien, von denen vielleicht 200.000 einen Beweis für den Gravitationslinseneffekt zeigen.[6] Dieser tritt auf, wenn eine supermassive Galaxie eine so starke Schwerkraft besitzt, dass sie das Licht anderer, weiter entfernter Galaxien beugt. Wenn Astronomen diese Gravitationslinsen finden, können sie eine Menge über die Schwerkraft im intergalaktischen Maßstab herausfinden, bei der es so viele ungelöste Rätsel gibt, dass ganze 95 Prozent der Masse und Energie des Universums bis heute nicht erklärt werden können. Als Algorithmen diese Bilder auswerteten, waren sie schneller und manchmal auch genauer als Menschen, zumindest in Bezug auf »normale« Galaxien. Die größte Herausforderung waren die »abnormalen« Objekte: Eine besonders aufregende »Jackpot«-Gravitationslinse fiel nur Menschen bei der Durchsicht der Daten auf.

Auch kreative Arbeit kann automatisiert werden, wenn auch unter Aufsicht eines menschlichen Künstlers. Während ein Fotograf noch Stunden damit verbringen konnte, ein Bild anzupassen, sind die heutigen KI-basierten Filter (zum Beispiel die in Instagram und Facebook eingebauten) bereits recht gut darin, Kontrast und Beleuchtung zu verbessern oder Tiefenschärfeeffekte einzufügen, um teure Objektive zu simulieren. Es ist nicht mehr nötig, Ihre Freunde zwar digital, aber dennoch manuell mit Katzenohren zu verzieren. In Instagram gibt es einen KI-Filter, der ermittelt, wo die Ohren hingehören, selbst wenn Ihr Freund dabei seinen Kopf bewegt. Im Großen wie im Kleinen gibt KI Künstlern und Musikern Zugriff auf zeitsparende Hilfsmittel, die ihre kreativen Fähigkeiten beständig erweitern.

Die Kehrseite der Medaille sind natürlich Werkzeuge wie **Deepfakes**, mit denen man beispielsweise den Kopf einer Person durch den eines anderen Menschen ersetzen kann. Auf der einen Seite bedeutet eine größere Verfügbarkeit dieses Werkzeugs, dass Künstler die Schauspieler Nicolas Cage oder John Cho in verschiedene Filmrollen einfügen können – sei dies einfach nur aus Spaß oder um tatsächlich auf eine Unterrepräsentanz von Minderheiten in Hollywood aufmerksam zu machen, wie im Fall John Chos.[7] Auf der anderen Seite macht die einfache Bedienung von Deepfake-Werkzeugen es Belästigern leicht, verstörende sehr gezielte Videos für die Verbreitung im Internet herzustellen. Durch die ständig verbesserte Technologie werden

Deepfake-Videos immer überzeugender, sodass viele Menschen und Regierungen über die Möglichkeiten dieser Technologie zu Recht besorgt sind. Gefälschte Videos, wie beispielsweise realistische, aber gefälschte Aufnahmen eines Politikers, der Hetze verbreitet, richten echten Schaden an.

Neben der Zeitersparnis für Menschen sorgt die Automatisierung durch KI darüber hinaus für konsistentere Leistungen. Die Leistungsfähigkeit eines Menschen schwankt im Tagesverlauf, je nachdem, was er zum Beispiel gegessen oder wie viel er geschlafen hat. Auch Stimmungen und Vorurteile einer Person können eine große Rolle spielen. Zahllose Studien belegen, dass Sexismus, Rassismus und Vorurteile gegenüber Menschen mit Einschränkungen oder anderen Problemen großen Einfluss auf Entscheidungen haben können. Das kann die Frage seine, welche Bewerber zu einem Vorstellungsgespräch eingeladen werden, welche Angestellten eine Gehaltserhöhung bekommen oder ob Häftlinge auf Bewährung entlassen werden. Algorithmen können diese menschlichen Schwächen vermeiden. Auf Basis der übergebenen Daten liefern sie sehr konsistente Ergebnisse, egal ob es Vormittag, Nachmittag oder Abend ist. Dennoch sind die Ergebnisse trotz dieser vermeintlichen Konsistenz nicht unbedingt neutral oder gerecht. Es kann gut sein, dass ein Algorithmus durchgehend unfair ist, besonders wenn er – wie viele KIs – gelernt hat, Menschen zu imitieren.

Es gibt also viele Bereiche, die für eine Automatisierung durch eine KI nicht attraktiv sind. Aber welche Faktoren bestimmen überhaupt, ob wir ein Problem automatisieren *können*?

Je enger eine Aufgabe umrissen ist, desto schlauer ist die KI

Seit seiner Erfindung durch Alan Turing in den 1950er-Jahren war der **Turing-Test** eine bekannte Methode, um den Intelligenzgrad eines Computerprogramms zu bestimmen. Um den Turing-Test zu bestehen, musste sich das Programm mit Menschen unterhalten und ungefähr ein Drittel von ihnen überzeugen, dass sie nicht mit einem Computer, sondern mit einem Menschen sprechen. Das Bestehen des Turing-Tests galt als Zeichen dafür, dass ein Algorithmus eine menschengleiche Intelligenz und möglicherweise sogar ein Bewusstsein erlangt hat. In vielen Werken der Science-Fiction – *Blade Runner, Ex Machina, Bicentennial Man* und anderen – gibt es ausgereifte künstliche Intelligenzen, die ihre »Persönlichkeit« dadurch beweisen, dass sie einen Turing-Test bestehen.

In Wirklichkeit eignet sich der Turing-Test jedoch nicht besonders gut dazu, die Stärke algorithmischer Intelligenz zu bestimmen. Ist das Gesprächsthema eng begrenzt, kann der Turing-Test leicht bestanden werden. Um diese Theorie zu testen, habe ich mich mit dem Bot des Whole Foods Market unterhalten:

Whole Foods: *Hi Janelle! Wir können dir helfen, Rezepte zu finden, die so schlicht und einfach sind wie ihre Zutaten.*

Ich: *Habt ihr ein Rezept für Guacamole?*

Whole Foods: *<postet ein Rezept: Guacamole mit Koriander>*

Ich: *Ist es in Ordnung, Guacamole aus grünen Erbsen zu machen?*

Whole Foods: *<postet ein Rezept: Grüne-Erbsen-Guacamole>*

Ich: *Gib mir ein Rezept mit Avocado. Alles außer Guacamole.*

Whole Foods: *<postet ein Rezept: Avocado-Salsa mit Oliven und Koriander>*

An dieser Stelle scheint das Gespräch noch ein wenig mehrdeutig zu sein. Das Ding, mit dem ich mich unterhalte, hat nicht genau gesagt, ob es ein Mensch ist. Es könnte auch ein Bot sein, der Fragen kompetent beantwortet, indem er Rezepte postet. Sobald ich dieses enge Format verlasse, offenbart sich der Bot.

Ich: *Wie kann ich herausfinden, ob eine Avocado reif ist?*

Whole Foods: *<postet ein Rezept: Edamame Guacamole>*

Ich: *Was ist deine Lieblings-Star-Wars-Figur?*

Whole Foods: *<postet ein Rezept: gebratene Shrimps mit Polenta und Manchego>*

Diese Strategie nutzen Unternehmen, wenn sie Chatbots für den Kundendienst einsetzen. Anstatt die Bots als solche zu kennzeichnen, verlassen sie sich auf menschliche Höflichkeit. Sie gehen davon aus, dass man bei Gesprächsthemen bleibt, die die Bots selbstständig handhaben können. Bestünde die Möglichkeit, mit einem menschlichen Mitarbeiter zu sprechen, wäre es schließlich auch unhöflich, ihn mit seltsamen, themenfremden Fragen zu testen.

Aber selbst wenn Kunden beim vorgeschriebenen Thema bleiben, haben Bots Schwierigkeiten mit zu weit gefassten Themen. Seit August 2015 versucht Facebook, einen KI-gesteuerten Chatbot namens M zu erschaffen, der Hotelreservierungen vornehmen, Theatertickets buchen, Restaurants empfehlen und vieles mehr kann.[8] Zunächst sollten die schwierigsten Anfragen von Menschen bearbeitet werden. So sollten genügend Beispiele erzeugt werden, aus denen der Algorithmus dann lernen könnte. Irgendwann meinte Facebook, genug Daten beisammen zu haben, damit der Algorithmus die meisten Fragen selbstständig bearbeiten könnte. Leider nahmen die Kunden Facebook beim Wort und stellten M alle möglichen Fragen. In einem Interview erinnerte sich der Informatiker, der das Projekt angestoßen hatte: »Zuerst fragten die Leute, wie morgen das Wetter würde, danach fragten sie, ob es in der Nähe ein italienisches Restaurant gäbe, darauf folgte eine Frage zur Einwanderung, und nach einiger Zeit baten sie M, ihre Hochzeit zu organisieren.«[9] Ein Benutzer forderte M sogar auf, dafür zu sorgen, dass ein Papagei seinen Freund besucht. M war erfolgreich – indem er die Anfrage zur Bearbeitung an einen Menschen weitergab. Selbst Jahre nach seiner Einführung ist der Algorithmus von M noch auf menschliche Hilfe angewiesen.[10]

Die Dinge, die ein Mensch sagen oder fragen kann, sind äußerst vielfältig und sehr umfangreich. Das macht es für eine KI schwer, damit umzugehen. Im Vergleich mit Menschen ist ihre geistige Leistung immer noch winzig. Je weiter die Aufgaben gefasst sind, desto mehr Schwierigkeiten haben KIs mit ihrer Bewältigung.

Zum Beispiel habe ich kürzlich eine KI darauf trainiert, Rezepte zu erzeugen. Dabei imitiert die KI schon vorhandene Texte. Dennoch hat sie quasi mit einem leeren Blatt begonnen. Sie konnte nicht erkennen, dass sich die verschiedenen Buchstaben auf Zutaten beziehen oder wie sie eingesetzt werden. Sie wusste nicht einmal, was Englisch ist. Die KI musste also eine Menge verschiedener Dinge im Auge behalten. Dennoch hat sie so gut wie möglich versucht, herauszufinden, wie die Buchstaben hintereinander angeordnet werden, um die bereits gesehenen Rezepte zu imitieren. Als ich ihr nur Kuchenrezepte zum Lernen gab, kam dieses Ergebnis dabei heraus:

Karottenkuchen (Vera Ladies"
Kuchen, Alkohol
1 Packg. gelbe Kuchenmischung
3 Tasse Mehl
1 Teelöffel Backpulver
1 ½ Teelöffel Natron (Backsoda)
¼ Teelöffel Salz
1 Teelöffel gemahlener Zimt
1 Teelöffel gemahlener Ingwer
½ Teelöffel gemahlene Nelken
1 Teelöffel Backpulver
½ Teelöffel Salz
1 Teelöffel Vanille
1 Ei, Raumtemperatur
1 Tasse Zucker
1 Teelöffel Vanille
1 Tasse gehackte Pekanüsse

Ofen auf 180 Grad vorheizen. 24-cm-Springform einfetten.

So machen Sie den Kuchen: Schlagen Sie die Eier bei hoher Geschwindigkeit, bis sie dick und gelb sind, und stellen Sie sie beiseite. In einer separaten Schüssel schlagen Sie das Eiweiß steif. Heben Sie die erste Masse in die vorbereitete Form und streichen Sie den Teig glatt. Im Ofen etwa 40 Minuten backen oder bis ein in die Mitte gesteckter Holzzahnstocher sauber herauskommt. 10 Minuten in der Form abkühlen lassen. Zum vollständigen Abkühlen auf ein Drahtgitter stürzen.

Nehmen Sie den Kuchen aus der Form und lassen Sie ihn vollständig abkühlen. Servieren Sie ihn warm.

HereCto Kochbuch (1989) Aus der Küche & Hawn indem Canadian Living

Ergibt: 16 Portionen

Das Rezept ist sicher nicht perfekt, aber immerhin ist es klar als Kuchenrezept erkennbar (auch wenn der Kuchen bei genauem Hinsehen eigentlich nur aus einem einzigen gebackenen Eigelb besteht).

Im nächsten Schritt wies ich die KI an, nicht nur Kuchenrezepte, sondern auch Rezepte für Suppen, Grillgerichte, Kekse und Salate zu erzeugen. Zum Lernen gab es etwa zehnmal mehr Daten als zuvor: 24.043 allgemeine Rezepte im Gegensatz zu nur 2.431 reinen Kuchenrezepten. Hier ein Beispiel:

```
Hühnchen-Reis-Aufstrich
Käse/Eier, Salate, Käse
2 Pfund Herzen, entkernt
1 Tasse zerkleinerte frische Minze oder Himbeerkuchen
½ Tasse Katrimas, gerieben
1 Esslöffel Pflanzenöl
1 Salz
1 Pfeffer
2 ½ Esslöffel Zucker, Zucker

Kombinieren Sie die Entblätter, und rühren Sie, bis die Mischung
dickflüssig ist. Dann Eier, Zucker, Honig und Kümmel hinzufügen
und bei niedriger Hitze kochen. Fügen Sie den Maissirup, Oregano
und Rosmarin und den weißen Pfeffer hinzu. Die Sahne bei Hitze
einrühren. Kochen Sie, fügen Sie den restlichen 1 Teelöffel
Backpulver und Salz hinzu. Backen Sie bei 180 Grad für 2 bis
1 Stunde. Heiß servieren.

Ergibt: 6 Portionen
```

Diesmal ist das Rezept eine vollkommene Katastrophe. Die KI muss erst einmal herausfinden, wann sie Schokolade und wann Kartoffeln benutzen soll. Für einige Rezepte musste gebacken, für andere langsam geköchelt werden, während die Salate eigentlich überhaupt nicht gekocht werden sollten. Da es so viele Regeln zu lernen und auszuprobieren gab, musste die KI ihre Denkleistung auf zu viele Bereiche verteilen.

Inzwischen weiß man, dass KIs, die kommerzielle oder wissenschaftliche Probleme lösen sollen, auf Spezialisierung trainiert werden müssen. Wenn ein Algorithmus seine Aufgabe besser bewältigt als die KI, die den Hühnchen-Reis-Aufstrich erfunden hat, liegt der Hauptunterschied wahrscheinlich darin, dass das Problem besser gewählt und enger umgrenzt ist. Je enger eine KI fokussiert ist, desto schlauer erscheint sie.

C-3PO und Ihr Toaster: ein Intelligenzvergleich

Aus diesem Grund unterscheiden KI-Forscher zwischen einer **engen künstlichen Intelligenz (Artificial Narrow Intelligence, ANI)**, mit der wir es hier zu tun haben, und einer **allgemeinen künstlichen Intelligenz (Artificial General Intelligence, AGI)**, die hauptsächlich in Büchern und Filmen vorkommt. Wir sind mit Geschichten über superintelligente Computersysteme wie Skynet und HAL oder sehr menschenähnliche Roboter wie Wall-E, C-3PO und so weiter vertraut. Die KIs in diesen Geschichten können die Feinheiten menschlicher Gefühle kaum erkennen, aber sie verstehen und reagieren auf eine Vielzahl von Objekten und Situationen. Eine einzige AGI kann Sie im Schachspiel schlagen, Ihnen eine Geschichte erzählen, einen Kuchen backen, ein Schaf beschreiben und drei Dinge nennen, die größer als ein Hummer sind. Diese Art von KI gehört jedoch ins Reich der Science-Fiction, und die meisten Experten sind sich darüber einig, dass es noch viele Jahrzehnte dauern wird, bis eine echte AGI Realität wird – falls überhaupt.

Die heutigen ANI-Systeme sind längst nicht so ausgereift. Verglichen mit C-3PO, ist ein aktuelles System etwa so schlau wie ein Toaster.

Algorithmen, die Schlagzeilen machen, wenn sie Menschen bei Spielen wie Schach und Go schlagen, übertreffen die Fähigkeiten von Menschen nur bei einer einzelnen spezialisierten Aufgabe. In anderen Bereichen übertreffen Maschinen die Menschen bereits seit Längerem. Ein Taschenrechner war schon immer besser darin, lange Divisionen durchzuführen. Trotzdem kann er bisher noch keine Treppe hinuntergehen.

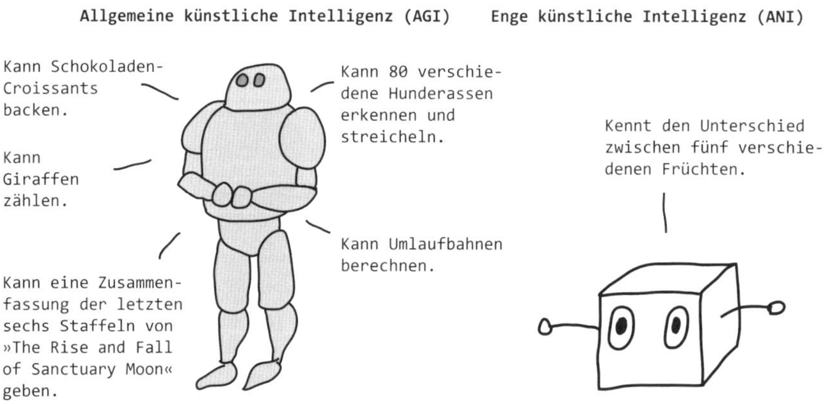

Übrigens sind viele Science-Fiction-KIs ebenfalls nicht in der Lage, Treppen hinunterzusteigen. Weder die Daleks noch C-3PO, RoboCop-Dingsda oder HAL9000 – habe ich jemanden vergessen?

Leider sind reale Probleme oft zu weit gefasst, als dass sie von heutigen ANI-Algorithmen gelöst werden können (siehe Kapitel 1, KI-Katastrophen, Warnhinweis Nummer 1: »Das Problem ist zu kompliziert«). Bei der KI aus Kapitel 1, die Video-Interviews analysieren sollte, schien das Problem auf den ersten Blick klar definiert zu sein: Es sollten menschliche Emotionen in Gesichtsausdrücken erkannt werden. Wie aber soll sich eine KI verhalten, wenn die Kandidaten beispielsweise einen Schlaganfall hatten, Narben im Gesicht tragen oder sich nicht in neurotypischer Weise ausdrücken wie zum Beispiel Autisten? Ein Mensch könnte die spezielle Situation des Bewerbers verstehen und seine Erwartungen entsprechend anpassen. Um das zu können, müsste eine KI wissen, welche Worte der Bewerber spricht (wobei die Umwandlung von Sprache in Text noch einmal ein ganz eigenes KI-Problem darstellt). Sie müsste verstehen, was diese Wörter bedeuten (aktuelle KIs können nur die Bedeutung sehr beschränkter Sätze zu ganz bestimmten Themen interpretieren, und selbst dabei gehen viele Nuancen verloren). Sie müsste dieses Wissen und Verständnis einsetzen, um ihre Interpretation der emotionalen Daten entsprechend anzupassen. Die heutigen KIs sind für derart komplexe Aufgaben nicht geeignet und würden alle diese Personen aussortieren, bevor ein Mensch sie überhaupt zu sehen bekäme.

Ein weiteres Beispiel für Probleme, die umfassender sind, als es den Anschein hat, werden wir im folgenden Abschnitt sehen.

Unzureichende Daten führen zu fehlerhaften Berechnungen

KIs lernen nur langsam. Wenn Sie einem Menschen das Bild eines neu entdeckten Tiers namens Elwetritsch zeigen, wird es ihm leichtfallen, aus einer großen Menge anderer Bilder diejenigen herauszufiltern, die ebenfalls Elwetritsche zeigen. Eine KI braucht dagegen Hundertausende Elwetritsch-Bilder, um zumindest einigermaßen erkennen zu können, worum es sich handelt. Außerdem müssen die Elwetritsch-Bilder genügend Unterschiede aufweisen, damit der Algorithmus lernen kann, dass es sich bei »Elwetritsch« um ein bestimmtes Tier und nicht etwa um den Wald im Hintergrund oder um Weinreben handelt. Außerdem muss auf jeden Fall sichergestellt werden, dass die KI ihn nicht mit Wolpertingern verwechselt.

Forscher arbeiten an der Entwicklung von KIs, die ein Thema auch mit weniger Beispielen bewältigen können (das sogenannte **One-Shot-Learning**). Aktuell werden aber noch tonnenweise Trainingsdaten gebraucht, bevor eine KI ein Problem lösen kann. Der berühmte ImageNet-Datensatz für die Bilderzeugung und -erkennung enthält aktuell 14.197.122 Bilder aus gerade einmal 1.000 verschiedenen Themenbereichen. Ähnlich verhält es sich mit selbstfahrenden Autos. Ein Mensch braucht in Deutschland gerade einmal 30 Praxisfahrstunden, um eine Fahrerlaubnis zu erhalten. Im Jahr 2018 hatten die Fahrzeuge von Waymo, einem Unternehmen für selbstfahrende Autos, Daten aus fast zehn Millionen tatsächlich gefahrenen Kilometern und weiteren acht Milliarden Kilometern in Simulationen gesammelt.[11] Und trotzdem sind sie noch weit davon entfernt, Technologien für autonomes Fahren großflächig zugänglich zu machen. Dieser Datenhunger der KIs ist ein Grund dafür, dass das Zeitalter von *Big Data* (in dem sehr große Datenmengen gesammelt und analysiert werden) Hand in Hand mit dem Zeitalter der KI geht.

Manchmal lernen KIs so langsam, dass das Lernen in Echtzeit keinen Sinn ergibt. Stattdessen lernen sie in einem beschleunigten Zeitrahmen, in dem Hunderte von Trainingsjahren in nur wenigen Stunden abgearbeitet werden. Ein Programm namens OpenAI Five, das gelernt hatte, das Computerspiel Dota zu spielen (ein Online-Fantasyspiel, in dem Teams zusammenarbeiten, um Gelände zu erobern), war in der Lage, einige der besten menschlichen Spieler der Welt zu schlagen. Das hatte die KI nicht gelernt, indem sie gegen Menschen spielte, sondern gegen sich selbst. Sie forderte sich selbst zu Zehntausenden gleichzeitiger Spiele heraus und konnte so an nur einem Tag 180 Jahre an Spielzeit ansammeln.[12] Selbst wenn eine Aufgabe eigentlich in der realen Welt erledigt werden soll, kann es sinnvoll sein, das Training in einer Simulation durchzuführen, um Zeit und Aufwand möglichst gering zu halten.

Eine weitere Aufgabe bestand darin, dass eine KI ein Fahrrad in der Balance halten sollte. Sie brauchte jedoch sehr viel Zeit zum Lernen. Die Programmierer protokollierten alle Richtungen, in die sich das Vorderrad bewegte, während es hin- und herwackelte und das Fahrrad schließlich umfiel. Es brauchte über 100 Versuche, bis die KI zumindest ein paar Meter fahren konnte, ohne umzufallen. Tausende weiterer Versuche waren nötig, bis sich diese Strecke auf über 20 Meter verlängerte.

Das Training einer KI in einer Simulation ist bequem, kann aber auch riskant sein. Wegen der begrenzten Rechenleistung der Computer, auf denen die Simulationen laufen, sind sie nicht annähernd so detailliert wie die reale Welt. Oft werden allerhand Hacks und Abkürzungen gebraucht, um alles zusammenzuhalten. Das kann zu Problemen führen, wenn die KI diese Abkürzungen bemerkt und beginnt, sie auszunutzen (dazu später mehr).

Gelerntes wiederverwenden

Hat die KI nicht genug Trainingsdaten, lässt sich das Problem eventuell trotzdem lösen, sofern jemand eine ähnliche Aufgabe bereits gelöst hat. Wenn die KI nicht bei null anfangen muss, sondern ihr bestimmte Parameter schon aus einem anderen Datensatz bekannt sind, kann sie das Gelernte möglicherweise wiederverwenden. Angenommen, ich hätte eine KI darauf trainiert, Namen von Metal-Bands zu erzeugen. Wenn meine nächste Aufgabe darin bestünde, Eiscreme-Geschmacksrichtungen zu erfinden, kann ich vielleicht schneller und mit weniger Beispielen zum Ziel kommen, wenn ich die Metal-Band-KI wiederverwende. Schließlich hat die KI beim Erzeugen der Band-Namen schon ein paar Dinge gelernt:

- wie lang ein Name ungefähr sein sollte,
- dass sie den ersten Buchstaben jeder Zeile großschreiben muss,
- häufig vorkommende Buchstabenkombinationen wie *ch* und *va* oder *str* und *pis* (das heißt, Dinge wie *chocolate, vanilla, strawberry* und *pistachio* müssen nicht mehr komplett neu gelernt werden!) sowie
- häufig verwendete Wörter wie *the* und ... hmmm ... *death*?

Ein paar kurze Trainingsrunden reichen schon aus, damit die KI aus einem Modell, das Namen von Metal-Bands wie diese erzeugt (deutsche Entsprechungen jeweils in Klammern):

```
Dragonred of Blood (Drachenrot des Blutes)
Stäggabash
Deathcrack (Todesspalte)
Stormgarden (Sturmgarten)
Vermit (Erbrechgeziefer)
Swiil (Wiibel)
Inbumblious (Unhummlisch)
Inhuman Sand (Unmenschlicher Sand)
Dragonsulla and Steelgosh (Drachensulla und Stahlgosh)
Chaosrug (Chaosteppich)
Sespessstion Sanicilevus
```

in ein Modell umzuwandeln, das Eiscreme-Sorten wie diese hervorbringt:

```
Lemon-Oreo (Zitrone-Oreo)
Strawberry Churro (Erdbeer-Churro)
Cherry Chai (Kirsch-Chai)
Malted Black Madnesss (Schwarzer Wahnsinn mit Malz)
Pumpkin Pomegranate Chocolate Bar (Kürbis-Granatapfel-
   Schokoladentafel)
Smoked Cocoa Nibe (Geräucherter Kakao-Nibe)
Toasted Basil (Geröstetes Basilikum)
Mountain Fig n Strawberry Twist (Bergfeige und Erdbeer-Twist)
Chocolate Chocolate Chocolate Chocolate Road (Schokolade Schokolade
   Schokolade Schokolade Straße)
Chocolate Peanut Chocolate Chocolate Chocolate (Schokolade Erdnuss
   Schokolade Schokolade Schokolade)
```

Dazwischen gab es eine *wiiinzig kleine* Phase, in der die KI Dinge wie diese produzierte:

```
Swirl of Hell (Strudel der Hölle)
Person Cream (Personen-Sahne)
Nightham Toffee
Feethberrardern's Death (Feethberrarderns Tod)
Necrostar with Chocolate Person (Nekrostar mit Schokoladenperson)
Dirge of Fudge (Karamells Totenklage)
```

```
Beast Cream (Bestiensahne)
End All (Alles auslöschen)
Death Cheese (Käse des Todes)
Blood Pecan (Blut-Pekanuss)
Silence of Coconut (Das Schweigen der Kokosnuss)
The Butterfire (Das Butterfeuer)
Spider and Sorbeast (Spinne und Sorbestie)
Blackberry Burn (Brombeerverbrennung)
```

Vielleicht hätte ich doch besser mit Kuchen anfangen sollen.

Tatsächlich werden KI-Modelle sehr häufig wiederverwendet. Diesen Prozess bezeichnet man als **Transferlernen** (**Transfer Learning**). Hat eine KI ihr Ziel schon teilweise erreicht, werden nicht nur weniger Daten gebraucht, sondern es kann auch eine Menge Zeit gespart werden. Selbst auf den leistungsfähigsten Computern kann es Wochen oder Monate dauern, komplexeste Algorithmen mit den größten Datensätzen zu trainieren. Beim Transferlernen braucht die gleiche KI dagegen nur wenige Minuten oder Sekunden, um eine ähnliche Aufgabe zu bewältigen.

Besonders bei der Bilderkennung wird das Transferlernen eingesetzt, weil das Training eines neuen Bilderkennungsalgorithmus von Grund auf eine Menge Zeit und Daten erfordert. Oft wird daher mit einem Algorithmus begonnen, der bereits allgemeine Objektkategorien in generischen Bildern erkennen kann. Dieser dient dann als Startpunkt für eine spezialisierte Objekterkennung. Kennt ein Algorithmus beispielsweise schon Regeln, um Bilder von Lkws, Katzen und Fußbällen zu erkennen, ist er bei der Erkennung bestimmter Produkte, zum Beispiel eines Lebensmittelscanners, bereits im Vorteil. Viele Regeln, die ein allgemeiner Bilderkennungsalgorithmus lernen muss, wie das Finden von Kanten, die Identifizierung von Formen oder das Einordnen von Texturen, können bei der Erkennung eines Lebensmittelscanners ebenfalls helfen.

Erinnerung? Vergessen Sie's!

Ein Problem lässt sich leichter mit KI lösen, wenn wenig Speicher benötigt wird. Wegen ihrer beschränkten Hirnleistung können sich KIs Dinge nur sehr schwer merken. Das stellt man beispielsweise fest, wenn KIs Computerspiele spielen sollen. Sie gehen sehr extravagant mit den Leben ihrer Charaktere und anderen Ressourcen um (zum Beispiel mächtigen Angriffen, die nicht unbegrenzt oft möglich sind). Am Anfang verschwenden sie eine Menge Leben und Zaubersprüche, bis nur noch sehr wenige übrig sind. Dann werden sie plötzlich vorsichtig.[13]

Eine KI hatte gelernt, das Spiel Karate Kid zu spielen. Allerdings verprasste sie alle ihre mächtigen Kranich-Kicks gleich zu Beginn des Spiels. Warum? Weil der Speicher nur reichte, um die nächsten sechs Sekunden des Spielverlaufs vorherzusehen. Tom Murphy, der den Algorithmus trainiert hat, sagte hierzu: »Bei allem, was du sechs Sekunden später brauchst, hast du Pech gehabt. Die Verschwendung von Leben und anderen Ressourcen ist ein häufiger Fehler.«[14]

Selbst so ausgefeilte Algorithmen wie der Dota-Bot von OpenAI hat nur einen begrenzten Zeitrahmen, in dem er sich erinnern oder vorausschauen kann. OpenAI Five kann immerhin eindrucksvolle zwei Minuten in die Zukunft schauen (eindrucksvoll für ein Spiel, in dem sehr viele komplexe Dinge sehr schnell passieren). Dota-Spiele können aber 45 Minuten oder länger dauern. Und obwohl OpenAI Five mit einer geradezu furchteinflößenden Aggressivität und Präzision spielen kann, scheint er nicht in der Lage zu sein, Techniken zu lernen, die sich auf längere Sicht auszahlen.[15] Wie der einfachere Karate-Kid-Bot, der die Kranich-Kicks zu früh einsetzt, scheint auch OpenAI Five die stärksten Angriffe zu früh zu benutzen, anstatt sie sich für später aufzuheben, wenn sie die größte Wirkung entfalten.

Diese Unfähigkeit, vorauszuplanen, kommt sehr oft vor. Im zweiten Level von Super Mario Bros. gibt es einen berüchtigten Felsvorsprung, auf dem eine Menge glänzender Münzen zu finden sind. Er gilt als Fluch aller

Spielalgorithmen. Beim Erreichen von Level 2 haben die meisten KIs herausbekommen, dass Münzen etwas Gutes sind. Sie wissen normalerweise auch, dass sie sich nach rechts bewegen müssen, um das Ende des Levels zu erreichen, bevor die Zeit abläuft. Wenn die KI aber auf den Vorsprung springt, muss sie sich zum ersten Mal im Spiel rückwärts bewegen, um wieder herunterzukommen. Oft findet sie keine Lösung und steckt auf dem Vorsprung fest, bis die Zeit abgelaufen ist. »Ich habe ganze sechs Wochenenden und Tausende von CPU-Stunden in das Problem gesteckt«, sagte Tom Murphy, der es schließlich schaffte, den Felsvorsprung zu überwinden, indem er die Fähigkeiten zur langfristigen Planung seiner KI verbesserte.[16]

Auch bei der Texterzeugung kann das kurze Erinnerungsvermögen einer KI für Probleme sorgen. Der oben besprochene Journalismus-Algorithmus Heliograf, der einzelne Datenzeilen aus einer Tabelle in Textbausteine für einen Sportbericht umwandelt, funktioniert, weil die einzelnen Sätze mehr oder weniger unabhängig voneinander geschrieben werden können. Die KI muss dabei nicht den gesamten Artikel erfassen können.

Neuronale Netzwerke für die Übersetzung natürlicher Sprachen, wie sie beispielsweise für Google Translate oder DeepL zum Einsatz kommen, müssen sich keine vollständigen Absätze merken. Sätze oder Satzteile können oft einzeln von einer Sprache in eine andere übersetzt werden, ohne dass hierfür eine Erinnerung an den vorherigen Satz nötig wäre. Gibt es dagegen Mehrdeutigkeiten oder Zusammenhänge oder eine andere Form langfristiger Abhängigkeiten zwischen den Sätzen, kann die KI diese normalerweise nicht erfassen.

Bei anderen Arten von KIs ist das schlechte Erinnerungsvermögen sogar noch offensichtlicher. Ein Beispiel sind algorithmisch erzeugte Geschichten. Es gibt gute Gründe dafür, dass KIs keine Bücher oder Drehbücher schreiben (obwohl einige Menschen natürlich auch daran arbeiten).

Sollten Sie sich jemals fragen, ob ein Text von einem Algorithmus für maschinelles Lernen oder einem Menschen geschrieben (oder zumindest stark redigiert) wurde, kann es helfen, nach größeren Problemen mit der Erinnerung Ausschau zu halten. 2019 entwickelten einige KIs die Fähigkeit, auch langfristige Entwicklungen in einer Geschichte mitzuverfolgen, wenngleich dabei teils wichtige Informationen verloren gingen.

Viele Texterstellungs-KIs können nur wenige Wörter auf einmal erfassen. Unten sehen Sie einen Text, den ein **rekurrentes neuronales Netzwerk** (**RNN**) geschrieben hat, nachdem es mit 19.000 Traumbeschreibungen von *dreamresearch.net* trainiert wurde:

```
Ich stehe auf und gehe den Flur hinunter zu seinem Haus und sehe
einen Vogel in der sehr engen Schublade und es ist eine Gruppe von
Menschen in der Hand Türen. Zu Hause, wie ein älterer Mann geht,
um einige Schlüssel zu kaufen. Er schaut sich den Kopf mit einem
Pappgerät an und dann werden meine Beine auf dem Tisch geparkt.
```

Nun haben Träume sowieso oft nur wenig Zusammenhang. Mitten in einer Szene können sich Umgebung, Stimmung oder auch die Charaktere unversehens ändern. Diese Träume neuronaler Netze können aber nicht einmal einen Satz lang kohärent bleiben – manchmal sogar deutlich kürzer. Es wird auf Charaktere Bezug genommen, als seien sie die ganze Zeit Teil der Handlung gewesen. Der gesamte Traum vergisst, wo er ist. Einzelne Phrasen ergeben vielleicht einen Sinn, selbst der Wortrhythmus klingt in Ordnung, solange Sie nicht darauf achten, was gerade passiert. Das Imitieren oberflächlicher Eigenschaften menschlicher Sprache ohne tiefere Bedeutung ist ein Markenzeichen von Texten, die von künstlichen neuronalen Netzen erzeugt wurden.

Die folgende Abbildung zeigt ein weiteres Beispiel – diesmal ein Kochrezept –, in dem die Auswirkungen dieser Speicherbegrenzung noch deutlicher sichtbar werden. Das Rezept wurde von der gleichen KI erzeugt wie die Rezepte auf den Seiten 46 und 47. (Wie Sie leicht erkennen können, hat der Algorithmus hier aus einer Reihe von Rezepten für Black Pudding, einer Art Blutwurst, gelernt.) Dieses neuronale Netz erstellt ein Rezept Buchstabe für Buchstabe. Dabei sieht es sich die bereits erzeugten Buchstaben an, um zu entscheiden, welcher als Nächstes kommt. Aber jeder Buchstabe, den sich die KI ansehen muss, braucht zusätzlichen Speicher. Davon gibt es auf dem Computer, auf dem das Programm läuft, aber nur eine begrenzte Menge. Für den hier verwendeten Algorithmus lag die maximale Speichermenge bei gerade einmal 65 Buchstaben.* Sie können erkennen, wo im Rezept der Speicher voll war und die KI nicht mehr wusste, dass sie gerade ein Schokoladendessert erfindet: ungefähr an der Stelle, an der sie entscheidet, schwarzen Pfeffer und was auch immer »Reissahne« ist hinzuzufügen.

* Der Chatbot hatte außerdem ein winzig kleines Langzeitgedächtnis, in dem er Informationen über das 65-Zeichen-Fenster hinaus speichern konnte. Zum Ablegen kompletter Zutatenlisten war der Speicher jedoch zu klein. In der Welt des maschinellen Lernens bezeichnet man diesen Algorithmus im Gegensatz zu einem normalen RNN als neuronales Netzwerk mit **Long-Short-Term-Memory-(LSTM-)**Fähigkeiten.

Die Herausforderung ist, das zu behalten, was schon geschrieben wurde. Die KI kann immer nur 65 Zeichen auf einmal sehen: vom Anfang bis zum ersten Semikolon. Kann sie zumindest durchgehend bei süß oder herzhaft bleiben?

Das Format ist einfach. Zuerst der Titel, dann eine Kategorie, dann Zutaten, dann die Anweisungen. Vorhersehbar. Das klappt eigentlich immer. Vorhersehbare Dinge sind einfach.

Ich hätte hier "Nachtisch" gewählt. Aber bleiben wir beim Thema.

Hmmm, ein interessanter Anfang.

Kakao. Sehr gut! Wir haben die Schokolade also noch nicht vergessen. Sie ist gerade eben noch im 65-Zeichen-Speicher.

Moment, das ist er doch schon. Vielleicht trotzdem gut, das noch mal klar zu sagen.

Warum brauchen wir hier irgendwas mit Sesam? Ein klarer Fehler. Und das Schälen klingt recht mühsam.

Sesam bringt uns dem "Herzhaft"-Bereich gefährlich nah.

Großbuchstaben sind eine besondere Herausforderung, weil sie vollkommen unabhängig von den Kleinbuchstaben behandelt werden. Das neuronale Netz muss beides unabhängig und von Grund auf anhand sehr weniger Beispiele lernen.

Dattel-Heilig scheint eine Art Glasur zu sein. Das muss die KI aus irgendeinem Kuchenrezept haben. Damit sind wir wieder im Nachtischbereich.

Diese Dinge standen nicht in der Zutatenliste, die inzwischen nicht mehr im Speicher ist. Immerhin hat die KI die Schokolade erraten.

Oh je. Mehrdeutigkeit. "Bis goldbraun" kann entweder süß oder herzhaft heißen. "Schaumig" zeigt klar in Richtung "süß", aber dann … Knoblauch. Game over.

Scheint etwas klein. Und sollte das nicht eine Pfanne sein?

```
Schokoladen-Butterbrühe-Blutwurst
Käse/Eier

125g Kakao; fein gemahlen
1 Teelöffel Butter
1/2 Tasse Milch
1/4 Teelöffel Pfeffer
1/4 Tasse Reissahne, gewürfelt
500g Sahne
1 Sesamschale

        ----DATTEL-HEILIG----

1 großes Ei
1 Puderzucker-Servierriegel
1/4 Tasse Butter oder Margarine, geschmolzen

Brauner Zucker, Schokolade; Backpulver, Bier,
Zitronensaft und Salz in Stückchen in eine
gefettete 22 x 5cm-Torte geben.
Abkühlen, bis goldbraun und schaumig.
Platzieren Sie servieren Knoblauch Hälfte
von Kucheon darauf, um Bucht mehr nutzen.
In einer Pfanne in den vorgeheizten Ofen geben.
Mit frischer Petersilie zum Garen bestreuen.

Teller zur Hekt in Topf mit Öl stellen, über Halb-und-Halb ziehen. In
eine Schüssel geben. Diedinger auf einen Streifen Kalaparo abtupfen und
durch kochen der Gewürze in Butter wannen. Mit Zwiebeln bestreuen. & ziehen
wenn Blasen und Karotte gar sind, etwa 5 Minuten.
Auf einer 75-Zentimeter-Stunde einen Mixer oder Wachspapier zu durch getrocknet
rauen zu kochen (die entdeckt wird.)

Ergibt: 1 Kuchen
```

Hier hat die KI komplett den Weg verloren. Nicht genug Informationen, um herauszufinden, was los ist. Ist das eine Suppe? Etwas Geschmortes? Keine Optionen mit ausreichend hoher Wahrscheinlichkeit. Selbst ihre Rechtschreibung leidet unter der Unsicherheit.

Immerhin hat die KI nicht vergessen, die Klammern zu schließen. Vermutlich gibt es ein Neuron, das nur dafür zuständig ist.

Immerhin weiß das neuronale Netz, wie man ein Rezept beendet. Wir backen einen Kuchen, oder? Kuchen passt schon irgendwie.

Manchmal weiß die KI, dass sie ein Rezept bald beenden muss, weil wir eine Glasur hinzufügen oder es mit irgendetwas servieren. Bei diesem Chaos kann sie nur geraten haben. Manchmal erstrecken sich diese Rezepte über mehrere Seiten und das neuronale Netz hat keine Ahnung, was es schon geschrieben hat.

Diese Speicherbegrenzung beginnt sich zu verändern. Forscher arbeiten daran, rekurrente neuronale Netzwerke zu entwickeln, die bei der Vorhersage des nächsten Buchstabens in einem Text kurz- *und* langfristige Merkmale berücksichtigen. Die Idee hat Ähnlichkeit mit Algorithmen, die ein Verfahren namens **Konvolution** (**Faltung**) verwenden. Hierbei sieht sich die KI zuerst kleine Details eines Bilds an (zum Beispiel Kanten und Texturen). Dann »zoomt« sie heraus, um sich einen größeren Überblick zu verschaffen. Die Informationsmengen in einem faltungsbasierten neuronalen Netzwerk (Hunderte Male größer als das von mir auf dem Laptop trainierte) sind groß genug, um den roten Faden nicht mehr zu verlieren. Das folgende Rezept stammt von einem neuronalen Netzwerk namens GPT-2, das OpenAI mit einer riesigen Auswahl von Webseiten trainiert hat. Die Feinabstimmung habe ich mit einer Reihe unterschiedlicher Rezepte vorgenommen.

```
Brockenkuchen
Kuchen, Desserts
8 Tasse Mehl
4 Pfund Butter; Raumtemperatur
2 ¼ Tasse Maissirup; geteilt
2 Eier; püriert und abgekühlt
1 Teelöffel Weinstein
½ Tasse M&Ms
200 Gramm stückiges Eiweiß
1 Schokolade; gesiebt

2 ¼ Tassen Mehl bei mittlerer Geschwindigkeit cremig rühren,
bis es verdickt ist.

Zwei gefettete und mit Wachspapier ausgelegte Kastenformen leicht
einfetten und bemehlen; Mehl, Sirup und Eier vermengen. Weinstein
hinzugeben. Gießen Sie den Teig in eine 4-Liter-Kastenform. Bei 230
Grad 35 Minuten backen. In der Zwischenzeit Sirup, Eiweiß und
Schokolade in einer großen Schüssel verrühren, bis alles gut
vermischt ist. Pfanne abkühlen lassen. 2 Esslöffel
Schokoladenmischung über den ganzen Kuchen gießen. Bis zum Servieren
im Kühlschrank aufbewahren.

Ergibt: 20 Portionen
```

Nachdem die Erinnerungsfähigkeit durch Konvolution verbessert wurde, erinnert sich GPT-2 an die meisten zu verwendenden Zutaten und sogar daran, dass das neuronale Netz einen Kuchen backen soll. Seine Anweisungen sind immer noch ein wenig unangemessen – Mehl wird nicht dicker, egal wie lange Sie es schlagen, und die Mehl/Sirup/Ei-Mischung wird sich auch dann nicht in Kuchen verwandeln, wenn Sie Weinstein hinzugeben. Dennoch ist es eine enorme Verbesserung gegenüber dem Schokoladen-Butterbrühe-Black-Pudding.

Fan-Fiction

Hier ein weiteres Beispiel von GPT-2. Diesmal versuchen wir, Harry-Potter-Fan-Fiction zu schreiben. Der Algorithmus konnte nachvollziehen, welche Charaktere in der Szene mitspielen, und sich sogar an wiederkehrende Motive erinnern – in diesem Fall, dass Snape bereits eine Schlange auf dem Kopf hatte.

```
Snape: Ich verstehe.
[Eine Schlange erscheint und Snape setzt sie auf seinen Kopf
   und sie scheint das Sprechen zu übernehmen. Sie sagt: »Ich
   vergebe dir.«]
HARRY: Du kannst nicht zurück, wenn du nicht vergibst.
Snape: [seufzend] Hermine.
HARRY: OK, hör zu.
Snape: Ich möchte mich bei dir dafür entschuldigen, dass ich
   darüber wütend und aufgebracht war.
HARRY: Es ist nicht deine Schuld.
HARRY: Das wollte ich damit nicht andeuten.
[Eine weitere Schlange erscheint, die sagt: »Und ich vergebe
   dir.«]
HERMINE: Und ich vergebe dir.
Snape: Ja.
```

Eine weitere Strategie für den Umgang mit Speicherbegrenzungen ist die Gruppierung von Grundeinheiten, wodurch das neuronale Netz Zusammenhänge erkennen kann, ohne sich hierfür zusätzliche Dinge merken zu müssen. Anstatt sich an 65 Buchstaben zu erinnern, merkt es sich ganze Wörter oder sogar 65 Handlungselemente. Hätte ich mein neuronales Netz auf eine maßgeschneiderte Menge an Zutaten und erlaubte Mengenangaben beschränkt, hätte es bei jedem Versuch ein gültiges Rezept erzeugt. Genau dies hat übrigens ein Team bei Google gemacht, als es versuchte, einen neuen glutenfreien Schokoladenkeks zu entwickeln.[17] Obwohl Googles Ergebnis deutlich mehr Ähnlichkeit mit einem Keks hatte als das, was mein Algorithmus erzeugte, schmeckte das Resultat Berichten zufolge immer noch ziemlich furchtbar.[18]

Kann man das Problem auch einfacher lösen?

Und damit kommen wir zu einer der letzten Fragen, die bestimmen, ob sich ein Problem gut mit einer KI lösen lässt (auch wenn es nicht verhindert, dass es trotzdem probiert wird): Ist KI wirklich die *einfachste* Lösungsmöglichkeit?

Für einige Probleme war erst eine Lösung vorstellbar, als es große KI-Modelle gab und Unmengen von Daten zur Verfügung standen. KI hat Bilderkennung und Sprachübersetzungen so verändert, dass das automatische Tagging von Fotos sowie Google Translate mittlerweile zum Alltag gehören. Für diese Problembereiche ist die Formulierung allgemeiner Regeln nicht einfach. Eine KI kann dagegen riesige Informationsmengen analysieren und eigene Regeln entwickeln. Oder sie kann sich Hunderte von Eigenschaften von Telefonkunden ansehen, die zu einem anderen Anbieter gewechselt haben, um dann herauszufinden, welche Kunden wahrscheinlich in Zukunft wieder wechseln werden. Vielleicht sind diese wechselwilligen Kunden jung, leben in Gegenden mit schlechtem Empfang und waren für weniger als sechs Monate Kunden.

Man lässt sich allerdings leicht dazu verleiten, eine komplexe KI-Lösung auf eine Situation loszulassen, die mit etwas gesundem Menschenverstand deutlich besser gelöst werden könnte. Vielleicht haben die abtrünnigen Kunden den Spezialtarif, der an eine wöchentliche Lieferung von Kakerlaken gekoppelt ist (siehe Bild) – und dieser Tarif ist wirklich *schrecklich*.

Darf eine KI Auto fahren?

Es gibt viele Gründe dafür, dass sich das Problem selbstfahrender Autos für die Lösung durch eine KI anbietet. Natürlich würden wir das Fahren gern automatisieren – für viele Menschen ist es mühsam, für manche vollkommen unmöglich. Ein kompetenter KI-Fahrer hätte blitzschnelle Reflexe, würde nie in seiner Spur hin- und herschlingern oder aggressiv fahren. Tatsächlich sind selbstfahrende Autos manchmal sogar *zu* schüchtern und haben dadurch Probleme, sich in den fließenden Verkehr einzufädeln oder auf einer stark befahrenen Straße links abzubiegen.[19] Die KI würde aber niemals ermüden und könnte das Steuer für endlose Stunden übernehmen, während die Menschen ein Nickerchen halten oder eine Party feiern.

Wir könnten eine Menge Beispieldaten sammeln, sofern wir es uns leisten können, menschliche Fahrer dafür zu bezahlen, Millionen von Kilometern zu fahren. Einfacher wäre es, virtuelle Fahrsimulationen zu schaffen, in denen die KI im Zeitraffer ihre Strategien testen und verfeinern kann.

Auch die Speicheranforderungen sind nicht sehr hoch. Die aktuelle Richtung und die Geschwindigkeit hängen nicht davon ab, was vor fünf Minuten passiert ist. Die Navigationseinheit übernimmt die Planung für die Zukunft. Verkehrsgefahren wie Fußgänger und Wildwechsel treten innerhalb von Sekunden auf.

Außerdem ist die Kontrolle eines selbstfahrenden Autos so schwierig, dass wir außer KI aktuell keine anderen guten Lösungen kennen (außer selbst zu fahren, versteht sich). KI ist die Lösung, die uns bisher am weitesten vorangebracht hat.

Dennoch ist die Frage bisher noch nicht endgültig beantwortet, ob das Problem des automatisierten Fahrens begrenzt genug ist, um von heutiger KI gelöst zu werden, oder ob eher eine Art menschenunterstützte allgemeine künstliche Intelligenz (Human-level Artificial General Intelligence, AGI) gebraucht wird. Bisher haben selbstfahrende Autos bewiesen, dass sie Millionen von Kilometern automatisch fahren können. Einige Unternehmen berichten, dass ein Mensch bei Testfahrten nur ungefähr alle Tausend Kilometer eingreifen musste. Aber genau diese Situationen, in denen ein Eingriff absolut notwendig ist, lassen sich am schwersten aus der Welt schaffen.

Menschen mussten die KIs in selbstfahrenden Autos schon aus den verschiedensten Situationen retten. Normalerweise werden die Gründe für diese sogenannten *Entkopplungen* (Disengagements) von den Unternehmen geheim gehalten. Meist wird nur, wie es mancherorts gesetzlich vorgeschrieben ist, die Zahl der Vorfälle veröffentlicht. Das mag unter anderem daran liegen, dass die Gründe für das Entkoppeln bestürzend profan sein können. Ein Forschungspapier aus dem Jahr 2015[20] listet einige dieser Gründe auf. Die fraglichen Autos hatten beispielsweise folgende Probleme:

- Überhängende Äste wurden als Hindernisse angesehen.
- Die KI war nicht sicher, auf welcher Spur sie sich befand.
- Die KI entschied, dass sich zu viele Fußgänger auf der Kreuzung befanden, um alle zu berücksichtigen.
- Autos, die aus einem Parkhaus kamen, wurden übersehen.
- Ein Auto, das direkt vor dem Fahrzeug einfädelte, wurde übersehen.

Im März 2018 war eine dieser Situationen für einen schweren Unfall verantwortlich: Die KI eines selbstfahrendes Autos hatte Schwierigkeiten bei der Erkennung einer Fußgängerin. Zuerst erkannte sie ein unbekanntes Objekt, dann ein Fahrrad und schließlich, mit nur noch 1,3 Sekunden Zeit zum Bremsen, die Fußgängerin. (Das Problem wurde noch dadurch verschlimmert, dass die Notbremssysteme des Fahrzeugs zugunsten der Alarmierung des Ersatzfahrers deaktiviert worden waren, das System aber nicht dafür ausgelegt war, den Ersatzfahrer tatsächlich zu alarmieren. Außerdem war der Ersatzfahrer bereits viele Stunden gefahren, ohne dass menschliches Eingreifen nötig gewesen wäre, eine Situation, in der die meisten Menschen weniger aufmerksam werden.)[21] Ein weiterer schwerer Unfall ereignete sich 2016. Der Grund war ebenfalls ein Fehler bei der Identifizierung eines Hindernisses. In diesem Fall versagte die KI bei der Erkennung eines Tiefladers als Hindernis (siehe folgenden Kasten).

Unfall mit einem Lkw

2016 ereignete sich ein tödlicher Unfall, als ein Fahrer den Autopiloten von Tesla nicht wie vorgesehen auf einer Autobahn, sondern innerorts benutzte. Ein Lastwagen kreuzte den Weg des Autos, und die KI des Autopiloten versagte beim Bremsen. Sie erkannte den Lkw nicht als Hindernis, dem man ausweichen müsse. Nach einer Analyse von Mobileye (die das Kollisionsvermeidungssystem entwickelt hatten) war das System nur darauf trainiert, Auffahrunfälle zu vermeiden, weil es nur für den außerstädtischen Verkehr konzipiert war. Dadurch konnte es Lkws nur von hinten erkennen, aber nicht von der Seite. Tesla berichtete, dass die KI den Lkw zwar bemerkt, ihn aber als Verkehrszeichenbrücke angesehen und daher entschieden hatte, nicht zu bremsen.[22]

Und dabei haben wir noch nicht einmal über die eher ungewöhnlichen Situationen gesprochen. Als Volkswagen seine KI zum ersten Mal in Australien testete, fand man heraus, dass sie durch Kängurus irritiert war. Offenbar hatte sie noch nie etwas gesehen, das durch die Gegend hopste.[23]

Bei der schieren Menge an möglichen Ereignissen, die auf einer Straße auftreten können – Umzüge, ausgebrochene Emus, durchhängende Stromleitungen, Lava, Warnschilder mit ungewöhnlichen Anweisungen, Melasse-Überflutungen (*https://de.wikipedia.org/wiki/Melassekatastrophe_von_Boston*) und Senklöcher –, es ist unvermeidlich, dass irgendetwas passiert, das die KI aus dem Training nicht kennt. Es ist schwierig, eine KI zu entwickeln, die mit vollkommen unerwarteten Situationen umgehen kann – die weiß, dass ein ausgebrochener Emu sehr wahrscheinlich wild herumrennt, während ein Senkloch sich sehr wahrscheinlich nicht weiterbewegt, und die intuitiv versteht, dass man nicht einfach durch Lava hindurchfahren kann, nur weil sie zufällig wie Wasser fließt und Pfützen bildet.

Autohersteller versuchen, ihre Strategien an die Unvermeidbarkeit einfacher Probleme und absolut seltsamer Situationen auf der Straße anzupassen. Sie überlegen, dass selbstfahrende Autos auf abgeschlossene, kontrollierte Strecken beschränkt werden (was das Emuproblem aber nicht löst, denn Emus sind schlau) oder sich hinter einem menschlichen Fahrer zu einem Konvoi aufreihen sollen. Anders gesagt, die nötigen Kompromisse haben sehr große Ähnlichkeit mit dem, was wir als Busse und Bahnen kennen.

Autonomiestufen bei selbstfahrenden Autos

0. Keine
   Höchstens ein nicht adaptiver Tempomat.
   Selbst alter VW Käfer ist dazu in der Lage.
   Sie fahren, sonst niemand.

1. Fahrerassistiert
   Adaptiver Tempomat und Spurhalteassistent.
   Die meisten modernen Autos können das.
   Ein Teil von Ihnen fährt.

2. Teilweise Automation
   Zwei oder mehr Dinge aus Stufe 1 arbeiten zusammen.
   Auto kann Abstand halten UND dem Straßenverlauf folgen.
   Fahrer muss jederzeit eingreifen können.

3. Bedingte Automation
   Auto fährt unter manchen Umständen selbstständig.
   Auto mit Staumodus und Autobahnmodus.
   Fahrer wird selten gebraucht, aber muss BEREIT sein.

4. Hohe Automation
   Auto braucht auf kontrollierten Routen keinen Fahrer.
   Manchmal kann der Fahrer ein kleines Nickerchen halten.
   Auf anderen Routen wird weiter ein Fahrer gebraucht.

5. Volle Automation
   Auto braucht überhaupt keinen Fahrer.
   Autos haben möglicherweise weder Lenkrad noch Pedale.
   Gehen Sie wieder schlafen. Das Auto hat alles
   unter Kontrolle.

Kann eine KI keine Entscheidung treffen, gibt sie plötzlich und unverhofft die Kontrolle an den Fahrer zurück. Der Automationsgrad 3, die bedingte Automation, ist im Moment die höchste zugelassene Autonomiestufe. In Teslas Autopilot-Modus kann ein Auto zwar stundenlang selbstständig fahren, trotzdem muss der menschliche Fahrer jederzeit in der Lage sein, die Kontrolle wieder zu übernehmen. Das Problem bei diesem Automationsgrad liegt darin, dass der Fahrer besser am Steuer sitzt und aufmerksam ist, anstatt auf dem Rücksitz Plätzchen zu verzieren. Menschliches Eingreifen ist oft eine vernünftige Option, um die Lücke zwischen der aktuell möglichen und der eigentlich wünschenswerten KI-Leistung zu überbrücken. Trotzdem sind Menschen sehr, sehr schlecht darin, stundenlang gelangweilt und tatenlos den Verkehr zu beobachten und dann ein selbstfahrendes Auto möglicherweise im letzten Moment zu retten.

Aus diesen Gründen ist die Entwicklung selbstfahrender Autos gleichzeitig ein attraktives, aber auch sehr schwieriges KI-Problem. Damit selbstfahrende Autos zur Normalität werden können, müssen wir sehr wahrscheinlich Kompromisse eingehen (wie das Festlegen kontrollierter Strecken und das Beibehalten von Automationsgrad 4), oder wir benötigen eine KI, die deutlich flexibler ist als die heute verfügbaren Versionen.

Im folgenden Kapitel sehen wir uns die verschiedenen Arten von KIs an, die beispielsweise hinter selbstfahrenden Autos stecken und die unseren Gehirnen, der Evolution und sogar der Gameshow »Call my bluff« nachempfunden sind.

Wie lernt eine Maschine eigentlich wirklich? – KI-Arten, ihre Funktionsweisen und Eigenarten

Wie gesagt, der Begriff *KI* steht in diesem Buch für *Programme für maschinelles Lernen*. (Auf Seite 18 finden Sie eine praktische Übersicht darüber, was ich als KI betrachte und was nicht. Tut mir echt leid, lieber Mensch im Roboterkostüm.) In Kapitel 1 habe ich beschrieben, dass ein Programm für maschinelles Lernen zur Problemlösung das Prinzip von Versuch und Irrtum anwendet. Aber wie schafft es ein Programm, von einem Durcheinander zufällig zusammengewürfelter Buchstaben zum Schreiben von (eindeutig als solche erkennbaren) Klopf-klopf-Witzen zu gelangen? Und wie gelingt ihm das, ohne dass ein Mensch ihm erklärt, wie Worte funktionieren und was ein Witz eigentlich ist?

Für das maschinelle Lernen gibt es eine Reihe verschiedener Methoden. Viele davon existieren bereits seit Jahrzehnten, lange bevor Menschen sie als KI bezeichnet haben. Heute werden diese Technologien kombiniert und neu gemischt oder sind durch schnellere Verarbeitung und größere Datensätze deutlich leistungsstärker. In diesem Kapitel werden wir uns einige der KI-Typen ansehen, die einem am häufigsten begegnen, und einen Blick hinter die Kulissen werfen, um zu sehen, wie sie funktionieren.

Neuronale Netzwerke

Wenn man heutzutage über **KI** oder **Deep Learning** spricht, sind damit häufig **künstliche neuronale Netzwerke** (**Artificial Neural Networks, ANNs**) gemeint. Weitere Bezeichnungen für ANNs sind **Kybernetik** und **Konnektionismus**.

Viele Arten neuronaler Netzwerke sind auf bestimmte Anwendungsfälle spezialisiert. Einige eignen sich besonders gut für die Bilderkennung, andere für die Sprachverarbeitung. Einige sind für die Erzeugung von Musik oder die Produktivitätssteigerung einer Kakerlakenfarm optimiert, wieder andere für das Schreiben verwirrender Witze. Dabei imitieren alle diese Varianten auf unterschiedliche Art die Funktionsweise von Nervenzellen, und deshalb bezeichnet man sie als künstliche neuronale Netzwerke. Ihre Verwandten, **die biologischen neuronalen Netzwerke**, sind die ursprünglichen und deutlich komplexeren Modelle. Die ersten künstlichen neuronalen Netzwerke wurden erschaffen, als Programmierer in den 1950er-Jahren verschiedene Theorien über die Funktionsweise des Gehirns testen wollten.

Das heißt: Künstliche neuronale Netzwerke imitieren die Funktionsweise des Gehirns.

Sie bestehen aus einfachen Softwarebausteinen, die jeweils ein paar sehr einfache Rechenoperationen durchführen können und üblicherweise als **Zellen** oder **Neuronen** bezeichnet werden – eine Analogie zu den Neuronen (Nervenzellen), aus denen unsere Gehirne bestehen. Die Stärke neuronaler Netze liegt in der Art, wie sie miteinander verbunden sind.

Verglichen mit dem menschlichen Gehirn, sind künstliche neuronale Netze nicht besonders leistungsfähig. Die Netze, die ich für die Texterzeugung in diesem Buch benutzt habe, besitzen beispielsweise so viele Nervenzellen wie ... ein Wurm.

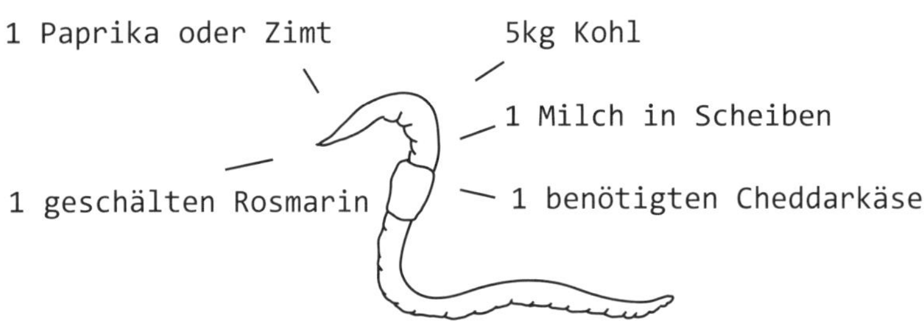

Im Gegensatz zu menschlichen Nervenzellen ist ein künstliches neuronales Netz aber in der Lage, sein gesamtes Wurmgehirn für eine einzige Aufgabe einzusetzen (sofern ich es nicht mit unwichtigen Daten ablenke). Aber wie können ein paar verknüpfte Zellen bei der Lösung von Problemen helfen?

Die Größe des menschlichen Gehirns

Die leistungsfähigsten neuronalen Netzwerke, für die ein mehrmonatiges Training und Zehntausende Dollar an Rechenzeit nötig sind, verfügen über deutlich mehr Neuronen als das neuronale Netz auf meinem Laptop. Einige dieser Netze haben sogar mehr Zellen als eine Biene. Ein führender Forscher hat 2016 untersucht, wie sich die Größe des größten neuronalen Netzwerks der Welt im Laufe der Zeit entwickelt hat. Seiner Schätzung nach könnte die Zahl der Neuronen im Jahr 2050 der des menschlichen Gehirns entsprechen.[1] Heißt das, dass die KI dann auch die Intelligenz eines Menschen haben wird? Nicht einmal ansatzweise! Jede einzelne Nervenzelle des menschlichen Gehirns ist komplexer als das Neuron in einem neuronalen Netzwerk. Schon eine menschliche Nervenzelle ist so komplex, dass sie mehr Ähnlichkeit mit einem vollständigen vielschichtigen neuronalen Netzwerk hat als mit einer seiner Zellen. In diesem Sinne besteht das menschliche Gehirn also nicht aus 86 Milliarden Neuronen, sondern eher aus *86 Milliarden neuronalen Netzwerken*. Unsere Gehirne sind deutlich komplexer als ANNs. Und dabei haben wir viele ihrer Zusammenhänge bis heute nicht vollständig verstanden.

Das magische Sandwich-Portal

Angenommen, Sie hätten ein magisches Portal entdeckt, das alle paar Sekunden ein zufällig belegtes Sandwich ausspuckt. (Ja, das ist *sehr* unwahrscheinlich.) Das Problem ist, dass die Sandwiches wirklich ausgesprochen zufällig sind. Das heißt, sie können mit Dingen wie Marmelade, Eiswürfeln, aber auch alten Socken belegt sein. Um die guten Sandwiches zu finden, müssten wir den ganzen Tag vor dem Portal sitzen und sie sortieren.

Diese Methode ist ziemlich mühsam, denn nur eins von tausend Sandwiches ist wirklich gut. Dafür ist ein gutes Sandwich dann aber wirklich richtig lecker. Also versuchen wir, die Aufgabe zu automatisieren.

Um den allgemeinen und zeitlichen Aufwand klein zu halten, wollen wir ein neuronales Netzwerk erstellen, das sich jedes Sandwich ansieht und selbstständig entscheiden kann, ob es gut schmeckt oder nicht. Für den Anfang ignorieren wir, wie das Netz die Zutaten erkennt, denn das ist der wirklich schwierige Teil. Und wir machen uns auch keine Gedanken darüber, wie das neuronale Netzwerk die Sandwiches anfassen soll. Das ist nämlich ebenfalls sehr schwer. Beim Greifen muss nicht nur die Bewegung erkannt werden, wenn ein Sandwich aus dem Portal geflogen kommt, die KI muss außerdem ihren (hypothetischen) Roboterarm so steuern können, dass sie sowohl ein dünnes Papier-und-Motoröl-Sandwich als auch ein dickes Bowlingkugel-mit-Senf-Sandwich ergreifen kann. Nehmen wir also an, das neuronale Netz kennt die Zutaten der einzelnen Sandwiches und wir haben das Problem ihrer Handhabung gelöst. Die KI muss nur noch entscheiden, ob das Sandwich für den menschlichen Verzehr geeignet ist oder recycelt werden soll. (Anstelle einer gelben Tonne stellen wir uns einfach ein zweites magisches Portal in umgekehrter Richtung vor.)

Damit haben wir eine einfache und klar umrissene Aufgabe. In Kapitel 2 haben Sie gesehen, dass diese Eigenschaften nötig sind, um ein Problem mit maschinellem Lernen zu lösen. Aus verschiedenen Eingaben (den Namen der Zutaten) soll unser Algorithmus eine einzelne Ausgabe erzeugen: eine Zahl, an der wir erkennen, ob ein Sandwich lecker ist oder nicht. Jetzt können wir unseren Algorithmus als einfache *Black Box* darstellen:

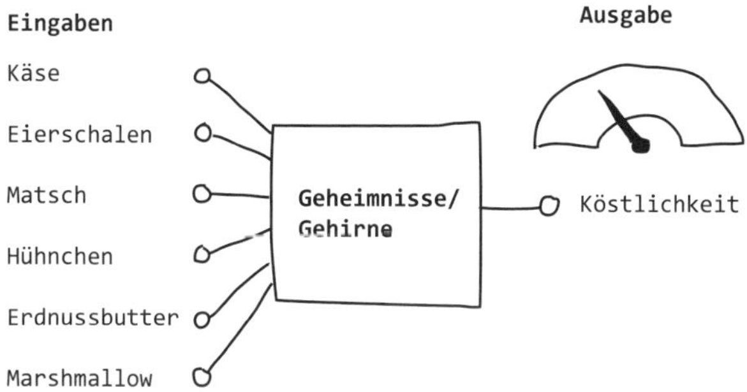

Wir brauchen einen »Köstlichkeitsindex«, der sich je nach Kombination der Zutaten verändert. Enthält ein Sandwich Eierschalen oder Matsch, sollte die Black Box sich so verhalten:

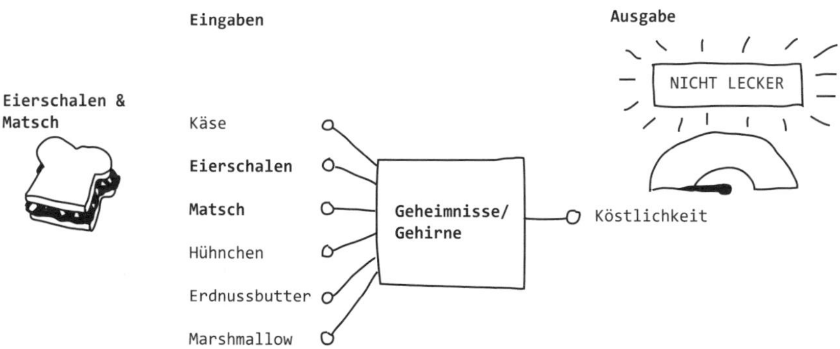

Ist es dagegen mit Hühnchen und Käse belegt, erwarten wir diese Ausgabe:

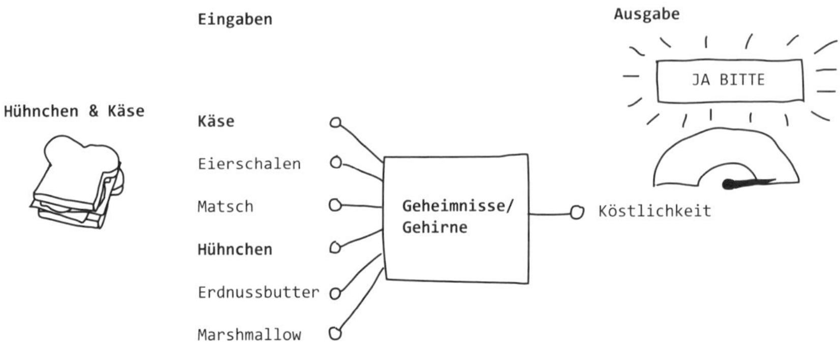

Sehen wir uns an, wie die Einzelteile der Black Box miteinander verknüpft sind, um zu verstehen, was hier passiert.

Um den Einstieg zu erleichtern, verbinden wir alle Eingaben (die Zutaten) direkt mit der Ausgabe. Der Köstlichkeitsindex wird berechnet, indem wir die Werte der einzelnen Zutaten miteinander addieren. Dabei haben nicht alle Zutaten den gleichen Wert. Käse macht das Sandwich leckerer, Matsch eher nicht. Jede Zutat bekommt also eine andere Gewichtung. Die guten Zutaten erhalten den Wert 1, die nicht so leckeren Dinge den Wert 0. Damit sieht unser neuronales Netzwerk jetzt so aus:

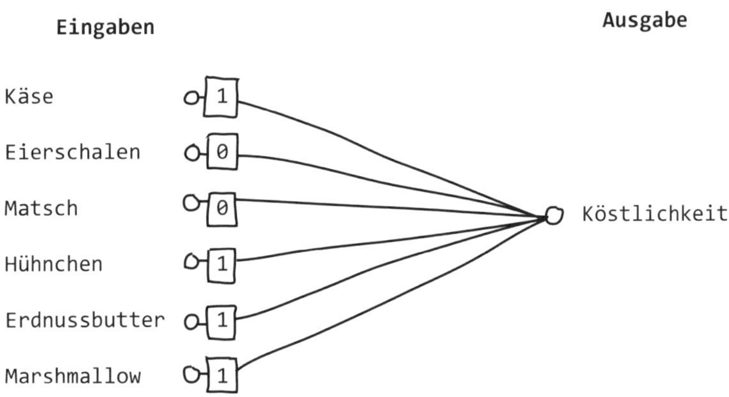

Jetzt können wir unser neuronales Netz mit ein paar Beispiel-Sandwiches aus dem Portal testen. Enthält ein Sandwich Matsch und Eierschalen, tragen beide Zutaten mit jeweils 0 Punkten zum Gesamtwert bei. Der Köstlichkeitsindex liegt also bei 0 + 0 = 0.

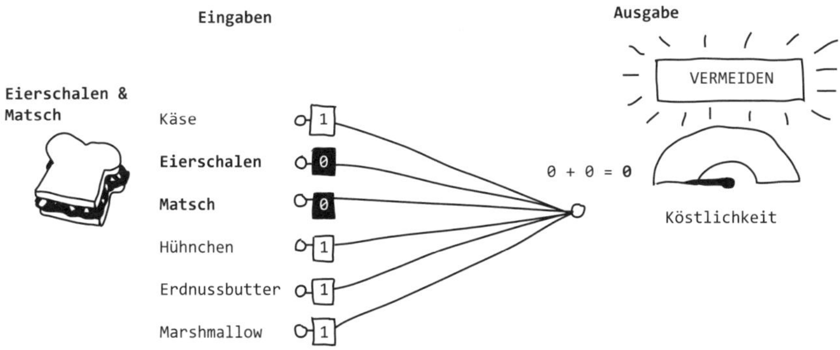

Ein Erdnussbutter-Marshmallowcreme-Sandwich bekommt dagegen eine Bewertung von 1 + 1 = 2. (Herzlichen Glückwunsch! Sie haben gerade eine Delikatesse der New-England-Staaten der USA gefunden: den Fluffernutter (*https://de.wikipedia.org/wiki/Fluffernutter*).*)

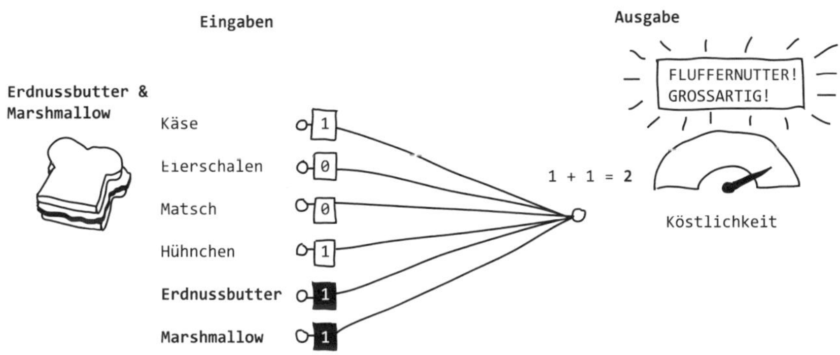

Ein so konfiguriertes neuronales Netzwerk vermeidet erfolgreich alle Sandwiches, die nur Eierschalen, Matsch und andere ungenießbare Dinge enthalten. Dieses Netzwerk ist aber nicht besonders vielseitig. Es kann beispielsweise nicht feststellen, welche Zutaten gut zusammenpassen und welche nicht. Aktuell hält das Netzwerk ein Hühnchen-Marshmallowcreme-Sandwich für genauso lecker wie unseren Fluffernutter. Außerdem ist es für ein Problem anfällig, das wir als den **Großen Sandwich-Bug** bezeichnen: Ein Sandwich kann selbst dann als lecker bewertet werden, wenn es Mulch enthält. Hierfür muss es nur mit ausreichend guten Zutaten belegt sein, die diese Bewertung wieder ausgleichen.

* Anm. d. Ü.: Merken Sie sich dieses Wort. Wir werden es später noch einmal brauchen. Auf Deutsch könnte man etwa sagen: »Nussflausch«.

Für ein besseres neuronales Netz brauchen wir eine weitere Schicht mit Zellen.

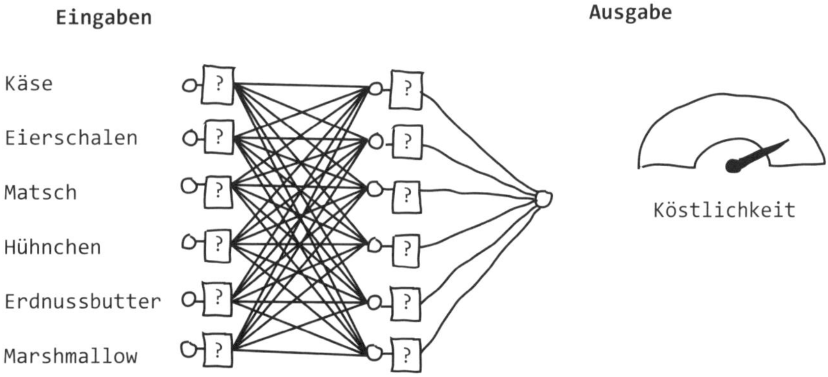

Und so sieht das neuronale Netzwerk jetzt aus. Jede Zutat ist mit den Zellen der neuen Schicht verbunden, die ihrerseits eine Verbindung zur Ausgabe haben. Diese neue Schicht wird **versteckte Schicht** (**Hidden Layer**) genannt, weil der Benutzer nur die Ein- und Ausgaben sieht. Wie zuvor hat auch in der versteckten Schicht jede Verbindung ihr eigenes Gewicht, das sich auf den abschließenden Köstlichkeitsindex also auf unterschiedliche Weise auswirken kann. Das ist zwar immer noch kein echtes Deep Learning (dafür wären weitere Schichten nötig), aber wir sind auf einem guten Weg.

Deep Learning

Durch die Erweiterung des neuronalen Netzwerks um neue Schichten wird unser Algorithmus immer differenzierter. Sandwiches sind jetzt nicht mehr nur die Summe ihrer Zutaten. In diesem Kapitel benutzen wir nur eine versteckte Schicht, im wahren Leben sind es oft deutlich mehr. Jede neue Schicht bedeutet eine neue Möglichkeit, die Erkenntnisse aus der vorherigen Ebene miteinander zu kombinieren und so hoffentlich eine immer höhere Komplexität zu erreichen. Diese Erweiterung um immer mehr versteckte Ebenen zur Steigerung der Komplexität bezeichnet man als **Deep Learning**.

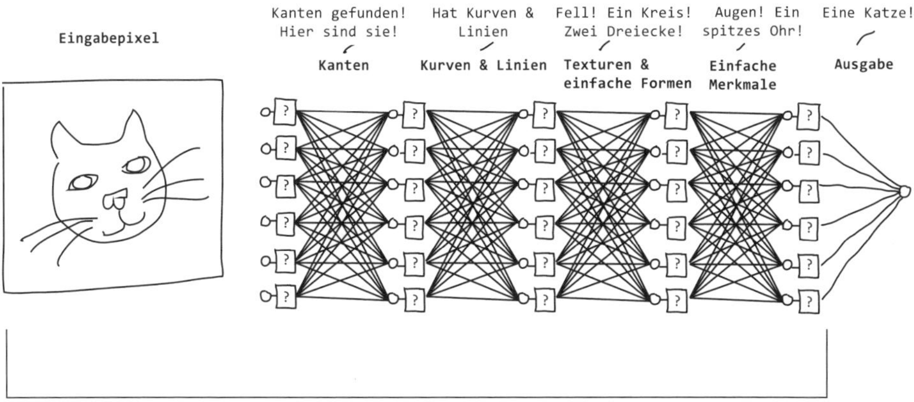

Damit ist unser neuronales Netzwerk endlich in der Lage, schlechte Zutaten zu vermeiden. Um das zu erreichen, definieren wir eine Zelle, die schlechte Zutaten »bestraft«, indem sie deren Punkte mit einem sehr hohen negativen Gewicht multipliziert. Wir nennen sie den »Punisher«. Alle schlechten Zutaten erhalten den Wert 10 (bei uns die Zellen für Matsch und Eierschalen) und werden durch die Verbindung zum Punisher mit –100 multipliziert:

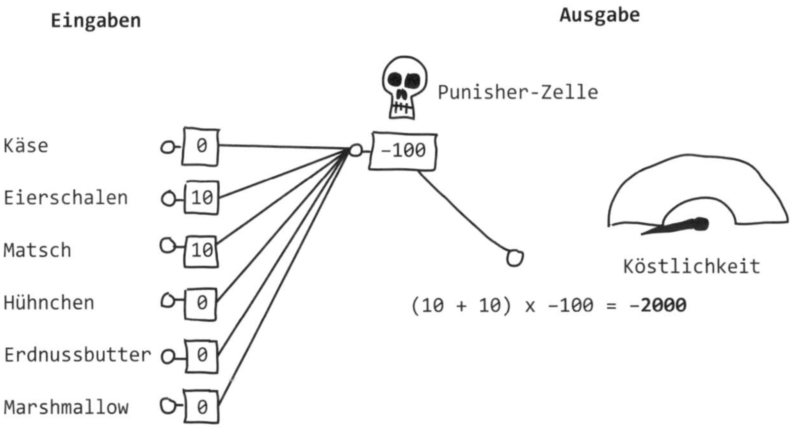

Egal was in den anderen Zellen passiert – Sandwiches, die Eierschalen oder Matsch enthalten, werden jetzt aussortiert. Mithilfe der Punisher-Zelle können wir den Großen Sandwich-Bug besiegen.

Die übrigen Zellen der versteckten Schicht können wir für andere Dinge nutzen. Zum Beispiel können wir endlich ein neuronales Netz aufbauen, das weiß, welche Zutaten gut zusammenpassen. Wir benutzen die zweite Zelle, um Hühnchen-und-Käse-Sandwiches zu erkennen, und nennen sie die Delikatessen-Zelle. Für ihre Verbindung zur Delikatessen-Zelle erhalten Hühnchen und Käse ein Gewicht von 1 (das Gleiche machen wir für Schinken, Truthahn und Mayonnaise). Die übrigen Zutaten erhalten für diese Verbindung eine Gewichtung von 0. Für die Verbindung zwischen Delikatessen-Zelle und Ausgabe verwenden wir ein moderates Gewicht von 1 – die Gewichtung sollte nicht zu hoch sein, weil sonst die Punisher-Zelle an Wirkung verliert. Sehen wir uns an, was diese Zelle tut.

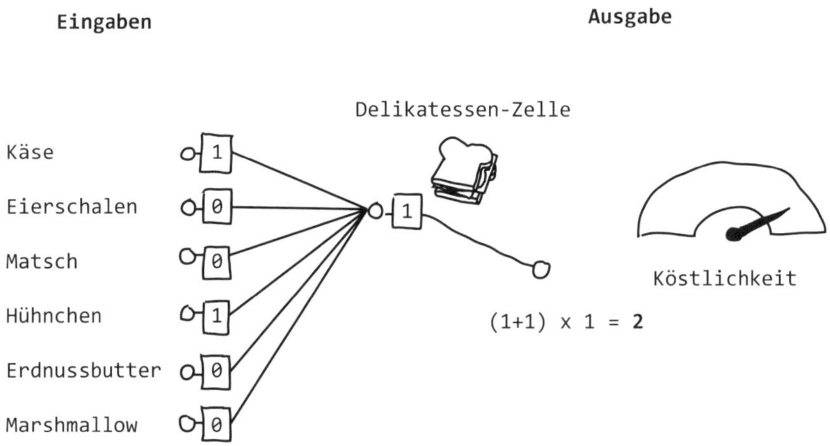

Ein Hühnchen-Käse-Sandwich sorgt dafür, dass diese Zelle den erfreulichen Wert von 1 + 1 = 2 zur Ausgabe beiträgt. Erweitern wir das Sandwich noch um Marshmallows, schadet das nichts, auch wenn es dadurch objektiv nicht mehr so lecker ist. Um das zu reparieren, brauchen wir weitere Zellen, die speziell nach diesen Unvereinbarkeiten suchen und sie bestrafen.

Zelle 3 sucht nach der Kombination aus Hühnchen und Marshmallowcreme (in Anlehnung an den berühmten Fluffernutter nennen wir sie »Cluckerfluffer« oder auf Deutsch: »Gackerflauscher«). Jedes Sandwich, das diese beiden Zutaten enthält, wird hart bestraft. Die Verbindungen könnten so aussehen:

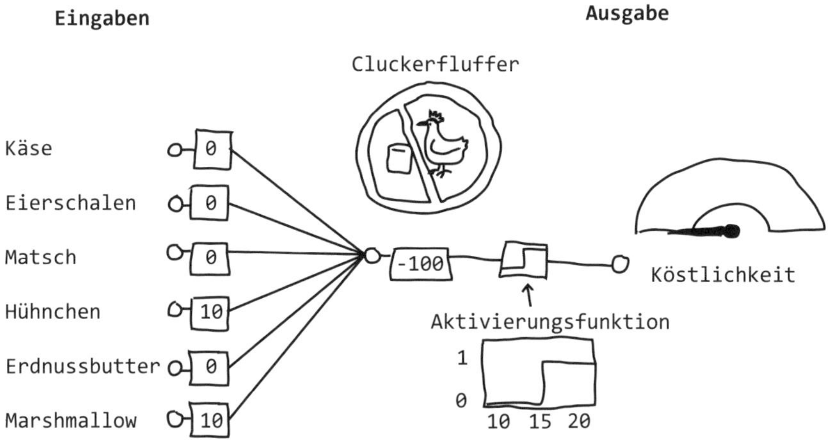

Diese Zelle versieht jedes Sandwich, das es wagt, Hühnchen mit Marshmallowcreme zu kombinieren, mit einem vernichtenden Wert von (10 + 10) × –100 = –2000. Sie funktioniert wie eine Punisher-Zelle, die nur für die Bestrafung von Hühnchen mit Marshmallowcreme zuständig ist. Bei genauer Betrachtung sehen Sie, dass die Cluckerfluffer-Zelle ein zusätzliches Element besitzt: die **Aktivierungsfunktion**. Ohne diese Funktion werden *alle* Sandwiches bestraft, die Hühnchen *oder* Marshmallow enthalten. Durch den Schwellenwert 15 sorgt sie dafür, dass die Zelle nicht aktiviert wird, wenn nur Hühnchen (10 Punkte) oder nur Marshmallowcreme (10 Punkte) enthalten ist. In diesem Fall gibt sie neutrale 0 Punkte aus. Sind dagegen beide Zutaten vorhanden (10 + 10 = 20 Punkte), ist der Schwellenwert überschritten, und die Zelle wird aktiviert. *Zack!* Die aktivierte Zelle bestraft alle Zutatenkombinationen, die diesen Schwellenwert überschreiten.

Werden alle Zellen durch entsprechend ausgeklügelte Kombinationen verbunden, haben wir ein neuronales Netz, das die besten Sandwiches finden kann, die unser magisches Portal zu bieten hat.

Der Trainingsprozess

Jetzt wissen wir, wie ein gut konfiguriertes neuronales Netzwerk für die Sandwich-Sortierung aussehen könnte. Aber eigentlich benutzen wir maschinelles Lernen, um eben nicht alles selbst konfigurieren zu müssen. Stattdessen sollte das Netzwerk *sich selbst* konfigurieren, um die Sandwiches ohne menschliche Hilfe sortieren zu können. Wie funktioniert solch ein Trainingsprozess?

Sehen wir uns hierzu noch einmal ein schlichtes zweischichtiges neuronales Netzwerk an. Am Anfang des Trainingsprozesses beginnt es quasi bei null, wobei jede Zutat eine zufällige Gewichtung erhält. Sehr wahrscheinlich sind die Sandwich-Bewertungen des Netzwerks zu diesem Zeitpunkt noch ziemlich schlecht.

Damit das Netz lernen kann, müssen wir es mit echten Daten trainieren, das heißt mit Beispielen dafür, welche Sandwiches einem Menschen gut schmecken. Bei der Bewertung der Sandwiches muss das Netz seine Einschätzung mit den Ergebnissen einer menschlichen Sandwich-Jury vergleichen. Hinweis: Melden Sie sich *niemals* freiwillig, um einen Algorithmus für maschinelles Lernen in seiner Frühphase zu testen!

Für dieses Beispiel beginnen wir mit dem sehr einfachen neuronalen Netzwerk. Da wir es von Grund auf trainieren wollen, ignorieren wir unser gesamtes Wissen über korrekte Gewichtungen. Stattdessen beginnen wir mit diesen Zufallswerten:

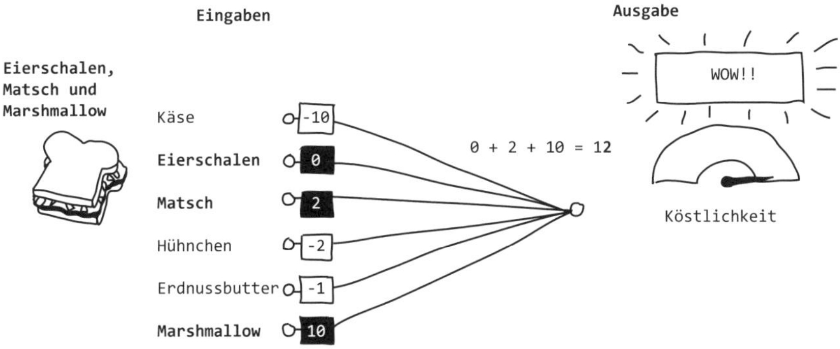

Das Netzwerk in seiner jetzigen Form *hasst* Käse. Es *liebt* Marshmallows. Matsch ist okay, und bei Eierschalen ist es sich noch nicht sicher.

Das neuronale Netzwerk sieht sich das erste Sandwich an, das aus dem Portal herausfällt, und benutzt sein (grauenhaftes) Urteilsvermögen, um es zu bewerten. Es ist ein Marshmallow-Eierschalen-Matsch-Sandwich. Daher erhält es einen Wert von 10 + 0 + 2 = 12. Wow! Das ist ein wirklich gutes Ergebnis!

Es präsentiert das Sandwich der menschlichen Jury. Die harte Wahrheit: Das Sandwich ist alles andere als beliebt.

Jetzt kommt der Teil, in dem sich das neuronale Netzwerk verbessern kann: Es probiert aus, was passiert, wenn die Gewichtungen leicht verändert werden. Nur mit diesem einen Sandwich kann es das Problem aber nicht eingrenzen. Hat es Marshmallows vielleicht überbewertet? Schmecken Eierschalen gar nicht neutral, sondern eher ein ganz kleines bisschen schlecht? Ohne weitere Informationen hat das Netz keine Möglichkeit, das herauszufinden. Wenn es sich aber einen Stapel mit zehn Sandwiches ansieht und seine Bewertungen mit denen der menschlichen Jury vergleicht, kann es feststellen, dass seine Ergebnisse besser mit denen der Menschen übereinstimmen, wenn es Matsch ein niedrigeres Gewicht gibt. Im Ergebnis sinkt die Bewertung aller Sandwiches, die Matsch enthalten.

Mit den angepassten Gewichtungen ist es Zeit für eine neue Iteration. Das neuronale Netz bewertet einen neuen Stapel Sandwiches, vergleicht seine Ergebnisse mit denen der Jury und passt seine Gewichtungen erneut an. Nach Tausenden weiterer Durchgänge und Zehntausenden Sandwiches haben die menschlichen Jurymitglieder die Nase ziemlich voll – aber die Bewertungen des Netzwerks sind deutlich besser geworden.

Unterwegs gibt es aber immer noch viele mögliche Fallstricke. Wie gesagt, dieses einfache neuronale Netz weiß nur, ob bestimmte Zutaten generell lecker oder generell eklig sind. Es hat aber keine fein abgestufte Vorstellung davon, wie verschiedene Zutaten zusammenpassen. Hierfür wird eine weiterentwickelte Struktur gebraucht, eine Struktur mit versteckten Schichten, mit Punisher- und mit Delikatessen-Zellen.

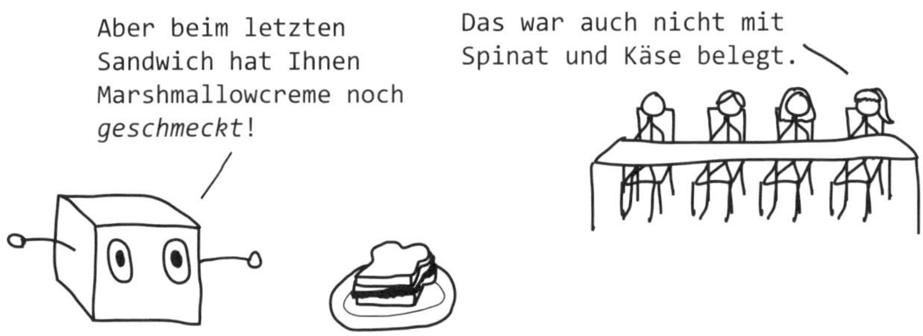

Eine weitere mögliche Falle ist das Problem der **Klassenungleichheit**. Von den vielen Tausend getesteten Sandwiches ist nur eine Handvoll wirklich lecker. Anstatt sich die Mühe zu machen, jede Zutat einzeln zu gewichten oder die besten Kombinationen zu finden, lernt das neuronale Netz möglicherweise, dass es eine Genauigkeit von 99,9 Prozent erreichen kann, indem es einfach alle Sandwiches als »eklig« einstuft.

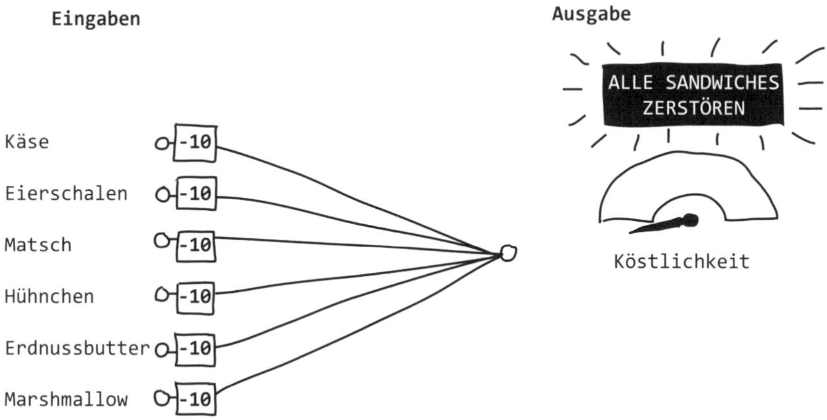

Um Klassenungleichheit zu verhindern, müssen wir unsere Trainings-Sandwiches so filtern, dass der Anteil an leckeren und ekligen Sandwiches ungefähr gleich ist. Und selbst dann kann es passieren, dass das Netz nichts über die Zutaten lernt, die normalerweise vermieden werden sollten, die in manchen Fällen aber richtig lecker sind – zum Beispiel die Marshmallowcreme. Diese lässt sich mit fast keiner anderen Zutat kombinieren, bei einem Fluffernutter* (und vielleicht zusammen mit Schokolade und Bananen) ist sie aber geradezu köstlich. Wenn das neuronale Netz beim Training keine oder nur sehr wenige Fluffernutters sieht, entscheidet es womöglich, dass es recht genaue Ergebnisse erzielen kann, wenn es Marshmallows grundsätzlich ablehnt.

Beispiele für Klassenungleichheit

Probleme mit der Klassenungleichheit kommen in praktischen Anwendungen ständig vor. Das passiert normalerweise, wenn wir die KI anweisen, ein seltenes Ereignis zu finden. Versucht ein Unternehmen, herauszufinden, warum sich einige Kunden von ihm abwenden, gibt es meist deutlich mehr Beispiele für Kunden, die bleiben, als für solche, die dem Unternehmen den Rücken zukehren. Es besteht also die Gefahr, dass die KI eine Abkürzung nimmt und entscheidet, dass alle Kunden für immer bleiben. Bei der Entdeckung unrechtmäßiger Anmeldeversuche und Hackerangriffe gibt es ein ähnliches Problem, weil tatsächliche Angriffe eher selten sind. Von Problemen mit Klassenungleichheit wird auch bei der Verarbeitung medizinischer Bilddaten berichtet, bei denen vielleicht aus Hunderten von Körperzellen eine einzelne abnormale Zelle ge-

* Na, haben Sie sich das Wort gemerkt?

funden werden muss. Hier besteht die Versuchung für die KI darin, ihre Genauigkeit zu optimieren, indem sie einfach alle Zellen als gesund ansieht. Auch in der Astronomie sind Probleme mit Klassenungleichheit häufig, weil viele Himmelsereignisse nur sehr selten auftreten. So gab es ein Programm für die Erkennung von Sonneneruptionen, das herausfand, dass es eine fast hundertprozentige Genauigkeit erzielen konnte, indem es einfach keine Sonneneruptionen vorhersagte. Der Grund war, dass in den Trainingsdaten nur sehr wenige Eruptionen vorkamen.[2]

Wenn Zellen zusammenarbeiten

In unserem Beispiel für die Sandwich-Sortierung haben wir gesehen, dass eine zusätzliche Zellschicht einem neuronalen Netzwerk die Ausführung komplexerer Aufgaben ermöglichen kann. Wir haben eine Delikatessen-Zelle erfunden, die auf Kombinationen aus verschiedenen Fleisch- und Käsesorten reagieren kann, außerdem haben wir eine Cluckerfluffer-Zelle geschaffen, die jedes Sandwich bestraft, das eine Kombination aus Hühnchen und Marshmallows verwendet. In einem selbstlernenden neuronalen Netzwerk ist es dagegen deutlich schwerer, durch reines Ausprobieren die Verbindungen zwischen den Zellen und ihre jeweiligen Aufgaben zu bestimmen. Manchmal werden Aufgaben auf mehrere Zellen verteilt, und bei manchen Zellen ist es quasi unmöglich, zu sagen, für welche Aufgaben sie tatsächlich zuständig sind.

Um dieses Phänomen zu erforschen, sehen wir uns die Zelle eines vollständig trainierten neuronalen Netzwerks an. Diese von Forschern bei OpenAI[3] geschaffene und trainierte KI sah sich mehr als 80 Millionen Amazon-Produktbewertungen buchstabenweise an, um vorhersagen, welcher Buchstabe als Nächstes kommt. Auch hierbei handelt es sich um ein rekurrentes neuronales Netzwerk (RNN) von der gleichen Art, wie wir es für die Erzeugung der Klopf-klopf-Witze, der Eiscreme-Geschmacksrichtungen und der Rezepte aus Kapitel 1 und 2 verwendet haben. Dieses Netz jedoch ist deutlich größer und hat ungefähr so viele Neuronen wie eine Qualle. Hier ein paar Beispiele für die von ihm erzeugten Bewertungen:

Dies ist ein großartiges Buch, das ich jedem empfehlen würde, der die tolle Geschichte der Charaktere und die Buchreihe liebt.

Ich liebe dieses Lied. Ich werde nicht müde, es mir immer wieder anzuhören. Es macht so süchtig. Ich liebe es!!

Dies ist das beste Produkt, das ich je zur Reinigung meiner Duschkabine verwendet habe. Es ist nicht schmierig und zieht das Wasser nicht vom Wasser ab und hinterlässt keine Flecken auf dem weißen Teppich. Ich benutze es schon seit ein paar Jahren und es funktioniert gut für mich.

Diese Workout-DVDs sind sehr nützlich. Du kannst deinen ganzen Hintern damit bedecken.

Ich habe es gekauft, weil ich dachte, es wäre gut für die Garage. Wer hat schon eine Menge Seewasser? Ich lag völlig falsch. Es ging einfach und schnell. Der Nachtgrizzly hat ihm nichts anhaben können und wir haben es seit über 3 Monaten. Die Gäste sind begeistert und es macht ihnen wirklich Spaß. Mein Vater liebt es!

Dieses spezielle neuronale Netzwerk besitzt für jeden Buchstaben und jedes Satzzeichen eine Eingabe (ähnlich unserem Sandwich-Sortierer, der für jede Zutat eine eigene Eingabe hatte) und kann sich die letzten paar Buchstaben und Satzzeichen merken. (Das ist so ähnlich, als hingen die Sandwich-Bewertungen ein Stück weit von den bereits gesehenen Sandwiches ab – vielleicht kann es sich merken, dass wir Käse-Sandwiches nicht mehr ausstehen können, und seine Bewertung für den folgenden Durchgang entsprechend anpassen.) Statt einer Ausgabe hatte das Produktbewertungsnetzwerk gleich mehrere: je eine für jeden Buchstaben und jedes Satzzeichen, das nach Ansicht des Netzwerks wahrscheinlich auf das aktuelle folgt. Sieht das Netz die Zeichenfolge »Ich besitze zwanzig Schneebesen, und dieser ist mein absoluter Favori«, dann folgt darauf mit äußerst großer Wahrscheinlichkeit der Buchstabe *t*.

Basierend auf den Ausgaben können wir feststellen, ob die einzelnen Zellen »aktiv« sind, und so eine fundierte Vermutung über ihre Funktion anstellen. In unserem Sandwich-Beispiel wäre die Delikatessen-Zelle aktiv, wenn sie eine Menge Fleisch und Käse sieht, aber inaktiv, wenn sie alte Socken, Murmeln oder Erdnussbutter erkennt. Im neuronalen Netz für Amazon-Produktbewertungen werden aber nur die allerwenigsten Zellen so nachvollziehbar sein wie unsere Delikatessen- oder Punisher-Neuronen. Vielmehr werden die meisten vom Netz entwickelten Regeln für uns unverständlich sein. In seltenen Fällen können wir die Funktion einer Zelle erraten. Viel häufiger haben wir jedoch absolut keine Ahnung, was sie tut.

Hier sehen wir die Aktivität einer der Zellen für den Produktbewertungsalgorithmus (Zelle Nummer 2.387, um genau zu sein) bei der Erstellung einer Rezension (fett = aktiv, normal = inaktiv):

For me, this **is** one o**f** the fe**w** a**lbu**ms of the**irs** **I** own th**a**t a**ctually**
made me an **inst**ant **cl**a**ssi**c pop fan. **I** al**s**o had a maj**or** pro**ble**m with
the a**udi**o **with** 10 ne**w** songs; the exe**cution** of the vo**ca**ls and edi**ting**
was a**wful.** The next da**y,** **I** **wa**s **in** a **recording** st**udi**o and **I** **can't**
tell you how many t**i**mes **I** had to h**i**t the pla**y** b**utto**n to see **wher**e
the song **wa**s go**ing**.

Die Zelle trägt zur Vorhersage des folgenden Buchstabens bei, aber seine Funktion bleibt rätselhaft. Sie reagiert auf bestimmte Buchstaben oder Buchstabenkombinationen, aber ohne dass es für uns einen Sinn ergeben würde. Was hat die Zelle an den Buchstaben *lbu* im Wort *albums* so fasziniert? Warum war der Buchstabe *a* nicht wichtig? Dieses Neuron ist nur ein kleiner Teil des Puzzles, das mit den anderen Zellen zusammenarbeitet. Fast alle Zellen eines neuronalen Netzes sind mindestens so geheimnisvoll wie diese.

Gelegentlich gibt es eine Zelle, deren Aufgabe klar erkennbar ist – eine Zelle, die aktiviert wird, wenn wir uns in einem Paar runder Klammern befinden, oder die häufiger aktiviert wird, je länger ein Satz wird.[4] Diejenigen, die das neuronale Produktbewertungsnetz trainierten, fanden eine Zelle, die tatsächlich etwas Erkennbares tat: Sie reagierte darauf, wenn eine Bewertung positiv oder negativ formuliert war. Als Teil seiner Aufgabe, den nächsten Buchstaben einer Bewertung vorherzusagen, hatte das Netz anscheinend entschieden, dass es wichtig war, das Produkt entweder zu loben oder zu verreißen. Hier sehen Sie die Aktivierung des »Stimmungsneurons« für dieselbe Rezension. Fett gedruckte Teile stehen für eine hohe Aktivierung, was für eine positive Bewertung steht.

For me, this is one of the few albums of theirs I own that actually made me an instant classic pop fan. I also had a major problem with the audio with 10 new songs; the execution of the vocals and editing was awful. The next day, I was in a recording studio and I can't tell you how many times I had to hit the play button to see where the song was going.

Auf Deutsch würde es sich so lesen:

Für mich ist dies eines der wenigen ihrer Alben, die ich besitze, die mich tatsächlich zu einem sofortigen Classic-Pop-Fan gemacht haben. Ich hatte auch ein großes Problem mit dem Audio bei 10 neuen Songs; die Ausführung des Gesangs und der Bearbeitung war schrecklich. Am nächsten Tag war ich in einem Aufnahmestudio und ich kann Ihnen nicht sagen, wie oft ich die Play-Taste drücken musste, um zu sehen, wohin der Song ging.

Die Bewertung beginnt sehr positiv, und das Stimmungsneuron ist stark aktiviert. Ungefähr auf halber Strecke wechselt der Tonfall, und die Aktivierung der Zelle nimmt stark ab.

Hier ein weiteres Beispiel für das Stimmungsneuron bei der Arbeit. Ist die Bewertung neutral oder kritisch, ist die Aktivität eher niedrig. Sobald eine positive Stimmungsänderung erkannt wird, steigt die Aktivität rapide an:

The Harry Potter File, from which the previous one was based (which means it has a standard size liner) weighs a ton and this one **is h**uge! **I will defin**i**tely put it on every toa**ster **I have in th**e **k**itche**n since, it is that good. This is one of the best comedy movies ever made. It is definitely my favorite movie of all time. I would recommend this to ANYONE!**

Die Harry-Potter-Datei, auf der die vorherige basierte (was bedeutet, dass sie einen Umschlag in Standardgröße hat), wiegt eine Tonne und **ist ri**esig! **Ich werde sie defin**i**tiv auf jeden Toa**ster **legen,den ich in der Küche habe, so gut ist sie. Dies ist einer der besten Komödienfilme, die je gemacht wurden. Es ist definitiv mein Lieblingsfilm aller Zeiten. Ich würde ihn JEDEM empfehlen!**

Beim Erkennen von Stimmungen in anderen Textarten war die Zelle dagegen deutlich schlechter. Die meisten Menschen würden diese Passage aus Edgar Allan Poes »Der Untergang des Hauses Usher« als nicht gerade positiv bezeichnen. Dieses spezielle neuronale Netz hatte dazu jedoch eine deutlich andere Meinung.

Overpowered by an intense sentiment of horror, unaccountable yet unendurable, I threw on my clothes with haste (for I felt that I should sleep no more during the night,) and endeavoured to arouse myself from the pitiable condition into which I had fallen, by pacing rapidly to and fro through the apartment.

Überwältigt von einem intensiven Gefühl des Entsetzens,unerklärlich, doch unerträglich, warf ich in aller Eile meine Kleider über (denn ich fühlte, dass ich in dieser Nacht nicht mehr schlafen würde) und versuchte, mich aus dem bedauernswerten Zustand, in den ich geraten war, zu erwecken, indem ich schnell in der Wohnung hin und her lief.

Ein Film kann Sie ja mit einem intensiven Gefühl des Entsetzens überwältigen und trotzdem ein guter Film sein kann, wenn das sein Zweck war.

Noch einmal: Es ist ungewöhnlich, eine Zelle in einem Algorithmus zur Texterzeugung oder Textanalyse zu finden, die sich so transparent wie dieses Stimmungsneuron verhält. Das Gleiche gilt für andere Arten neuronaler Netzwerke – leider. Schließlich würden wir gern wissen, welche Fehler ein Netz macht, damit wir aus seinen Strategien lernen können.

In Bilderkennungsalgorithmen ist es dagegen etwas einfacher, die Aufgabe bestimmter Zellen herauszufinden. Hier sind die Eingaben die einzelnen Pixel eines bestimmten Bilds. Die Ausgaben sind die verschiedenen Möglichkeiten, das Bild zu kategorisieren (Hund, Katze, Giraffe, Kakerlake und so weiter). Dazwischen liegt meistens eine große Anzahl versteckter Zellschichten. In den meisten Bilderkennungsalgorithmen gibt es Zellen oder Zellgruppen, deren Funktion wir ermitteln können, wenn wir das neuronale Netzwerk nur auf die richtige Weise analysieren. Wir können uns die Zellgruppen ansehen, die aktiviert werden, wenn sie bestimmte Dinge sehen, oder wir können das Eingabebild anpassen und beobachten, welche Veränderungen die Zellen am stärksten aktivieren.

Deep Dreaming

Um Googles berühmte DeepDream-Bilder zu erzeugen, wurde das ursprüngliche Bild verändert, um die Neuronen stärker anzuregen. Ein neuronales Netzwerk für die Bilderkennung verwandelt einfache Bilder in Landschaften aus grotesk verzerrten Hundegesichtern und fantastischen Ansammlungen aus Bogen und Fenstern. Googeln Sie einmal »Deep Dreaming AI«, um einen Eindruck von dem Ergebnis dieser Experimente zu bekommen.

Um ein DeepDream-Bild zu erzeugen, brauchen Sie ein neuronales Netzwerk, das darauf trainiert ist, etwas Bestimmtes zu erkennen, zum Beispiel Hunde. Danach wählen Sie eine seiner Zellen und verändern nach und nach das Bild, um die Zelle immer stärker dafür zu begeistern (häufiger zu aktivieren). Wurde die Zelle darauf trainiert, Hundegesichter zu erkennen, wird sie stärker angeregt, je öfter sie Bereiche im Bild erkennt, die wie Hundegesichter aussehen. Nachdem Sie das Bild an die Vorlieben der Zelle angepasst haben, erscheint es stark verzerrt und mit Hundegesichtern bedeckt.

Die kleinste Zellgruppe scheint nach Kanten, Farben und sehr einfachen Texturen zu suchen. Sie könnte beispielsweise auf vertikale Linien, Kurven oder Grastexturen spezialisiert sein. In den folgenden Schichten suchen größere Zellgruppen dann nach zusammenhängenden Kanten, Farben, weiteren Texturen oder einfachen Merkmalen. Forscher bei Google haben zum Beispiel herausgefunden, dass bestimmte Zellen ihres GoogLeNET-Algorithmus zur Bilderkennung darauf spezialisiert waren, herabhängende oder hochstehende Ohren zu finden und so dabei zu helfen, Hunde von Katzen zu unterscheiden.[5] Andere Zellen wurden dagegen durch Fell oder Augen angeregt.

Auch in neuronalen Netzwerken zur Bilderzeugung gibt es Zellen mit erkennbaren Aufgaben. An diesen Netzwerken können wir »gehirnchirurgische Eingriffe« vornehmen, indem wir bestimmte Zellen entfernen, um zu beobachten, wie sich die erzeugten Bilder verändern.[6] Eine Forschergruppe am MIT fand heraus, dass Zellen deaktiviert werden können, um bestimmte Elemente aus erzeugten Bildern zu entfernen. Interessanterweise waren Dinge, die das neuronale Netzwerk für »unentbehrlich« hielt, schwerer zu entfernen als andere. So war es leichter, Vorhänge aus dem Bild eines Konferenzraums zu entfernen als etwa Tische oder Stühle.

Als Nächstes kommen wir zu einem Algorithmus, mit dem Sie vielleicht schon zu tun hatten, wenn Sie die automatische Textvervollständigung auf Ihrem Smartphone benutzen.

Markow-Ketten

Die **Markow-Kette** ist ein Algorithmus, der ebenfalls viele der Probleme lösen kann, für die auch rekurrente neuronale Netzwerke (RNNs) benutzt werden, wie die Erzeugung von Rezepten, Eiscreme-Geschmacksrichtungen, Amazon-Bewertungen und die Namen von Metal-Bands. Wie ein RNN untersucht eine Markow-Kette, was in der Vergangenheit passiert ist (zum Beispiel die benutzten Wörter in einem Satz oder das Wetter der vergangenen Woche), und versucht vorherzusagen, was als Nächstes passiert.

Markow-Ketten benötigen weniger Ressourcen als die meisten neuronalen Netzwerke und sind schneller zu trainieren. Daher kommen sie in Smartphones häufiger zum Einsatz als RNNs.

Mit der Größe ihres »Gedächtnisses« werden Markow-Ketten aber auch exponentiell schwerfälliger. Die meisten Markow-Ketten zur Textvorhersage können sich gerade einmal drei bis fünf Wörter merken. Der Speicher von RNNs fasst dagegen Hunderte Wörter oder – wenn Netzwerke mit **LSTM**-Fähigkeiten (**Long Short-Term Memory**, sozusagen ein langes Kurzzeitgedächtnis) und Faltungstricks benutzt werden – noch deutlich mehr. In Kapitel 2 konnten wir sehen, wie wichtig die Speicherlänge ist. Das RNN verlor Informationen, weil sein Speicher zu klein war. Das Gleiche gilt für Markow-Ketten.

Anhand einer trainierbaren Textvorhersagetastatur habe ich eine Markow-Kette mit einem Datensatz aus Disney-Songs trainiert.[7] Anders als bei einem RNN dauerte das Training nur wenige Sekunden. Dafür konnte sich diese Markow-Kette aber auch nur drei Wörter merken. Das heißt, die Kette schlägt das Wort vor, das sie auf Basis der letzten drei Wörter im Song für am wahrscheinlichsten hält. Erzeugt die Kette ein Lied auf Basis der »besten« Empfehlung, erhalte ich dieses Ergebnis:

```
The sea)
under the sea)
under the sea)
under the sea)
under the sea)
under the sea)
under the sea)
```

Der Algorithmus weiß nicht, wie oft er »under the sea« singen soll, weil er nicht weiß, wie oft er es bereits gesungen hat.

Wenn ich es mit dem Anfang des Lieds »Beauty and the Beast« (also »Tale as Old as Time«) versuche, steckt der Algorithmus schnell wieder fest:

```
Tale as old as time
song as old as time
song as old as time
song as old as time
```

In mehreren Versen von »Beauty and the Beast« folgt auf die Worte »tale *as old as* time« direkt »song *as old as* rhyme«. Wenn die Markow-Kette die Phrase *as old as* sieht, weiß sie aber nicht, welchen dieser beiden Verse sie gerade schreibt.

Sie kann aus der Falle ausbrechen, indem sie bei jedem Schritt das zweitwahrscheinlichste Wort wählt. Jetzt schreibt sie:

```
A whole world
bright young master
you're with all
ya think you're by wonder
by the powers
and i got downhearted
alone hellfire dark side
```

Und beim drittwahrscheinlichsten Wort bekommen wir:

```
You think i can open up
where we'll see how you feel
it all my dreams will be mine
is something there before
she will be better time
```

Das ist schon deutlich interessanter, ergibt aber trotzdem kaum einen Sinn. Dabei sind Lieder und Gedichte noch ziemlich nachsichtig, wenn es um Grammatik, Struktur und Kontext geht. Sofern ich der Markow-Kette einen anderen Datensatz zum Lernen gebe, werden die Mängel noch deutlicher sichtbar.

Für dieses Beispiel habe ich eine Markow-Kette mit einer Liste mit Streichen zum 1. April* trainiert. Bei jedem Schritt wird das wahrscheinlichste Wort gewählt. (Die Kette hat keinerlei Satzzeichen vorgeschlagen. Die Zeilenumbrüche habe ich hinterher von Hand eingefügt.)

* Während es im deutschsprachigen Raum üblich ist, sich Aprilscherze zu erzählen, spielt man sich in vielen englischsprachigen Gegenden gegenseitig Streiche.

```
Den Türknauf von einer Tür abnehmen und vorsichtig verkehrt
   herum wieder anbringen
Den ganzen Tag nichts mit mit dem co einer Anzeige von jemandem
   tun in der Zeitung für einen Garagenflohmarkt bei jemandem mit
   einem bevorstehenden Streich
Den ganzen Tag nichts mit mit dem co einer Anzeige von jemandem
   tun in der Zeitung ...
```

Sie sehen: Diese Markow-Kette zur Textvorhersage wird sehr wahrscheinlich weder Kundengespräche führen noch eine Geschichte schreiben, die als Quest für ein Videospiel benutzt werden kann. (Allerdings wird schon daran gearbeitet, diese Aufgaben eines Tages mit RNNs zu bewältigen.) Immerhin kann eine Markow-Kette vorschlagen, welche Wörter in einem bestimmten Trainingsdatensatz auf andere folgen.

Die Leute bei der Firma Botnik benutzen beispielsweise Markow-Ketten, die mit verschiedenen Datensätzen trainiert wurden (Harry-Potter-Büchern, Star-Trek-Folgen, Yelp-Bewertungen und mehr), um menschlichen Schriftstellern Wörter vorzuschlagen. Die unerwarteten Vorschläge können Autoren dabei helfen, ihre Texte in seltsam surreale Richtungen zu entwickeln.

Anstatt den Markow-Ketten zu erlauben, das nächste Wort selbst zu wählen, kann ich mir auch verschiedene Vorschläge ausgeben lassen – entsprechend den Textvorschlägen beim Schreiben einer SMS.

Hier ein Beispiel für die Interaktion mit einer Markow-Kette, die Botnik mit Harry-Potter-Büchern trainiert hatte:

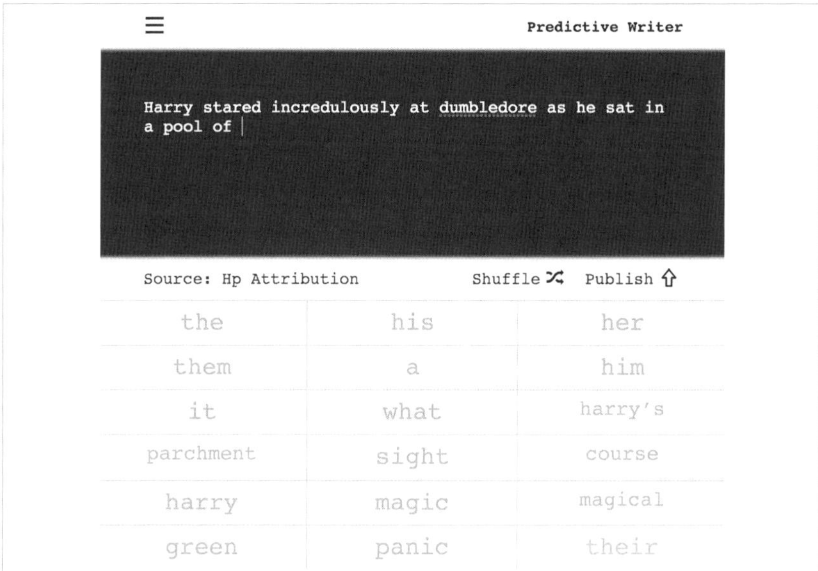

Und hier ein paar neue Aprilscherze, die ich mithilfe der Textvorschläge einer trainierten Markow-Kette erzeugt habe:

```
Legen Sie Kügelchen aus Frischhaltefolie auf Ihre Lippen.
Ordnen Sie die Küchenspüle zu einem Hühnerkopf an.
Nehmen Sie einen Leuchtstab in die Hand und tun Sie so,
   als ob Sie auf das Dach niesen würden.
Machen Sie aus einem Toilettensitz eine Hose und bitten Sie dann
   Ihr Auto zu pinkeln.
```

Ein RNN erzeugt Aprilscherze

Zum Vergleich habe ich außerdem ein komplexeres und datenintensiveres RNN für das Ausdenken von Aprilscherzen getestet. Das RNN erzeugte den gesamten Scherz inklusive Satzzeichen und allem anderen. Trotzdem war noch etwas menschliche Kreativität nötig: Ich musste die automatisch erzeugten Scherze durchsehen und die lustigsten auswählen.

```
Machen Sie im Bürocomputer von jemandem ein Essen.
Verstecken Sie alle Eingänge zu Ihrem Bürogebäude,
   wenn es nur einen Eingang hat.
Jemandem Glotzaugen auf die Computermaus kleben,
   damit sie nicht funktioniert.
Stellen Sie Ihren Kollegen eine Schüssel mit einer Mischung
   aus M&Ms, Skittles (Fruchtgeschmack) und Reese's Pieces
   (Erdnussbuttergeschmack) hin.
Legen Sie eine Hose und ein Paar Schuhe in Ihren Eisspender.
```

Ähnliche Experimente lassen sich mit der Textergänzung in den meisten Messaging-Apps auf Ihrem Smartphone durchführen. Wenn Sie mit »Ich wurde geboren …« oder »Es war einmal …« anfangen und dann wiederholt auf die vom Telefon vorgeschlagenen Wörter tippen, erhalten Sie einen ziemlich interessanten, aber wahrscheinlich auch ziemlich seltsamen Text, der direkt aus den Innereien eines Algorithmus für maschinelles Lernen stammt. Und weil das Training einer neuen Markow-Kette recht schnell und einfach ist, entsteht als Ergebnis ein ziemlich individueller Text. Die Markow-Ketten zur Textvorhersage und automatischen Vervollständigung aktualisieren sich, während Sie schreiben, und trainieren sich an dem von Ihnen Geschriebenen immer wieder neu. Aus diesem Grund sind einmal gemachte Tippfehler auch nicht so leicht wieder loszuwerden.

Google Docs scheint Opfer eines ähnlichen Effekts geworden zu sein. So berichteten Nutzer, dass die Autokorrektur »a lot« (viel) zu »alot« (dieses Wort gibt es nicht) ändert und »gonna« (umgangssprachlich für »wird«) zu »going« (gehen). Google verwendete eine kontextabhängige Autokorrektur, die das Internet absuchte, um zu entscheiden, welche Vorschläge gemacht werden sollten.[8] Positiv ist, dass eine kontextsensitive Autokorrektur Tippfehler finden kann, obwohl diese selbst korrekte Wörter bilden (zum Beispiel »gong« statt »going«), und neue Wörter hinzufügt, sobald diese weit genug verbreitet sind. Wie aber jeder Internetnutzer weiß, ist die häufige Verwendung eines Worts nur selten ein gutes Anzeichen dafür, dass es sich für die Autokorrektur einer Textverarbeitung eignet (neue Schimpfwörter verbreiten sich manchmal schnell). – Obwohl Google sich zu diesen Autokorrektur-Problemen nicht weiter geäußert hat, scheinen sie zu verschwinden, nachdem Benutzer sie gemeldet haben.

Random Forest – Zufallswälder

Für Vorhersagen und Klassifizierungen wird häufig ein Algorithmus namens **Random Forest** (**Zufallswald**) genutzt. Hiermit sollen beispielsweise basierend auf einer Reihe von Eingabedaten Kundenverhalten vorhergesagt, Bücher empfohlen oder die Qualität eines Weins beurteilt werden.

Um den Wald zu verstehen, beginnen wir am besten mit den Bäumen. Ein Random-Forest-Algorithmus besteht aus mehreren Einheiten, die **Entscheidungsbäume** genannt werden. Ein Entscheidungsbaum ist im Prinzip eine Art Flussdiagramm, das anhand der vorhandenen Informationen zu einem bestimmten Ergebnis führt. Netterweise sehen Entscheidungsbäume tatsächlich wie auf dem Kopf stehende Bäume aus.

Im Folgenden sehen Sie ein Beispiel für einen hypothetischen Entscheidungsbaum, der angibt, ob die Menschen, die in der riesigen Kakerlakenfarm arbeiten, möglicherweise in Gefahr sind und daher evakuiert werden müssen oder nicht.

Der Entscheidungsbaum erfasst, wie wir Informationen (seltsame Geräusche, das Vorhandensein von Kakerlaken ...) nutzen, um darüber zu entscheiden, wie wir mit einer bestimmten Situation umgehen. Auf die gleiche Weise, wie unsere Sandwich-Entscheidungen mit der Anzahl der Zellen immer genauer wurden, können größere Entscheidungsbäume dabei helfen, die Kakerlakensituation möglichst genau einzuschätzen.

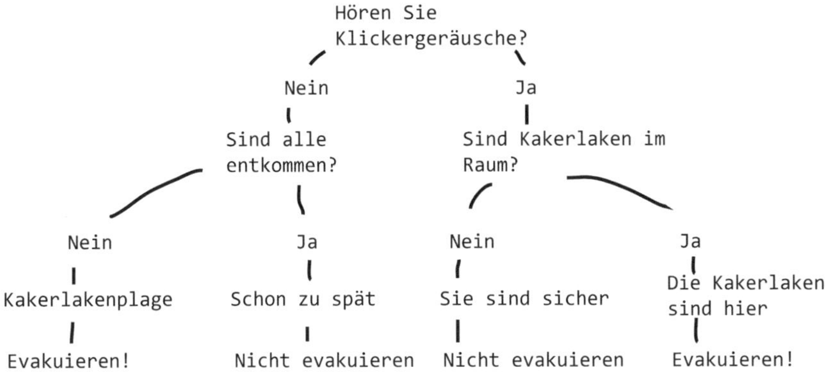

Wenn es auf der Kakerlakenfarm seltsam ruhig ist, obwohl die Kakerlaken nicht entkommen sind, gibt es vielleicht auch andere (möglicherweise noch beunruhigendere) Erklärungen als: »Sie sind alle tot.« Mit einem größeren Baum könnten wir uns fragen, ob tote Kakerlaken herumliegen, wie schlau die Kakerlaken wirklich sind und ob die Kakerlaken-Zerkleinerungsmaschinen mysteriöserweise sabotiert wurden.

Je mehr Eingaben und Wahlmöglichkeiten es gibt, desto komplexer kann der Entscheidungsbaum werden (oder um beim Begriff des Deep Learning zu bleiben: sehr tief). Er könnte so tief verschachtelt sein, dass jede mögliche Eingabe, jede Entscheidung und jedes Ergebnis in den Trainingsdaten berücksichtigt wird, aber dann würde der Baum nur für die spezifischen Situationen aus dem Trainingssatz funktionieren. Das führt schnell zu einer sogenannten Überanpassung an die Daten. Ein menschlicher Experte wäre in der Lage, einen riesigen Entscheidungsbaum konstruieren, der die Überanpassung vermeidet. Der Baum könnte mit den meisten Entscheidungen umgehen, ohne sich auf ganz bestimmte, wahrscheinlich unwichtige Daten zu fixieren. Wenn es beim letzten Kakerlakenausbruch beispielsweise dunkel und wolkig war, kann ein Mensch schnell erkennen, dass das Wetter sehr wahrscheinlich nichts damit zu tun hat, ob die Kakerlaken einen erneuten Fluchtversuch unternehmen.

Eine Alternative zur sorgfältigen Erstellung eines riesigen Entscheidungsbaums durch einen Menschen ist die Verwendung der Random-Forest-Methode mit maschinellem Lernen. Wie neuronale Netzwerke benutzt auch der Random-Forest-Algorithmus Versuch und Irrtum, um sich selbst zu konfigurieren. Ein Random Forest besteht aus winzigen (d.h. flachen) Bäumen, die jeweils einen kleinen Teil der Informationen berücksichtigen, um ein paar Teilentscheidungen zu treffen. Während des Trainingsprozesses lernt jeder »flache« Baum, auf welche Informationen er achten muss und zu welchem Ergebnis er dabei kommen soll. Die Entscheidung eines einzelnen kleinen Bäumchens wäre aber nicht sehr hilfreich, weil sie nur auf sehr begrenzten Informationen basiert. Wesentlich genauer wird die Entscheidung, wenn alle Bäumchen im Wald ihre Entscheidungen zusammenfassen und über das Ergebnis abstimmen. (Das gleiche Phänomen tritt auf, wenn Menschen Entscheidungen treffen sollen: Versuchen mehrere Personen, die Anzahl der Murmeln in einem Glas zu schätzen, werden sich die Ergebnisse stark unterscheiden. Im Durchschnitt werden sie aber sehr nah bei der richtigen Antwort liegen.) Die Bäume in einem Random Forest können ihre Entscheidungen zu einer Vielzahl von Themen bündeln und selbst von hochkomplexen Szenarien ein erstaunlich genaues Bild entwerfen. Vor nicht allzu langer Zeit wurde ein Random Forest eingesetzt, um Hunderttausende genetischer Muster zu sortieren. Damit sollte herausgefunden werden, welche Nutztierart für einen gefährlichen Ausbruch von Colibakterien verantwortlich war.[9]

Wenn wir einen Random Forest nutzen, um das Kakerlakenproblem in den Griff zu bekommen, könnten einige der Bäume zum Beispiel so aussehen:

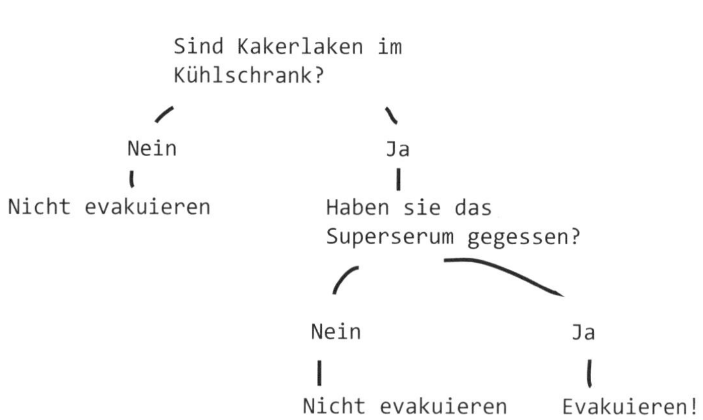

```
              Haben Sie Barney in
              letzter Zeit gesehen?
                 /                \
                Nein               Ja
                 |                 |
      Ist Barney planmäßig    Nicht evakuieren
      im Urlaub?
        /              \
      Nein              Ja
       |                |
  Evakuieren!       Nicht evakuieren
```

```
          Gab es einen Hinweis auf
          eine Passwortänderung?
             /               \
           Nein               Ja
            |                 |
  Nicht evakuieren     Haben Sie kürzlich Ihr
                       Passwort geändert?
                         /               \
                       Nein               Ja
                        |                 |
                   Evakuieren!       Nicht evakuieren
```

Hierbei sieht jeder einzelne Baum nur einen kleinen Teil der Gesamtsituation. Vermutlich gibt es einen guten Grund dafür, dass Barney gerade nicht da ist – vielleicht ist er krank. Und wenn die Kakerlaken das Superserum doch nicht gefressen haben, heißt das noch lange nicht, dass wir wirklich sicher sind. Vielleicht haben die Kakerlaken Proben des Superserums genommen und stellen gerade selbst eine große Menge davon her, möglicherweise genug für alle 1,7 Milliarden Kakerlaken in der Einrichtung.

Aber die Bäume kombinieren ihre einzelnen Äste. Und mit dem Verschwinden von Barney, dem fehlenden Serum und Ihrem seltsamerweise geänderten Passwort erscheint eine Evakuierung nun doch eine weise Entscheidung zu sein.

Evolutionäre Algorithmen

Eine KI verfeinert ihr Verständnis, indem sie eine Vermutung über eine gute Lösung anstellt und diese dann testet. Die drei Algorithmen für maschinelles Lernen, die wir bisher besprochen haben, setzen dabei auf Versuch und Irrtum, um ihre eigene Struktur zu verbessern und so die Konfiguration aus Neuronen, Ketten und Bäumen zu finden, die das Problem am besten löst. Die einfachsten Methoden von Versuch und Irrtum sind die, bei denen sie sich auf die Verbesserungen zubewegen. Der Versuch, einen möglichst hohen Wert zu erreichen (etwa die Anzahl von Punkten beim Spielen von Super Mario Bros.), wird dabei oft als **Bergsteigeralgorithmus** (engl. *Hill Climbing*) bezeichnet. Versuchen Sie, eine Zahl zu minimieren (zum Beispiel die der entkommenen Kakerlaken), spricht man vom **Gradientenabstieg** (engl. *Gradient Decent*). Allerdings führt dieser einfache Prozess der Annäherung an ein Ziel nicht immer zu den besten Ergebnissen. Um die Fallstricke bei einem einfachen Bergsteigeralgorithmus besser zu verstehen, stellen Sie sich vor, Sie befänden sich irgendwo auf einem Berg und versuchten, den höchsten Punkt zu finden:

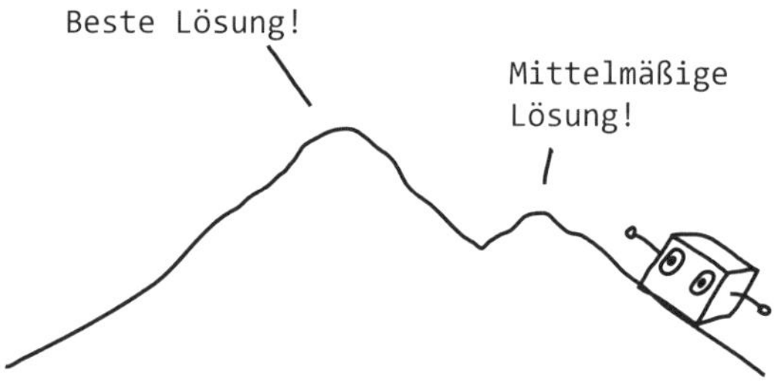

Bei einem einfachen Bergsteigeralgorithmus geht es immer nach oben, egal ob das vernünftig ist oder nicht. Je nachdem, wo Sie beginnen, landen Sie möglicherweise auf dem niedrigsten Gipfel – einem **lokalen Maximum** – und nicht wie gewünscht auf dem höchsten, dem **globalen Maximum**.

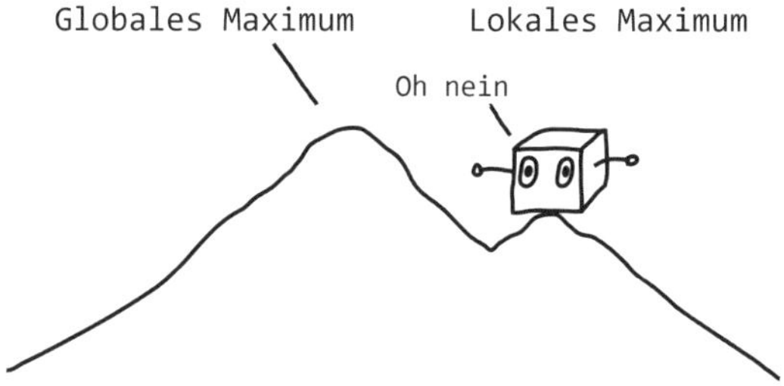

Aus diesem Grund gibt es komplexere Methoden von Versuch und Irrtum. Hierbei sind Sie gezwungen, verschiedene Routen auszuprobieren, bevor

Sie sich für die vielversprechendste entscheiden, um dadurch den Berg wesentlich effizienter zu erforschen.

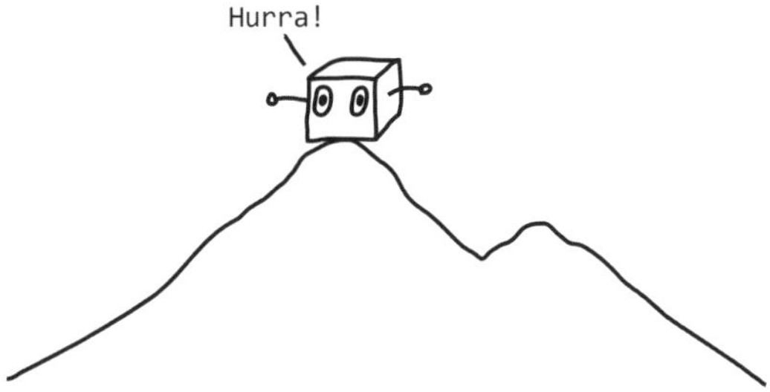

Beim maschinellen Lernen wird der »Berg« als **Suchraum** (engl. *Search Space*) bezeichnet. Irgendwo in diesem Raum befindet sich das gesuchte Ziel (das heißt, irgendwo auf dem Berg ist der Gipfel). Manche Suchräume sind **konvex**, was bedeutet, dass ein einfacher Bergsteigeralgorithmus immer den Gipfel finden wird. Andere Suchräume sind dagegen deutlich unangenehmer, wobei die schlimmsten die sogenannten **Nadel-im-Heuhaufen-Probleme** sind. Hierbei haben Sie wenig bis gar keine Ahnung von der besten Lösung, es sei denn, Sie stoßen direkt darauf. Ein Beispiel für ein Nadel-im-Heuhaufen-Problem ist die Suche nach Primzahlen.

Der Suchraum eines Algorithmus für maschinelles Lernen kann alles Mögliche sein, beispielsweise die möglichen Formen der Teile, aus denen ein Laufroboter besteht. Oder es könnte sich um den Satz möglicher Gewichtungen in einem neuronalen Netzwerk handeln, wobei der »Gipfel« die Gewichtungen sind, mit denen Fingerabdrücke oder Gesichter erkannt werden können. Oder der Suchraum besteht aus allen möglichen Konfigurationen für einen Random-Forest-Algorithmus mit dem Ziel, die Lieblingsbücher eines Kunden möglichst gut vorherzusagen – oder zu entscheiden, ob die Kakerlakenfarm evakuiert werden soll.

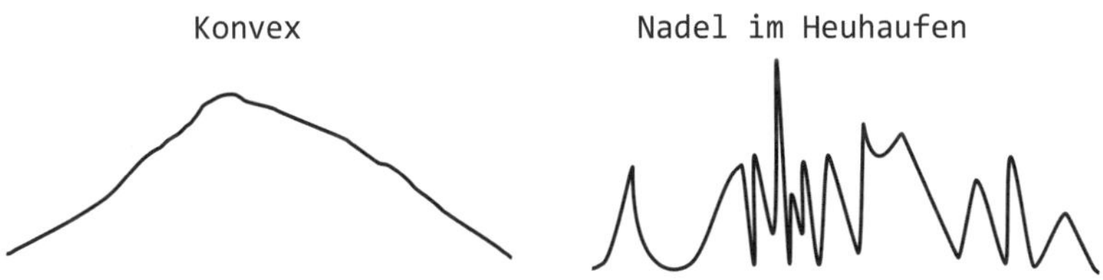

Wie gerade gesehen, ist ein einfacher Bergsteigeralgorithmus oder ein Gradientenabstieg eventuell nicht zielführend, wenn der Suchraum aus möglichen Konfigurationen für ein neuronales Netz nicht besonders konvex ist. Also versuchen KI-Forscher, ihr Ziel mit anderen, komplexeren Methoden von Versuch und Irrtum zu erreichen.

Eine dieser Strategien ist durch den Evolutionsprozess inspiriert. Das erscheint sehr sinnvoll, denn schließlich ist die Evolution im Prinzip nichts anderes als ein generationsbasierter Prozess von Versuch und Irrtum. Unterscheidet sich eine Kreatur in einer Weise von ihren Nachbarn, die ihr Überleben und damit ihre Fortpflanzung sichert, kann sie diese nützlichen Eigenschaften an die folgende Generation weitergeben. Ein Fisch, der ein kleines bisschen schneller schwimmt als andere Individuen seiner Spezies, kann seinen natürlichen Feinden leichter entkommen. Nach ein paar Generationen sind seine schneller schwimmenden Nachkommen schon etwas stärker verbreitet als die langsam schwimmenden. Die Evolution ist ein äußerst mächtiger Prozess, der zahllose Probleme der Fortbewegung und Informationsverarbeitung gelöst hat. Mit seiner Hilfe hat die Natur herausgefunden, wie sich Nahrung aus Sonnenlicht und aus hydrothermalen Quellen gewinnen lässt, wie man leuchtet, fliegt und sich vor Raubtieren versteckt, beispielsweise indem man aussieht wie Vogelkot.

Bei den **evolutionären Algorithmen** verhält sich jede mögliche Lösung wie ein Organismus. In jeder Generation überleben die erfolgreichsten Lösungen, um sich fortzupflanzen, zu mutieren oder sich mit anderen Lösungen zu vereinigen, um andere – und hoffentlich bessere – Nachkommen zu erzeugen.

Komplexe Probleme sind nicht unbedingt leicht zu lösen, wenn man versucht, sich jede mögliche Lösung als Lebewesen vorzustellen, das frisst, sich fortpflanzt oder was auch immer. Daher benutzen wir ein konkreteres Beispiel. Angenommen, der Fluss großer Menschenmengen soll gesteuert werden: Ein Flur gabelt sich, und wir wollen einen Roboter entwickeln, der die Menschen in einen der beiden Gänge weiterleitet.

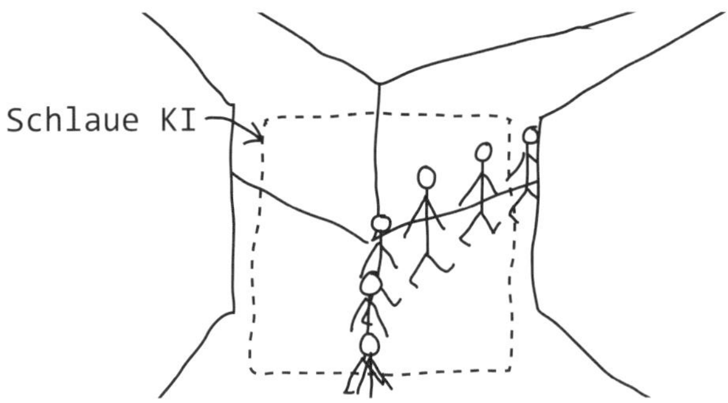

Zuerst legen wir fest, welche Teile des evolutionären Algorithmus veränderbar sein sollen. Wir entscheiden, welche Teile unseres Roboters gleich bleiben und womit der Algorithmus herumspielen darf. Wir können diese variablen Elemente stark einschränken und den Körper des Roboters unverändert lassen. Das Programm dürfte nur die Art verändern, auf die er sich bewegt. Oder wir könnten dem Algorithmus gestatten, das Design des Körpers anhand von Zufallsdaten von Grund auf neu zu entwickeln. Vielleicht bestehen die Eigentümer des Gebäudes darauf, dass der Roboter aus Sci-Fi-ästhetischen Gründen menschenähnlich aussehen soll. Also kein unordentliches Durcheinander aus krabbelnden Blöcken (was ungefähr dem entspricht, was sich evolutionäre Algorithmen mit absoluter Freiheit üblicherweise ausdenken). Aber selbst eine menschliche Form bietet noch eine Menge an Variationsmöglichkeiten. Wir halten es einfach und sagen, der Algorithmus darf die Größe und die Form einiger grundlegender Körperteile verändern, die jeweils einen einfachen Bewegungsspielraum haben. Evolutionär gesehen, ist dies das **Genom** des Roboters.

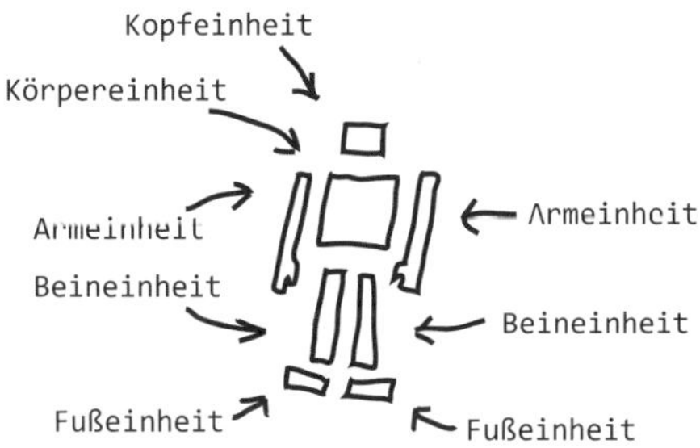


```
Roboter-Genom

Körperteilgrößen:
   Kopfeinheit:   Länge, Breite, Höhe
   Körpereinheit: Länge, Breite, Höhe
   ...

Verhaltensweisen:
   Standardverhalten
   Wenn Mensch in der Nähe
   Wenn Mensch sich nach links bewegt
   Wenn Mensch sich nach rechts bewegt
   ...
```

Nun müssen wir das Problem so beschreiben, dass am Ende eine einzelne Zahl herauskommt, die wir optimieren können. Evolutionär gesprochen, ist diese Zahl eine sogenannte **Fitnessfunktion**. Sie beschreibt, wie »fit« ein bestimmter Roboter ist, um die gestellte Aufgabe auszuführen. Da wir versuchen, einen Roboter zu bauen, der Menschen in einen von zwei möglichen Gängen leitet, könnten wir angeben, dass möglichst wenige Personen die linke Abzweigung nehmen sollen. Je näher diese Zahl bei null liegt, desto »fitter« ist der Roboter für die Aufgabe.

Wir brauchen außerdem eine Simulation, da es unmöglich ist, Tausende von Robotern zu bauen oder Menschen zu engagieren, die einen Flur Tausende Male entlanglaufen. (Keine Menschen einzusetzen, ist außerdem eine Sicherheitsmaßnahme – aus Gründen, auf die wir gleich kommen werden.) Angenommen, wir hätten einen simulierten Flur mit simulierter Schwerkraft, Reibung und weiteren simulierten physikalischen Eigenschaften. Natürlich brauchen wir auch simulierte Menschenmassen mit simuliertem Verhalten, inklusive Laufen, Sichtlinien und Gedränge, mit verschiedenen Phobien, Motivationen und Stufen der Hilfsbereitschaft. Schon die Simulation ist ein ziemlich schwieriges Problem. Daher gehen wir hier davon aus, dass wir es bereits gelöst haben. (Hinweis: Beim echten maschinellen Lernen ist das niemals so einfach.)

Videospiele als Simulationen

Eine praktische Möglichkeit, bereits vorhandene Simulationen für das Training einer KI zu nutzen, sind Videospiele. Das ist einer der Gründe dafür, dass so viele Forscher KIs darauf trainieren, Super Mario Bros. oder alte Atari-Spiele zu spielen. Diese alten Videospiele sind kleine, schnell auszuführende Programme, in denen verschiedene Problemlösungsstrategien getestet werden können. Allerdings haben KIs, wie menschliche Videospieler, die Tendenz, Fehler im Programm zu finden und auszunutzen. Mehr hierzu in Kapitel 5.

Die erste Robotergeneration wird von der KI per Zufall erzeugt. Das heißt, die Roboter wirken sehr ... zufällig. Eine typische Generation besteht aus Hunderten von Robotern mit den unterschiedlichsten Körperformen.

Dann testen wir jeden einzelnen Roboter in unserem simulierten Flur, was ziemlich kläglich scheitert. Die simulierten Menschen laufen einfach an den Robotern vorbei, während diese umkippen und wirkungslos in der Luft herumfuchteln. Vielleicht fällt einer mehr nach links als die anderen und blockiert den Flur teilweise. Das führt dazu, dass sich einige schüchterne Menschen entscheiden, stattdessen den rechten Gang weiterzugehen. Dieser Roboter schneidet ein bisschen besser ab als die anderen.

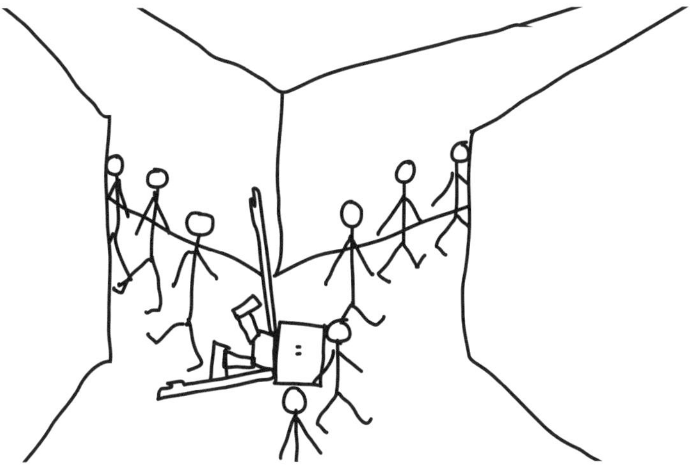

Jetzt ist es Zeit, die nächste Robotergeneration zu bauen. Zuerst entscheiden wir, welche Roboter überleben und sich fortpflanzen dürfen. Wir könnten nur ein paar der besten behalten, aber das würde unsere Population zu stark vereinheitlichen. Es könnte passieren, dass einige Roboterdesigns gar nicht erst getestet werden, obwohl sie am Ende vielleicht sogar besser wären, wenn die Evolution nur die Chance bekommen hätte, sie zu optimieren. Also behalten wir genug der besten Roboter und schmeißen den Rest weg.

Jetzt müssen wir entscheiden, wie sich die überlebenden Roboter fortpflanzen. Sie können nicht einfach identische Kopien von sich herstellen, schließlich wollen wir, dass sie sich zu etwas Besserem entwickeln. Eine Möglichkeit ist die **Mutation**: per Zufall einen Roboter auszuwählen und per Zufall eine seiner Eigenschaften zu verändern.

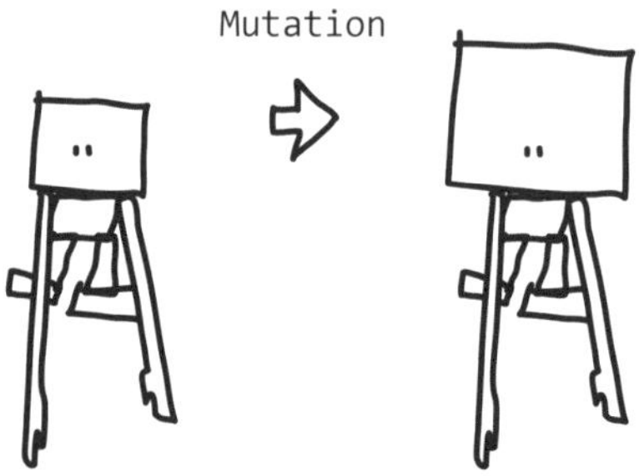

Eine andere Möglichkeit besteht in der **Kreuzung**: Zwei Roboter erzeugen Nachkommen, die eine zufällige Kombination der Merkmale ihrer Eltern sind.

Dann müssen wir festlegen, wie viele Nachkommen jeder Roboter haben kann (sollten die erfolgreichsten Roboter mehr Nachkommen haben?), welche Roboter mit welchen anderen Robotern gekreuzt werden können (oder ob es überhaupt keine Kreuzungen geben soll) und ob wir alle toten Roboter durch Nachkommen oder durch ein paar zufällig erzeugte neue Roboter ersetzen. Die Anpassung all dieser Optionen stellt einen großen Teil der Erstellung eines evolutionären Algorithmus dar. Dabei ist es oft schwer zu erraten, welche Optionen – auch **Hyperparameter** genannt – für eine Aufgabe am besten funktionieren.

Sobald die neue Robotergeneration fertig ist, beginnt der Kreislauf erneut, und wir testen ihre Fähigkeit, Menschenmassen zu lenken, in der Simulation. Jetzt kippen mehr Roboter nach links, weil sie von dem ersten etwas erfolgreicheren Roboter abstammen.

Nach vielen weiteren Robotergenerationen bilden sich einige klare Strategien zur Kontrolle von Menschenmengen heraus. Sobald die Roboter lernen, aufzustehen, entwickelt sich die ursprüngliche Strategie (»Falle nach links um und sei irgendwie im Weg.«) zu: »Stehe im linken Gang herum und gehe den Menschen noch mehr auf die Nerven.« Trotzdem ist keine der bisherigen Lösungen perfekt für unser Problem geeignet: Alle Roboter lassen immer noch Menschen vorbei und in den linken Gang eindringen.

Nach noch mehr Generationen bildet sich ein Roboter heraus, der wirklich gut darin ist, das Eindringen von Personen in den linken Gang zu verhindern. Leider besteht die gefundene Lösung darin, einfach alle Menschen umzubringen. Technisch gesehen, ist die Lösung perfekt. Schließlich ging es nur darum, die Zahl der Personen, die den linken Gang wählen, so klein zu halten wie möglich. Tja.

Durch ein Problem mit unserer Fitnessfunktion hat die Evolution den Algorithmus zu einer Lösung geführt, die wir so nicht vorhergesehen haben. Unglückliche Zufälle passieren beim maschinellen Lernen ständig. Zum Glück sind sie nicht immer so dramatisch. (Erfreulicherweise ist die Strategie »Töte alle Menschen« in der realen Welt eher unpraktisch. Das verhindert man am besten, indem man autonomen Algorithmen grundsätzlich nicht erlaubt, tödliche Waffen zu steuern.) Aber *dies* ist der Grund dafür, dass wir in unserem Gedankenexperiment simulierte Menschen anstelle von echten verwendet haben.

Wir müssen also noch einmal von vorne anfangen. Diesmal benutzen wir jedoch eine Fitnessfunktion, die nicht die Anzahl der Menschen im linken Gang minimiert, sondern die der Menschen im rechten Gang maximiert.

Eigentlich können wir auch hier eine (etwas blutrünstige) Abkürzung nehmen und die Fitnessfunktion nur leicht anpassen, anstatt sie komplett auszutauschen. Schließlich haben unsere Roboter, abgesehen davon, dass sie Menschen töten, schon viele nützliche Fähigkeiten erworben. Sie haben gelernt, zu stehen, Personen zu erkennen und furchteinflößend mit den Armen zu fuchteln. Sobald die Fitnessfunktion versucht, die Zahl der Überlebenden, die den rechten Gang wählen, zu maximieren, sollten die Roboter schnell lernen, ihr mörderisches Verhalten abzulegen. (Zur Erinnerung: Die Strategie, eine Lösung aus einem verwandten Problem wiederzuverwenden, bezeichnet man als Transferlernen.)

Wir nehmen uns also ein paar Killerroboter und tauschen heimlich ihre Fitnessfunktionen aus. Plötzlich ist das Morden nicht mehr so attraktiv, auch wenn sie keine Ahnung haben, woran das liegt. Tatsächlich ist der schlechteste Mörder plötzlich besonders erfolgreich, weil einige seiner schreienden Opfer es geschafft haben, sich in den rechten Gang zu flüchten. Im Verlauf der nächsten Generationen werden die Roboter immer schlechter im Umbringen von Menschen.

Nach und nach sehen die Roboter nur noch so aus, als wollten sie jemanden umbringen. Das sollte den meisten Menschen so viel Angst machen, dass sie mehr oder weniger freiwillig den rechten Gang wählen. Da wir mit einer Population aus Killerrobotern begonnen haben, sind die möglichen Wege der Evolution beschränkt. Hätten wir dagegen komplett neu angefangen, hätten sich vielleicht Roboter entwickelt, die am Ende des rechten Gangs stehen und Menschen zu sich winken. Vielleicht hätten sich die Hände der Roboter sogar zu Schildern entwickelt, auf denen *KOSTENLOSE KEKSE* steht. (Der *KOSTENLOSE KEKSE*-Roboter wäre allein durch Evolution aber nur schwer zu entwickeln. Schon das Schild auch nur ansatzweise richtig hinzubekommen, wäre fast unmöglich. Außerdem wäre es schwer, Lösungen zu belohnen, die auch nur annähernd richtig sind. Anders gesagt: Es wäre ein Nadel-im-Heuhaufen-Problem.)

Ignorieren wir die Killerroboter, führt die Evolution mit großer Wahrscheinlichkeit zu einem *Umfallen und im Weg sein*-Roboter, der den linken Weg immer stärker versperrt. (Umfallen ist relativ einfach. Wenn ein entwickelter Roboter das Problem also durch Umfallen lösen kann, wird er das wahrscheinlich auch tun.) Auf diesem Weg gelangen wir zu einem Roboter, der das Problem perfekt löst, indem er 100 Prozent der Personen veranlasst, den rechten Gang zu nehmen (ohne dabei jemanden umzubringen). Der Roboter sieht so aus:

Der Gipfel der Evolution – die Krone unserer Schöpfung – ist ... eine Tür!

Und hier sehen wir einen weiteren Aspekt der KI. Sie kann ein unnötig komplizierter Ersatz für eine Lösung sein, auf die wir mit gesundem Menschenverstand viel leichter gekommen wären.

Evolutionäre Algorithmen werden für die Entwicklung aller möglichen Designs eingesetzt, nicht nur für Roboter. Stoßstangen für Autos, die die Aufprallenergie ableiten, wenn sie zerknautschen, Proteine, die an andere medizinisch sinnvolle Proteine gebunden werden, Schwungräder, die sich einfach drehen – zur Lösung all dieser Probleme haben Menschen evolutionäre Algorithmen verwendet. Dabei muss das Genom des Algorithmus nicht zwingend ein physisches Objekt beschreiben. Autos und Fahrräder könnten als ein festgelegtes Design verwendet werden, bei dem sich nur das Kontrollprogramm weiterentwickelt. Ich habe auch schon erwähnt, dass sogar die Gewichtungen eines neuronalen Netzwerks oder die Anordnung in einem Entscheidungsbaum als Genom benutzt werden können. Oft werden verschiedene Arten von Algorithmen für maschinelles Lernen kombiniert, um ihre jeweiligen Stärken optimal nutzen zu können.

Wenn wir überlegen, welche riesige Vielfalt an Leben auf unserem Planeten durch Evolution entstanden ist, bekommen wir einen Eindruck von der Größenordnung der Möglichkeiten, die uns durch die Verwendung einer massiv beschleunigten virtuellen Evolution zur Verfügung steht. Die Evolution im echten Leben hat wundervoll komplexe Geschöpfe hervorgebracht und ihnen ermöglicht, die seltsamsten und ausgefallensten Nahrungsquellen zu nutzen. Auf die gleiche Weise überraschen und erfreuen uns auch evolutionäre Algorithmen mit ihrem Erfindungsreichtum. Manchmal sind sie aber auch ein bisschen *zu* kreativ – wie wir in Kapitel 5 sehen werden.

Generative gegnerische Netze (GANs)

KIs können erstaunliche Dinge mit Bildern anstellen, zum Beispiel eine Sommerszene in ein Winterbild umwandeln, Gesichter von erfundenen Personen erzeugen oder das Foto einer Katze in ein kubistisches Gemälde verwandeln. Diese eindrucksvollen Werkzeuge zur Erzeugung, Veränderung und Filterung von Bildern sind meist das Werk von **GANs** (**generativen gegnerischen Netzen**, engl. *Generative Adversarial Networks*). Sie bilden eine Unterart neuronaler Netzwerke, verdienen aber eine eigene Erwähnung. Im Gegensatz zu anderen Formen maschinellen Lernens sind GANs noch recht jung. Sie wurden erst im Jahr 2014 von Ian Goodfellow und weiteren Forschern der Université de Montréal vorgestellt.[10]

Der Schlüssel zum Verständnis von GANs ist, dass sie eigentlich aus zwei Algorithmen bestehen – zwei Gegenspielern, die lernen, indem sie sich gegenseitig testen. Der eine Teil ist der **Generator**, der versucht, die Eingabedaten zu imitieren. Der andere ist der **Diskriminator**. Er versucht, die Unterschiede zwischen der Imitation des Generators und dem Original zu erkennen.

Um zu sehen, warum das beim Training eines Bildgenerators hilfreich sein kann, stellen wir uns vor, wir wollten ein GAN darauf trainieren, Bilder von Pferden zu erzeugen.

Als Erstes brauchen wir möglichst viele Pferdebilder. Zeigen diese alle das gleiche Pferd in der gleichen Pose (vielleicht weil wir ganz vernarrt in dieses Pferd sind), lernt das GAN schneller, als wenn es eine Vielzahl an Farben, Blickwinkeln und Lichtbedingungen untersuchen muss. Wir können die Dinge außerdem vereinfachen, indem wir einen schlichten und ruhigen Hintergrund wählen. Ansonsten verbringt das GAN viel Zeit damit, zu lernen, wann und wie man Zäune, Gras und Festumzüge zeichnet. Die meisten GANs können fotorealistische Gesichter, Blumen und Nahrungsmittel zeichnen, wenn sie sehr enge und konsistente Datensätze zur Verfügung haben, zum Beispiel nur Katzengesichter oder Schüsseln mit Ramennudeln, die ausschließlich von oben fotografiert wurden. Ein GAN, das nur mit Fotos von Tulpenblüten trainiert wurde, wird recht überzeugende Tulpen erzeugen können, hat aber weder eine Ahnung von anderen Blumen noch davon, dass Tulpen auch Blätter oder Zwiebeln haben können. Ein GAN, das fotorealistische menschliche Porträts erzeugen kann, hat keine Idee davon, was sich unterhalb des Halses befindet, was auf der Kopfrückseite zu sehen ist oder auch nur, dass menschliche Augen auch geschlossen sein können. Wenn wir also ein GAN erstellen wollen, das Pferde erzeugt, werden wir erfolgreicher sein, wenn wir seine Welt so einfach wie möglich gestalten und ihm nur Bilder von Pferden zeigen, die alle von der Seite gegen einen möglichst neutralen Hintergrund fotografiert wurden. (Praktischerweise markiert das auch die Grenze meiner zeichnerischen Fähigkeiten.)

Nachdem wir unseren Datensatz (zumindest in unserer Vorstellung) beisammen haben, können wir damit beginnen, die beiden Teile des GAN – den Generator und den Diskriminator – zu trainieren. Der Generator soll sich unsere Pferdebilder ansehen und ein paar Regeln entwickeln, mit denen er ähnliche Bilder zeichnen kann. Technisch gesehen, weisen wir den Generator an, den Pferdebildern zufälliges Bildrauschen hinzuzufügen. Auf diese Weise lernt der Generator, nicht nur ein einzelnes Pferdebild zu erzeugen, sondern für jedes zufällige Rauschmuster ein anderes Pferd (das er später dem Diskriminator präsentiert).

Zu Beginn des Trainings hat der Generator noch keine Regeln für das Zeichnen von Pferden gelernt. Er beginnt mit einem zufällig erzeugten Bildrauschen und stellt irgendetwas Zufälliges damit an. Soweit der Generator weiß, zeichnet er ein Pferd.

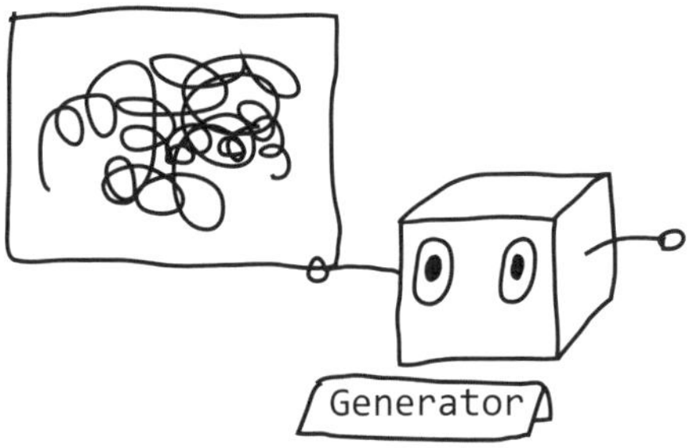

Wie können wir dem Generator nützliche Rückmeldungen zu seinen wenig realistischen Zeichnungen geben? Da es ein Algorithmus ist, braucht er das Feedback in Form einer Zahl. Er benötigt eine Art quantitative Bewertung, an der er ablesen kann, ob sich seine Arbeit verbessert. Eine sinnvolle Kennzahl wäre der Prozentsatz der Zeichnungen, die so gut sind, dass sie wie ein echtes Pferd aussehen. Einem Menschen fällt diese Bewertung leicht – wir können den Unterschied zwischen ein bisschen hingeschmiertem Fell und einem Pferd ziemlich gut erkennen. Für den Trainingsprozess brauchen wir aber Tausende von Zeichnungen, die ein Mensch kaum alle bewerten kann. Außerdem wäre ein menschlicher Schiedsrichter in diesem Stadium zu streng. Menschen würden sich zwei Kritzeleien des Generators ansehen und sie als »kein Pferd« verwerfen, selbst wenn eines der beiden Bilder schon etwas mehr Ähnlichkeit mit einem Pferd hat als das andere, wenn auch kaum wahrnehmbar. Auf diese Weise geben wir dem Generator eher eine Rückmeldung dazu, wie oft er es schafft, einen Menschen zu täuschen, damit dieser eine seiner Zeichnungen für echt hält. Der Generator wird niemals erfahren, ob er Fortschritte macht, weil er niemals so weit kommt – der Mensch wird die feinen Unterschiede nicht wahrnehmen.

Und hier kommt der Diskriminator ins Spiel. Er hat die Aufgabe, sich die Bilder des Generators anzusehen und zu entscheiden, ob sie Ähnlichkeit mit den echten Pferden aus den Trainingsdaten haben. Am Anfang des Trainings macht der Diskriminator seine Arbeit genauso schlecht wie der Generator: Er kann das Gekritzel und ein echtes Bild kaum auseinanderhalten. Das heißt, der Diskriminator lässt sich möglicherweise von Zeichnungen des Generators täuschen, die fast überhaupt nicht als Pferde erkennbar sind.

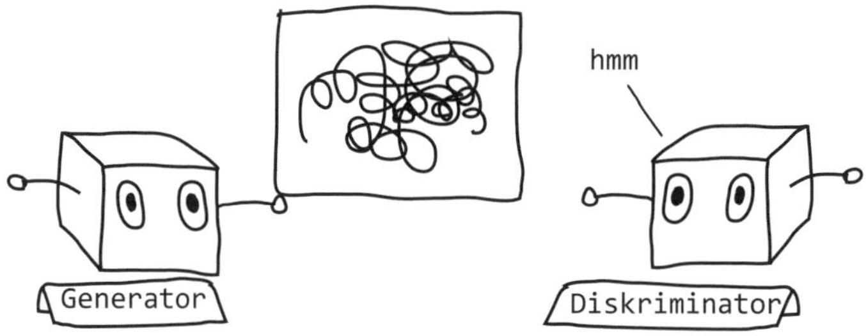

Durch Ausprobieren (Versuch und Irrtum) werden sowohl Generator als auch Diskriminator nach und nach immer besser.

Das GAN kann durch den Einsatz von Generator und Diskriminator quasi einen Turing-Test (der schon in Kapitel 2 erwähnte Test, der den Intelligenzgrad eines Computerprogramms bestimmen soll) durchführen, bei dem es Prüfer und Prüfling in einem ist. Bestenfalls ist das GAN nach dem Training in der Lage, Pferdebilder zu erzeugen, die auch einen Menschen überzeugen.

Manchmal werden GANs auch so konfiguriert, dass die Eingabedaten nicht möglichst genau imitieren, sondern etwas *Ähnliches, aber anderes* erzeugen. So haben einige Forscher beispielsweise ein GAN erstellt, das abstrakte Kunst erzeugt. Die neuen »Kunstwerke« sollten aber keine langweiligen Kopien der originalen Trainingsdaten sein. Die Forscher richteten den Diskriminator so ein, dass er beurteilte, ob die Kunst den Trainingsdaten ähnelte, ohne dabei zu einer bestimmten Kategorie zu gehören. Mit diesen etwas widersprüchlichen Zielvorgaben war das GAN in der Lage, die Grenze zwischen Konformität und Innovation zu durchbrechen.[11] In der Konsequenz waren die vom GAN erzeugten Bilder sogar beliebt – menschliche Gutachter bewerteten die Bilder des GAN sogar höher als von Menschen gemalte Werke.

Mischen, abstimmen und zusammenarbeiten

Wir haben gelernt, dass die Funktionsweise von GANs auf der Kombination von zwei Algorithmen basiert – einem, der Bilder generiert, und einem, der die Bilder klassifiziert.

Tatsächlich bestehen viele KIs aus Kombinationen mehrerer spezialisierter Algorithmen für maschinelles Lernen.

Die *Seeing AI*-App von Microsoft soll beispielsweise Menschen mit Sehbehinderungen helfen.

Je nachdem, welchen »Kanal« der Benutzer wählt, kann die App

- erkennen, was in einer Szene zu sehen ist, und eine akustische Beschreibung ausgeben,
- Text vorlesen, der vor die Kamera eines Smartphones gehalten wird,
- verschiedene Einheiten einer Währung erkennen (zum Beispiel Cent- und Eurostücke oder verschiedene Geldscheine),
- Personen und ihre Emotionen erkennen und
- Balkencodes finden und scannen.

Jede dieser Funktionen – inklusive der essenziellen Sprachausgabe – wird sehr wahrscheinlich von einer speziell trainierten KI realisiert.

Der Künstler Gregory Chatonsky verwendete drei Algorithmen für maschinelles Lernen, um Gemälde für ein Projekt namens »It's Not Really You« zu erzeugen.[12] Ein Algorithmus war darauf trainiert, abstrakte Kunst zu erschaffen, ein zweiter hatte die Aufgabe, die Kunstwerke des ersten Algorithmus in verschiedene Malstile zu »übersetzen«. Zum Schluss verwendete der Künstler einen Algorithmus zur Bilderkennung, um dem Bild Titel wie *Colorful Salad* (Farbenfroher Salat), *Train Cake* (Zug-Kuchen) und *Pizza Sitting on a Rock* (Pizza, auf einem Felsen sitzend) zu geben. Das fertige Kunstwerk war eine Zusammenarbeit mehrerer Algorithmen, die vom Künstler geplant und orchestriert wurde.

Manchmal sind die Algorithmen sogar noch enger miteinander verflochten und verwenden ohne menschliches Eingreifen mehrere Funktionen gleichzeitig. So benutzten die Forscher David Ha und Jürgen Schmidhuber das Prinzip der Evolution, um einen vom menschlichen Gehirn inspirierten Algorithmus darauf zu trainieren, das Computerspiel Doom zu spielen.[13] Der Algorithmus bestand aus drei Teilalgorithmen, die eng zusammenarbeiteten. Ein Modell für maschinelles Sehen war dafür zuständig, zu erkennen, was im Spiel gerade passierte. (Waren Feuerbälle zu sehen? Gab es Wände in der Nähe?) Das zweidimensionale Pixelbild wurde in die Merkmale umgewandelt, die seiner Ansicht nach beobachtet werden sollten. Aufgabe des zweiten Modells, eines Gedächtnismodells, war es, vorherzusagen, was als Nächstes passieren würde. Ähnlich wie die RNNs zur Texterzeugung in diesem Buch einen Blick in die Vergangenheit geworfen haben, um zu entscheiden, welcher Buchstabe oder welches Wort als Nächstes kommen wird, war auch dieses Gedächtnismodell ein RNN. Es sah sich die vergangenen Spielmomente an und versuchte, vorherzusagen, was als Nächstes passieren würde. Hatte sich wenige Momente zuvor ein Feuerball nach links bewegt, würde er im folgenden Bild noch vorhanden sein, nur etwas weiter links. Wurde der Feuerball größer, wächst er vermutlich weiter (oder er trifft den Spieler und verursacht eine riesige Explosion). Der dritte Algorithmus schließlich diente als Controller, der entschied, was zu tun war. Sollte er nach links ausweichen, um zu verhindern, vom Feuerball getroffen zu werden? Keine schlechte Idee.

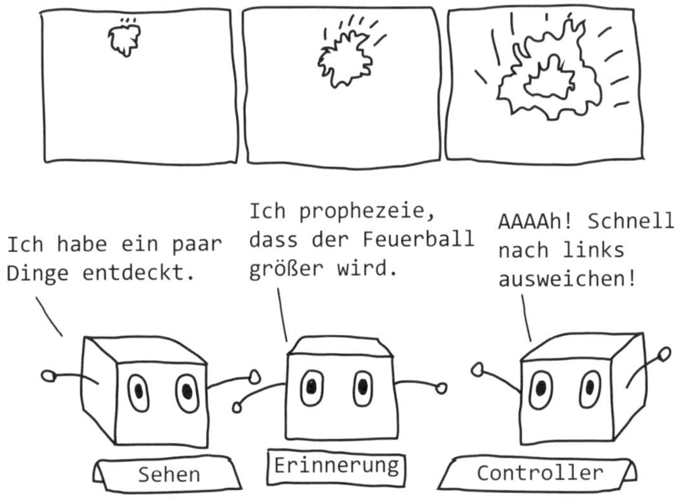

Die drei Teile arbeiten zusammen, um Feuerbälle zu sehen, zu erkennen, dass sie sich nähern, und wenn nötig auszuweichen. Die Forscher wählten den für die jeweilige Aufgabe optimalen Subalgorithmus. Das erscheint sinnvoll, wenn man bedenkt, dass Algorithmen für maschinelles Lernen am besten funktionieren, wenn sie, wie in Kapitel 2 beschrieben, eine möglichst eng umrissene Aufgabe erledigen sollen. Die Wahl des richtigen Algorithmus für maschinelles Lernen oder die Aufteilung eines Problems in Aufgaben für Unteralgorithmen entscheidet über Erfolg oder Misserfolg eines Designs.

Im folgenden Kapitel sehen wir uns weitere Möglichkeiten an, eine KI zum Erfolg zu führen – oder auch nicht.

Ich versuch's doch! – Warum alles vom Datensatz abhängt

Bis jetzt haben wir darüber gesprochen, wie und was für Probleme eine KI lösen kann und was »KI-Katastrophen« sind. Oft scheitern KIs, wenn sie Probleme aus der realen Welt lösen sollen. Diese Fälle wollen wir uns jetzt etwas genauer ansehen, wobei die Konsequenzen von »nervig« bis »fast lebensgefährlich« reichen können. Wir sprechen darüber, was passiert, wenn eine KI Schwierigkeiten beim Lösen eines Problems hat, welche Gründe es dafür gibt und was wir dagegen tun können. Einige Gründe sind:

- Das Problem war zu weit gefasst.
- Die KI hatte nicht genug Daten, um herauszufinden, worum es geht.
- Wir haben die KI versehentlich mit Daten trainiert, die sie verwirrt oder die ihre Zeit verschwendet haben.
- Wir haben die KI für eine Aufgabe trainiert, die in der realen Welt wesentlich komplexer war.
- Wir haben die KI in einer Situation trainiert, die nicht der Realität entspricht.

Zu weit gefasste Probleme

Das zu komplizierte Problem kennen wir teilweise schon aus Kapitel 2, als wir überlegten, welche Arten von Problemen sich für die Lösung durch eine KI eignen. Aus dem Scheitern von Facebooks KI-Assistenten M haben wir gelernt, dass die KI sinnvolle Antworten nur noch schlecht erzeugen kann, wenn das Problem zu weit gefasst ist.

Im Jahr 2019 haben Forscher von Nvidia (einem Hersteller von spezieller KI-Hardware) ein GAN (ein zweiteiliges gegnerisches neuronales Netzwerk, das ich in Kapitel 3 beschrieben habe) namens StyleGAN darauf trainiert, menschliche Gesichter zu erzeugen.[1] Die Ergebnisse waren beeindruckend. Sieht man von unsinnigen Kleinigkeiten wie nicht zusammenpassenden Ohrringen oder Hintergründen einmal ab, konnte StyleGAN geradezu fotorealistische Gesichter erzeugen. Als das Team das Gleiche mit Katzenbildern versuchte, gab es Probleme. Die KI erzeugte Katzen mit zusätzlichen Gliedmaßen, Augen und grotesk verzerrten Gesichtern. Im Gegensatz zum Datensatz mit menschlichen Gesichtern, die alle frontal aufgenommen waren, enthielten die Katzendaten Bilder aus verschiedenen Blickwinkeln, einige Katzen saßen, andere lagen zusammengerollt da oder miauten in die Kamera. Die Trainingsdaten für StyleGAN bestanden aus Nahaufnahmen, Bildern mit mehreren Katzen, sogar Bildern, auf denen Menschen zu sehen waren. Das war für einen Algorithmus einfach zu viel. Kaum zu glauben, dass die fotorealistischen Porträts von Menschen und die grotesken Katzen Produkte des gleichen Algorithmus sein sollten. Aber: Je klarer die Aufgabe umrissen ist, desto schlauer scheint die KI zu sein.

Bitte mehr Daten

Wie die meisten in diesem Buch vorstellten Algorithmen lernt auch Style GAN anhand von Beispielen. Mit genug Katzennamen, Pferdebildern, erfolgreichen Entscheidungen im Straßenverkehr oder finanziellen Vorhersagen können Algorithmen die Muster lernen, die ihnen bei der Imitation des Gesehenen helfen. Bei zu wenigen Beispielen fehlen dem Algorithmus die nötigen Informationen, um zu verstehen, was er tun soll.

Hierzu ein recht extremes Beispiel: Wir trainieren ein neuronales Netzwerk darauf, neue Eiscreme-Geschmacksrichtungen zu erzeugen. Dabei erhält das Netz absichtlich zu wenige Sorten, aus denen es lernen kann. Diese acht Beispiele müssen reichen:

```
Chocolate (Schokolade)
Vanilla (Vanille)
Pistachio (Pistazie)
Moose Tracks (Elchspuren)*
Peanut Butter Chip (Erdnussbutter mit Karamellstückchen)
```

* Das gibt es in den USA tatsächlich: Vanilleeis mit Erdnussbutter und Moose Tracks Fudge, einer Art weiches Karamell.

```
Mint Chocolate Chip (Minzschokolade mit Schokoladenstückchen)
Blue Moon (Schlumpfeis)
Champagne Bourbon Vanilla With Quince-Golden Raspberry
   Swirl And Candied Ginger (Champagner, Bourbonvanille mit
   Quitten-Goldhimbeer-Strudel und kandiertem Ingwer)
```

Das sind mit Sicherheit gute und (in den USA) weitverbreitete Geschmacksrichtungen. Liest ein Mensch diese Liste, wird er wahrscheinlich erkennen, dass es um Eiscreme-Sorten geht. Er könnte relativ problemlos andere und auch neue Sorten finden, zum Beispiel Erdbeere oder Orangensorbet. Menschen wissen, was Eiscreme ist, welche Geschmacksrichtungen dafür normalerweise benutzt werden, in welcher Reihenfolge die Wörter stehen müssen (es heißt Latte macchiato, aber niemals Macchiato latte) und auch, dass es Erdbeeren wirklich gibt, Schwunkelbeeren aber nicht.

Ein untrainiertes neuronales Netzwerk hat dagegen keine Ahnung, worum es eigentlich geht. Es weiß nicht, was Eiscreme ist, und nicht einmal, was menschliche Sprachen sind. Es hat keine Kenntnis davon, dass sich Vokale von Konsonanten unterscheiden oder dass Buchstaben etwas anderes sind als Leerzeichen oder Zeilenumbrüche. Unten sehen Sie, wie das neuronale Netz den Datensatz wahrnimmt. Jeder Buchstabe, jedes Leerzeichen und jedes Interpunktionszeichen wird intern in eine bestimmte Zahl übersetzt:

```
3;8;15;3;15;12;1;20;5;24;22;1;14;9;12;12;1;24;16;9;19;20;1;3;8;9;15;2
;13;15;15;19;5;0;20;18;1;3;11;19;24;16;5;1;14;21;20;0;2;21;20;20;5;18;
;3;8;9;16;24;13;9;14;20;0;3;8;15;3;15;12;1;20;5;0;3;8;9;16;24;2;12;21;
;0;13;15;15;14;24;3;8;1;13;16;1;7;14;5;0;2;15;21;18;2;15;14;0;22;1;14;
;12;12;1;0;23;9;20;8;0;17;21;9;14;3;5;26;7;15;12;4;5;14;0;18;1;19;16;2;
;18;18;25;0;19;23;9;18;12;0;1;14;4;0;3;1;14;4;9;5;4;0;7;9;14;7;5;18;
```

Jetzt muss das neuronale Netz herausfinden, wann zum Beispiel Zeichen 13 (ein *m*) wahrscheinlich erscheint. Zweimal folgt es auf Zeichen 24 (einen Zeilenumbruch), einmal auf Zeichen 0 (ein Leerzeichen). Den Grund haben wir dem Netz natürlich nicht mitgeteilt. Oder nehmen wir Zeichen 15 (ein *o*). Manchmal erscheint es gleich zweimal hintereinander (beide Male nach dem Zeichen 13), in vielen anderen Fällen aber auch nur einmal. Auch hier fehlen der KI die Informationen, um den Grund dafür zu finden. Und da der Buchstabe *f* im Datensatz überhaupt nicht auftaucht, hat die KI ihm auch keine Zahl zugewiesen. Für sie existiert der Buchstabe *f* einfach nicht. Geschmacksrichtungen wie *toffee*, *coffee* oder *fudge* (Weichkaramell) werden ihr nicht einfallen, wie sehr sie sich auch anstrengt.

Dennoch gibt sich das neuronale Netzwerk wirklich Mühe und schafft es tatsächlich, etwas zu erzeugen. Es lernt, dass Vokale und Leerzeichen (die Zeichen 1, 5, 9, 15, 21 und 0) sehr häufig vorkommen. In einer frühen Phase sieht das Ergebnis etwa so aus:

```
aaaoo aaaaaaaaoalnat   ia eain l   e ee r r  e r er n r en  d
edeedr    ed d  nrd  d   edi r  rn    n   d e e   eer d r e d d
dd dr  rr er  r r n e ri  d edAe eri    diedd rd eder   r edder
dnrr    dde er ne  r dn nend n dn rnndr eddnr   re rdre rdd
e r  e e dnrddrr rdd r
```

Da die Trainingsdaten diese eine wirklich lange Geschmacksrichtung enthalten (Champagne Bourbon Vanilla ...), hat das Netz Schwierigkeiten, zu verstehen, wie oft das Zeichen 24 (ein Zeilenumbruch) benutzt werden soll. Aber nach und nach teilt sich die Ausgabe in mehrere »Geschmacksrichtungen« auf:

```
tahnlaa aa otCht aa itonaC hi aa gChoCe ddiddddRe dCAndddriddrni
   dedweiliRee
aataa naa ai
tttCuat
```

Noch länger dauert es, bis die ersten erkennbaren Wörter aus dem Datensatz erscheinen, nämlich erst dann, wenn der Algorithmus anfängt, sich einzelne Buchstabenkombinationen zu merken. (Zwischendurch hat er eine Art »Gruselkuh«-Phase, in der er muht und zischt, mit ein paar Himbeeren dazwischen.)

```
MoooootChopoooopteeCpp
BlpTrrrks
Bll Monooooooooooooo
Pnstchhhhhh
MoooosTrrrksssss
PeniautBuut tChppphippphppihpppi
Moonillaaaaal
Pnnillaaa
Buee Moooo
```

Je länger das Training fortschreitet, desto erkennbar werden die Geschmacksrichtungen:

```
Moint Chooolate Chip (Moinze-Schooladenstückchen)
Peanut Butter Chip (Erdnussbutter mit Schokostückchen)
Pistchhio (Pisttzie)
Bue Moo (Schlmpf-Ei)
Moose Trrack (Elchspurre)
Psenutcho (Pstnusszie)
Vanilla (Vanille)
MintCcooolate Chhip (MinzeSsooolade Stckckchen)
Psstchhio (Psssstazie)
Chaampgne Booouorr VanillaWith QciiG-Golddni aspberrrr ndirl
   AndCandiiddnngger (Chaaapner Boooouorr-VanilleMit QuiiG-Goldhmi
   berrr strdl AndKandiiinwer)
```

Jetzt hat unsere KI einige Geschmacksrichtungen sogar wörtlich aus der Eingabe übernommen, während sie sich immer längere gültige Zeichenfolgen merkt. Nach längerem Training kann sie die acht Geschmacksrichtungen perfekt wiedergeben. Das war aber nicht unser Ziel. Beispieldaten auswendig zu lernen, ist nicht das Gleiche wie das Erzeugen neuer Geschmacksrichtungen. Das heißt, der Algorithmus hat es nicht geschafft, zu verallgemeinern.

Mit genügend Trainingsdaten kommt das neuronale Netz deutlich weiter. Nachdem ich das Netz mit 2.011 Eiscreme-Sorten (eigentlich immer noch ein kleiner Datensatz, aber immerhin nicht mehr lächerlich klein) trainiert hatte, wurde die KI endlich erfinderisch. Sie begann, vollkommen neue Aromen zu erzeugen, wie etwa die unten gezeigten (und die Beispiele aus Kapitel 2). Keine dieser Kreationen war zuvor in den Ausgangsdaten vorhanden.

```
Smoked Butter (Geräucherte Butter)
Bourbon Oil (Bourbon-Öl)
Roasted Beet Pecans (Geröstete-Bete-Pekanüsse)
Grazed Oil (Gegrastes Öl)
Green Tea Coconut (Grüner-Tee-Kokosnuss)
Chocolate With Ginger Lime and Oreo
   (Schokolade mit Ingwer-Limone und Oreo)
Carrot Beer (Karottenbier)
Red Honey (Roter Honig)
Lime Cardamom (Limone-Kardamon)
Chocolate Oreo Oil + Toffee (Schokoladen-Oreo-Öl und Toffee)
Milky Ginger Chocolate Peppercorn (Ingwer-Milchschokolade
   mit Pfefferkorn)
```

Beim Training einer KI gilt also: Mehr Daten sorgen meistens für bessere Ergebnisse. Aus exakt diesem Grund wurde das neuronale Netzwerk zum Erzeugen von Amazon-Bewertungen (aus Kapitel 3) mit eindrucksvollen 82 Millionen Produktrezensionen trainiert. Wie wir in Kapitel 2 gesehen haben, ist das auch der Grund dafür, dass selbstfahrende Autos anhand von Millionen tatsächlich gefahrener und Milliarden simulierter Fahrtkilometer trainiert werden und Standarddatensätze für die Bilderkennung, wie beispielsweise ImageNet, aus Millionen von Bildern bestehen.

Aber wo kommen diese Datenmengen her? Unternehmen wie Facebook oder Google verfügen wahrscheinlich selbst über diese Daten. Google beispielsweise hatte so viele Suchanfragen gesammelt, dass es einen Algorithmus trainieren konnte, der errät, wie ein Satz endet, wenn eine Eingabe in das Suchfeld vorgenommen wird. (Ein Nachteil beim Training mit Daten echter Benutzer ist, dass die vorgeschlagenen Suchbegriffe möglicherweise sexistisch und/oder rassistisch sind. Manchmal sind sie aber auch einfach nur verworren.) Im Zeitalter von Big Data können mögliche KI-Trainingsdaten eine sehr wertvolle Ressource sein.

Stehen Ihnen diese Datenmengen nicht zur Verfügung, müssen Sie sie auf andere Weise sammeln. Eine günstige Möglichkeit bietet das **Crowdsourcing** – sofern Ihr Projekt interessant oder nützlich genug ist, um die Menschen bei Laune zu halten. Diese freiwilligen Datenspenden wurden genutzt, um Tiere auf Fotos von Wildkameras zu identifizieren, Walgesänge zu erkennen und sogar um Muster in den Temperaturschwankungen eines dänischen Flussdeltas aufzuspüren. Forscher, die ein KI-Werkzeug zum Zählen mikroskopischer Proben entwickeln, können ihre Nutzer bitten, überprüfte Daten bereitzustellen, um zukünftige Versionen ihres Werkzeugs damit zu verbessern.

Crowdsourcing funktioniert aber nicht immer, und das liegt meiner Meinung nach an den Menschen. Einmal versuchte ich beispielsweise, verschiedene Halloween-Kostüme mithilfe von Crowdsourcing zu erfinden. Die Freiwilligen sollten hierfür ein Onlineformular ausfüllen, in das sie beliebige Kostümideen eintragen konnten. Daraufhin begann der Algorithmus, Kostüme wie diese hier zu auszuspucken:

```
Sports costume (Sportkostüm)
Sexy scare costume (Sexy Gruselkostüm)
General Scare construct (Allgemeines Gruselprodukt)
```

Das Problem war, dass ein hilfsbereiter Mensch offenbar die komplette Inventarliste seines Kostümladens hochgeladen hatte. (»Als was bist du denn verkleidet?« »Ich bin ein Deluxe-IT-Kostüm für Männer – Standardgröße.«)

Wenn Sie nicht auf das Wohlwollen und die Hilfsbereitschaft Fremder angewiesen sein wollen, können Sie auch Menschen dafür bezahlen, Ihnen Crowdsourcing-Daten zur Verfügung zu stellen. Hierfür gibt es Dienste wie Amazon Mechanical Turk: Forscher können eine Jobbeschreibung erstellen (z.B. Fragen zu einem Bild beantworten, die Rolle eines Kundendienstmitarbeiters spielen oder Giraffen anklicken). Die Fernarbeiter werden dann für die Erfüllung der Aufgabe bezahlt. Das funktioniert aber nicht immer, denn es kann ironischerweise passieren, dass jemand die Aufgabe zwar übernimmt, sie aber insgeheim von einem Bot erledigen lässt, dessen Ergebnisse in der Regel ziemlich miserabel sind. Daher versehen Nutzer dieser Dienste ihre Fragen mit versteckten Tests, um sicherzustellen, dass sie tatsächlich von Menschen – oder noch besser von *aufmerksamen* Menschen – gelesen werden, die die Fragen nicht einfach nach dem Zufallsprinzip beantworten.[2] Die Fragen dienen also als eine Art Turing-Test, der sicherstellt, dass der eigene Bot nicht von einem anderen Bot trainiert wird.

Ein kleiner Datensatz kann auch künstlich erweitert werden, indem man die Daten leicht variiert. So werden aus einem einzelnen Datenbit viele leicht unterschiedliche Bits. Diese Strategie bezeichnet man als **Data Augmentation (Datenanreicherung)**. Um etwa aus einem Bild zwei zu machen, könnten Sie es beispielsweise spiegeln, Bildausschnitte erstellen oder die Oberflächenstruktur leicht zu verändern.

Obwohl die Datenanreicherung auch mit Text funktioniert, wird sie in diesem Bereich eher selten verwendet. Um aus ein paar Phrasen viele zu machen, können Sie innerhalb verschiedener Satzteile Wörter durch andere mit gleicher oder ähnlicher Bedeutung ersetzen:

```
Eine Herde Pferde isst einen köstlichen Kuchen.
Eine Gruppe Pferde mampft leckeres Backwerk.
Mehrere Pferde genießen ihren Nachtisch.
Die Pferde konsumieren Guglhupf.
Equine Wesen verschlingen das Machwerk des Backmeisters.
```

Erzeugt man diese Sätze automatisch, kann das allerdings zu recht seltsamen und unerwarteten Ergebnissen führen. Daher bitten Programmierer einfach eine große Anzahl an Personen, jeweils die gleiche Aufgabe auszuführen. Auf diese Weise erhalten sie sehr viele leicht unterschiedliche, aber gleichbedeutende Antworten. Ein Team hat beispielsweise einen Chatbot namens Visual Chatbot programmiert, der Fragen zu Bildern beantworten konnte. Für die Trainingsdaten engagierten die Forscher eine Reihe von Crowdworkern. Sie sollten Fragen beantworten, die andere Crowdworker ihnen stellten. Das Ergebnis waren 365 Millionen Paare aus Frage und Antwort. Um das zu erreichen, wurde nach meiner Berechnung jedes Bild etwa 300 Mal angesehen. Das führte dazu, dass der Datensatz eine Menge ähnlich formulierter Antworten enthielt:[3]

```
nein, nur die zwei Giraffen
nein nur zwei Giraffen
es gibt zwei, es ist keine einzelne Giraffe,
   ein Baby und eine ausgewachsene
nein, es befinden sich nur zwei Giraffen im Gehege
nein, ich sehe nur zwei Giraffen
nein, nur die beiden süßen Giraffen
nein, nur die beiden Giraffen
nö nur die zwei Giraffen
nee nur 2 Giraffen
nur 2 Giraffen
```

Die unten stehenden Antworten zeigen, dass einige Teilnehmer das Projekt offenbar ernster genommen haben als andere:

```
ja, ich würde mich auf jeden Fall mit dieser Giraffe treffen
die große Giraffe bereut es vielleicht, ein Kind zu haben
Vogel starrt auf Giraffe und fragt nach Blattdiebstahl
```

Alle Teilnehmer sollten zehn Fragen zu jedem Bild stellen. Irgendwann fielen den Leuten keine sinnvollen Fragen zu den Giraffen mehr ein. Dadurch wurden die Fragen mit der Zeit etwas eigenwilliger. Hier ein paar Beispiele:

```
scheint die Giraffe Quantenphysik und die Stringtheorie zu
   verstehen
erscheint die Giraffe glücklich genug, um in einem geliebten
   Dreamworks-Film mitzuspielen
sieht es aus, als hätte die giraffe menschen gegessen, bevor das Foto
   aufgenommen wurde
wartet die Giraffe darauf, dass der Rest seiner getupften
   vierbeinigen Overlords ankommt, um die Menschheit zu versklaven
auf einer Skala von Bieber bis Gandalf, wie episch
würdest du sagen, dies sind Gangster-Zebras
sieht das aus wie ein Elitepferd
```

```
was ist Giraffelied
wie viele Zoll sind Bährenohren lang, geschätzt
bitte achten Sie auf die Aufgabe, Sie brauchen eine Weile,
   um mit dem Tippen anzufangen, nachdem ich eine Frage gestellt
   habe, ich mag es nicht, so lange zu warten, mögen Sie es, so
   lange zu warten
```

Menschen können seltsame Dinge mit Datensätzen anstellen.

Und das bringt uns zur nächsten Erkenntnis über Daten: Es reicht nicht, große Datenmengen zu besitzen, sie müssen auch einen Sinn ergeben. Gibt es ein Problem mit dem Datensatz, wird der Algorithmus bestenfalls seine Zeit verschwenden, schlimmstenfalls lernt er etwas Falsches.

Ungenaue Daten

In einem Interview aus dem Jahr 2018 mit *The Verge* sprach Googles technischer Leiter für KI, Vincent Vanhoucke, über Googles Anstrengungen, selbstfahrende Autos zu trainieren. Als die Forscher bemerkten, dass ihr Algorithmus Probleme bei der Erkennung von Fußgängern, Autos und anderen Hindernissen hatte, nahmen sie die Eingabedaten noch einmal genau unter die Lupe. Dabei stellten sie fest, dass die meisten Fehler auf falsche Zuordnungen (*Labelling*) zurückzuführen waren, die Menschen bei der Aufbereitung der Trainingsdaten vorgenommen hatten.[4]

Das ist mir natürlich auch schon passiert. In einem meiner ersten Projekte versuchte ich einer KI beizubringen, Kochrezepte zu erstellen. Die KI machte Fehler – eine *Menge* Fehler. Unter anderem sollte der Koch die folgenden Aktionen durchführen:

```
Honig, flüssiges Zehenwasser, Salz und 3 Esslöffel Olivenöl mischen.
Mehl in ¼-Zoll-Würfel schneiden.
Die Butter im Kühlschrank verteilen.
Einen gefetteten Topf auslassen.
Einen Teil der Pfanne entfernen.
```

Folgende Zutaten sollten beispielsweise verwendet werden:

```
½ Tasse Bartöl
1 Vortrag Blätter aufgetaut
6 Quadrate französische Bräunungscreme
1 Tasse italienisches Vollkornbrot
```

Die KI hatte offenbar Schwierigkeiten mit dem Umfang und der Komplexität des Rezeptproblems. Ihr Gedächtnis und ihre geistigen Fähigkeiten waren für eine so weit gefasste Aufgabe nicht geeignet. Dennoch war die KI aber nicht für alle Fehler verantwortlich. Die ursprünglichen Trainingsdaten enthielten Rezepte, die ein Computerprogramm automatisch aus einem anderen Format konvertiert hatte. Offensichtlich hatte die Umwandlung an einigen Stellen nicht so gut funktioniert wie erhofft.

Eines der Rezepte verlangte nach:

```
1 Erdbeeren
```

Diese Phrase hatte die KI aus den Eingabedaten gelernt. Ein Originalrezept enthielt beispielsweise die Phrase »2 ½ Tassen* geschnittene und gesüßte frische Erdbeeren«. Das wurde offenbar automatisch aufgetrennt in:

```
2 ½ Tassen geschnittene und gesüßte frische
1 Erdbeeren
```

Außerdem verlangte das neuronale Netzwerk gelegentlich nach gehacktem Mehl. Die Ursache lag vermutlich wiederum in den Trainingsdaten. Dort stand:

```
⅔ Tasse gehackt mit Mehl bestäubt
1 Nuss
```

Ähnliche Fehler führten dazu, dass das neuronale Netz folgende Zutaten lernte:

```
1 (optional) Zucker, gerieben
1 Salz und Pfeffer
1 Nudeln
1 oben
```

* In den USA ist es üblich, Tassen, Tee- und Esslöffel als Maßeinheiten zu verwenden.

Daten, die Zeit verschwenden

Manchmal führen Probleme mit dem Datensatz nicht so sehr zu Fehlern als vielmehr zu Zeitverschwendung. Sehen Sie sich einmal dieses von einem neuronalen Netz erzeugte Rezept an:

Gute Ponesed-Dressing-Deserts*
-BELAG-
4 Tasse kaltes Wasser oder Hefefleisch
½ Tasse Butter
¼ Teelöffel Nelken
½ Tasse Pflanzenöl
1 Tasse geriebener weißer Reis
1 Zwieg Petersilie

Braten Sie die Zwiebeln in Öl, Mehl, Datteln und Salz zusammen durch beide Teller.

Legen Sie die Sauce zu jedem vorbereiteten Bratrost beschichtet (2 10 Zoll Seite nach oben), um das Fett zu senken, und fügen Sie die Speisestärke mit einem hölzernen Zahnstocher heiß so wäre unten, schmelzen Huhn. Garnieren Sie mit Kokosnuss und geriebenem Käse.

Quelle: IObass Cindypissong (in Whett Quesssie. Ftracklitts 6)
Dallas Viewnard, Backstein-Nuss Märkte, Fett. eingereicht von Flausching/Größenbein, 1906. ISBN 0-952716-0-3015

NUBTET 10, 1972mcTbofd-in Händen, Weihnachtskohlen Helb & Mochia
Grunnignias: Stanter weiled außerhalb Materie, Dianonarddit Hht

5,1,85 Kalorien CaluAmis

Quelle: Schokoladenkuchen Jan 584

Ergibt: 2 Portionen

Neben der Erzeugung von Titel, Kategorie, Zutaten und den Anweisungen für die Zubereitung hat das neuronale Netz die Hälfte seiner Zeit mit dem Schreiben der Fußnoten verbracht – inklusive Quellen- und Nährwertangaben. Sogar eine ISBN war dabei. Das kostete nicht nur eine Menge Zeit und Denkleistung (wie lange hat die KI wohl gebraucht, um das Format für

* Im hier übersetzten englischen Datensatz wurde diese Kategorie nicht »desserts« (also Nachtisch) geschrieben, sondern fälschlich »deserts« (zu Deutsch Wüsten). Daher glaubt nun auch das neuronale Netz, dies sei die korrekte Schreibweise.

die ISBN herauszubekommen?), sondern muss auch ziemlich verwirrend gewesen sein. Warum enthalten manche Rezepte ISBNs und andere nicht? Warum enthalten die Quellenangaben manchmal Menschen, manchmal aber Bücher oder Zeitschriften? In den Trainingsdaten tauchen diese Dinge mehr oder weniger zufällig auf. Dadurch hat das neuronale Netz keine Chance, ein zugrunde liegendes Muster zu finden.

```
Mestow Southweet mit Nerzen und Stuff in Wasser
Schweinefleisch, gegrillt
3 Päckchen Lachsbällchen
1 Meersalz und Pfeffer
120 mm Tomaten und Magermilch
2 Becher magere saure Sahne
1 Tasse trockener Weißwein
1 Salz
1 Pfeffer
1 Dose 350-g. Eier; getrennt

Die saure Sahne in die Särkekugel einrühren, um das Fleischlich
sorgfältig zu bedecken, dann säen und servieren lassen (sanft für
eine weitere Nacht) (die Wassermagas von Zimtbrot, wickeln sie ein
und setzen kann getan werden Sherry) in der Mitte eines Kochtopfs
unter ständigem Rühren fast vollständig glatt rühren, etwa
4 Minuten. Rühren Sie das Wasser, das Salz, den Zitronensaft und
das Kartoffelpüree großzügig durch.

In der Butter garen. Sofort servieren. Den Fisch gründlich auf
Tasse schneiden, die restliche 1 Tasse in Scheiben geschnittene
Erbsen, um diese vom Grill für eine weitere Minute Teil unter und
gekühlt zu entfernen. Es hat nicht gebrochen macht eine etwas
andere Dicke. Pro Kekse zu machen Erdbeeren

aus Die Küche von Getopft, Eins. Die Geregauf Chefs Wermele
zu würzig, es ist Seen EICHE:

**** Die von Bon Meshing, 96 1994. MG
(8Fs4.TE, Von: Hoycoomow Koghran*.Lavie: 676
(WR/12-92-1966) entral. Sie tauchen, Tiftigs: ==1

Geteilt von: Dandy Fistary

Ergibt: 10 Portionen
```

In einem anderen Experiment habe ich ein neuronales Netzwerk darauf trainiert, neue Überschriften für Buzzfeed*-Listen zu erzeugen. Meine erste Trainingsrunde war nicht besonders erfolgreich. Hier ein paar Beispiele:

```
11 Videos Unges nervig zu real Woche
29 choses qui aphole donnar desdade
17 Dinge, die Sie nicht perfekt und schön sind
11 choses qui en la persona de perdizar como
11 en 2015 fotos que des zum Endu a ter de viven beementer
   aterre Buden
15 GIFs
14 Gründe, warum Sie keine Zeit für Beauty-School-Dinge haben
11 fotos qui prouitamente tu pasan sie de como amigos para
18 Fotos, die Sie dazu bringen sollten, im Jahr 2014 Bengulta
   zu sein
17 Gründe, warum wir Astroas Admiticational Tryihnall In Nin Leben
```

Die Hälfte der Überschriften ist (im Original) nicht in Englisch, sondern scheint aus einem seltsamen Mischmasch verschiedener europäischer Sprachen zu bestehen. Daraufhin habe ich mir die Trainingsdaten noch einmal angesehen. Immerhin konnte die KI aus beeindruckenden 92.000 Titeln lernen. Die Hälfte der Überschriften war nicht in Englisch. Dadurch verbrachte das neuronale Netz die Hälfte seiner Zeit damit, Englisch zu lernen. Die andere Hälfte brauchte es, um verschiedene gleichzeitig benutzte Sprachen zu unterscheiden. Nachdem ich die Extrasprachen entfernt hatte, verbesserten sich auch die englischen Überschriften:

* Ein amerikanisches Medienportal, das unter anderem durch seine »Best of«-Listen bekannt ist.

```
17 Mal die meisten Hintern
43 Zitate, die Sie garantiert sofort zu einer Meerjungfrau machen
31 Fotos von Ninja Turtles' Haarkostüm
18 Geheimnisse, die Schneemänner Ihnen nicht verraten werden
15 Emo-Fußballfans teilen ihre Wege
27 Weihnachtsdekorationen, die jeder College-Überzwanzig kennt
12 ernsthafte kreative Wege, Hühnerplätze in Sydney zu platzieren
25 unglückliche Keksvorstellungen aus aller Welt
21 Bilder von Essen, die Sie zusammenzucken und sagen lassen:
   »Oh, bin ich traurig?«
10 Erinnerungen, die Sie im Jahr 2015 gesund machen werden
24 Male, in denen Australien das absolut Schlimmste war
23 Memes über das Komisch-Sein, die lustig sind, aber auch zum
   Lachen anregen
18 leckere Speck-Leckereien, die Clowns erstaunlich glücklich machen
29 Dinge, die man mit Tee zu Halloween machen kann
7 Torten
32 Zeichen des haarigen Vaters
```

Da den Algorithmen für maschinelles Lernen der Kontext für die Problemlösung fehlt, können sie nicht zwischen wichtig und unwichtig unterscheiden. Das neuronale Netzwerk für die Erzeugung der Buzzfeed-Überschriften wusste weder, dass es mehr als eine Sprache gibt, noch, dass nur englische Titel gewünscht waren. Nach seiner Vorstellung waren alle Muster gleich wichtig. Das Ausfiltern unnötiger Informationen ist auch bei Algorithmen für die Bilderkennung und -erzeugung ein wichtiges Thema.

Im Jahr 2018 trainierte ein Team von Nvidia ein GAN darauf, verschiedene Bilder zu erzeugen, unter anderem auch von Katzen.[5] In einigen Katzenbildern fanden die Forscher seltsam klotzige textartige Markierungen. Offenbar enthielten einige der Trainingsdaten Katzen-Memes, wodurch der Algorithmus pflichtbewusst einige Zeit damit verbrachte, die Meme-Beschriftungen zu rekonstruieren. 2019 verwendete ein anderes Team den gleichen Datensatz, um eine andere KI namens StyleGAN zu trainieren, die daraufhin ebenfalls versuchte, Katzen mit Meme-Texten zu versehen. Sie verbrachte außerdem eine ziemlich lange Zeit damit, Bilder einer einzelnen Katze zu erzeugen, die unter dem Namen »Grumpy Cat« im Internet große Berühmtheit erlangte.[6]

Andere Bilder erzeugende Algorithmen kamen auf ähnliche Weise durcheinander. Im Jahr 2018 trainierte ein Team bei Google einen Algorithmus namens BigGAN, der besonders gut darin war, verschiedene Bilder zu erzeugen – vor allem Hundebilder (für die es in den Trainingsdaten jede Menge Beispiele gab) und Landschaften (das GAN war sehr gut im Erzeugen von Oberflächenstrukturen). Einige Beispielbilder führten aber auch zu Verwirrung. Die Bilder für »Fußball« zeigten manchmal einen fleischartigen Klumpen, der entfernt an einen menschlichen Fuß erinnerte oder sogar an einen menschlichen Torwart. BigGANs Bilder für »Mikrofon« zeigten oft Menschen, die aber kein Mikrofon in der Hand hielten. Die Beispielbilder enthielten nicht nur die Dinge, die BigGAN erzeugen sollte, sondern auch Personen und Hintergründe, über die das neuronale Netz ebenfalls etwas zu lernen versuchte. Das Problem war, dass BigGAN im Gegensatz zu einem Menschen nicht zwischen einem Objekt und seiner Umgebung unterscheiden konnte. Erinnern Sie sich noch an unser Beispiel aus Kapitel 1 mit den Schafen und den Landschaften? So wie StyleGAN mit verschiedenen Katzenbildern seine Schwierigkeiten hatte, so war BigGAN mit einem Datensatz überfordert, der seine Aufgabe unabsichtlich zu weit fasste.

Bei unordentlichen Daten können Programmierer die Qualität der Ergebnisse vor allem dadurch verbessern, dass sie Zeit investieren, die Daten besser aufzubereiten. Oder sie gehen noch weiter und benutzen ihr Wissen über den Datensatz, um den Algorithmus zu verbessern. Sie könnten beispielsweise Bilder mit Fußbällen aussortieren, die auch andere Dinge enthalten – etwa Landschaften, Tornetze oder den Torwart. Im Fall des Bilderkennungsalgorithmus können Menschen ebenfalls helfen, indem sie die verschiedenen Gegenstände im Bild mit Rahmen oder Umrissen versehen und so das Gewünschte visuell von den Dingen abgrenzen, mit denen es normalerweise assoziiert wird.

In vielen Fällen können aber auch saubere Daten noch genug Probleme verursachen.

Is this the real life?

Wie gesagt, auch mit relativ sauberen Daten ohne zeitfressende Elemente kann es passieren, dass die KI auf die Nase fällt, weil die Daten die Realität nicht korrekt abbilden.

Schauen wir uns zum Beispiel Giraffen an.

Unter KI-Forschern und -Kennern haben KIs den Ruf, überall Giraffen zu sehen. Zeigen Sie einer KI irgendein zufällig ausgewähltes Landschaftsfoto – etwa einen Teich oder ein paar Bäume –, hat sie die Tendenz, Giraffen darin zu erkennen. Der Effekt ist so verbreitet, dass die Internetsicherheitsexpertin Melissa Elliott für das Phänomen des Übererkennens (engl. *Overreporting*) relativ seltener Dinge den Begriff der *Giraffisierung* (engl. *Giraffing*) vorgeschlagen hat.[7]

Der Grund dafür liegt natürlich in den Trainingsdaten der KI. Obwohl Giraffen verhältnismäßig selten vorkommen, werden Menschen eine Giraffe (»Hey cool, eine Giraffe!«) deutlich öfter fotografieren als beispielsweise eine langweilige Landschaft. Die großen kostenlosen Bilddatensätze, mit denen so viele KI-Forscher ihre Algorithmen trainieren, enthalten häufig viele Tierbilder, aber eher wenige Bilder von leeren Landschaften oder Bäumen. Studiert eine KI einen solchen Datensatz, wird sie lernen, dass Giraffen deutlich häufiger vorkommen als leere Felder, und ihre Vorhersagen entsprechend anpassen.

Ich habe das mit dem oben erwähnten Visual Chatbot getestet – und egal wie langweilig die Bilder waren, die ich ihm gezeigt habe, der Bot war fest davon überzeugt, dass es die beste Safari der Welt war.

Eine giraffisierte KI kann die gesehenen Daten ausgezeichnet wiedergeben, nicht aber die echte Welt. Nicht nur Tiere und Landschaften kommen in den Trainingsdaten zu oft oder zu selten vor. So haben einige Menschen beispielsweise darauf hingewiesen, dass Wissenschaftlerinnen im Vergleich zu Wissenschaftlern bei gleichen Leistungen in der *Wikipedia* deutlich unterrepräsentiert sind. (Über Donna Strickland, der 2008 der Physik-Nobelpreis verliehen wurde, gab es vor ihrer Ehrung keinen *Wikipedia*-Artikel – früher im gleichen Jahr wurde ein Artikelentwurf über sie noch zurückgewiesen, weil der Redakteur sie nicht für berühmt genug hielt.)[8] Eine mit *Wikipedia*-Artikeln trainierte KI könnte denken, dass es nur sehr wenige erwähnenswerte Wissenschaftlerinnen gibt.

Andere Eigentümlichkeiten von Datensätzen

Manchmal treten die Eigenarten bestimmter Datensätze in trainierten Modellen für maschinelles Lernen auf sehr überraschende Weise zutage. 2018 gaben Benutzer von Google Translate eine Reihe ständig sich wiederholende Nonsens-Silben ein und ließen diese ins Englische übertragen. Die Ergebnisse waren erstaunlich schlüssig – und irgendwie biblisch.[9] Jon Christian von der Website *Motherboard* fand beispielsweise heraus, dass

```
»ag ag ag ag ag ag ag ag ag ag ag ag ag ag ag ag ag ag ag ag ag«
```

bei der Übersetzung von Somali ins Englische dies ergab:

```
»As a result, the total number of the members of the tribe of the
   sons of Gershon was one hundred fifty thousand«
(So betrug die Gesamtzahl der Mitglieder des Stammes der Söhne
   Gersons einhundertfünfzigtausend)
```

während

```
»ag ag ag ag ag ag ag ag ag ag«
```

beim gleichen Sprachpaar dazu wurde:

```
»And its length was one hundred cubits at one end«
(Und seine Länge war hundert Ellen an einem Ende)
```

Nachdem *Motherboard* Google darüber informiert hatte, verschwanden die seltsamen Übersetzungen, aber die Frage blieb: Was war eigentlich passiert? Die Redakteure berieten sich mit Experten für maschinelle Übersetzungen, die meinten, das Problem hätte damit zu tun, dass Google Translate maschinelles Lernen für seine Übersetzungen verwendete. Bei maschinellen Übersetzungen lernt der Algorithmus, Wörter und Sätze zu übersetzen, indem er sich von Menschen übersetzte Beispielphrasen ansieht. Er lernt, welche Textbausteine in welchem Kontext zu welchen Phrasen übersetzt werden. Dabei kommen recht realistische Übersetzungen heraus, die selbst bei speziellen Redewendungen oder Umgangssprache noch ganz gut funktionieren.

Googles Übersetzungsalgorithmus stellte eine der ersten kommerziellen Anwendungen dar, die im großen Stil maschinelles Lernen einsetzte. Das sorgte für weltweite Aufmerksamkeit, weil sich dadurch Googles Übersetzungsdienst 2010 quasi über Nacht deutlich verbesserte. Wie wir aus Kapitel 2 wissen, funktionieren Algorithmen für maschinelles Lernen am besten, wenn sie möglichst viele Beispiele haben, aus denen sie lernen können. Die Experten stellten die Theorie auf, dass Google Translate zu der Zeit, als obige Übersetzungen entstanden, nicht viele Beispiele für übersetzte Texte zur Verfügung standen. Gleichzeitig war die Bibel sehr wahrscheinlich Teil des Datensatzes, weil sie bereits in so viele Sprachen übersetzt worden war. Verunsichert darüber, wie die richtige Übersetzung lauten könnte, spuckte der Algorithmus von Google Translate vermutlich standardmäßig Teile seiner Trainingsdaten aus – was die seltsam religiösen Fragmente erklären würde.

Als ich das 2018 überprüfen wollte, waren die biblischen Texte verschwunden. Dennoch hatte Google Translate offenbar weiterhin Probleme mit sich wiederholenden unsinnigen Silben.*

Zum Beispiel habe ich die Leerzeichen eines englischen Satzes verschoben und den resultierenden Unsinn von Maori ins Englische übersetzt. Hier einige der Ergebnisse:

```
ih ave noi dea wha tthi ssen tenc eis sayi ng →
(Ich habe keine Ahnung was dieser Satz aussagen soll)
Your email address is one of the most important features in
   this forum
(Ihre E-Mail-Adresse ist eines der wichtigsten Merkmale
   dieses Forums)
```

* Der Algorithmus von Google Translate wird ständig aktualisiert, sodass sich diese Ergebnisse im Laufe der Zeit erheblich ändern.

```
ih ave noi dea wha tthi ssen tenc eis sayi ngat all →
(Ich habe überhaupt keine Ahnung was dieser Satz aussagen soll)
This is one of the best ways you can buy one or more of these
(Dies ist eine der besten Möglichkeiten, mehr davon zu kaufen)

ih ave noi dea wha tthi ssen tenc eis sayi ngat all ple aseh elp →
(Ich habe überhaupt keine Ahnung was dieser Satz aussagen soll
   bitte helfen Sie)
In addition, you will be able to find out more about the queries
(Außerdem können Sie mehr über die Abfragen erfahren)
```

Dieses Verhalten ist seltsam und witzig, hat aber auch eine ernste Seite. Viele proprietäre neuronale Netzwerke werden mit teilweise sehr vertraulichen Kundeninformationen trainiert (und nicht mit Bibelzitaten). Wenn trainierte Netze so abgefragt werden können, dass sie Informationen aus den Testdaten preisgeben, kann das ein ziemlich hohes Sicherheitsrisiko sein.

Im Jahr 2017 haben Forscher des Google-Brain-Projekts gezeigt, dass ein Standardalgorithmus für Sprachübersetzungen in der Lage war, sich kurze Zahlenfolgen zu merken, zum Beispiel Kreditkarten- oder Sozialversicherungsnummern. Das funktionierte sogar, wenn die Zahlen nur viermal in einem Datensatz aus Hunderttausenden englisch-vietnamesischer Satzpaare vorkamen.[10] Selbst ohne Zugriff auf die Trainingsdaten oder die Innereien der KI fanden die Forscher heraus, dass die KI sich bei einer Übersetzung sicherer war, wenn sie ein exaktes Satzpaar aus den Trainingsdaten schon kannte. Indem sie die Zahlen in einen Testsatz wie »Meine Sozialversicherungsnummer lautet XXX-XX-XXXX« einbetteten, waren die Forscher in der Lage, die Sozialversicherungsnummern herauszufinden, die die KI während ihres Trainings gesehen hatte. Daraufhin trainierten sie ein RNN mit einem Datensatz aus über 100.000 E-Mails, die vertrauliche Informationen über Mitarbeiter enthielten. Diese waren von der US-Regierung als Teil ihrer Ermittlungen gegen den Enron-Konzern (ja, *der* Enron-Konzern*) gesammelt worden. Die Forscher konnten anhand der Vorhersagen des neuronalen Netzwerks mehrere Sozialversicherungs- und Kreditkartennummern extrahieren. Das Netz hatte sich die Informationen so gemerkt, dass sie von beliebigen Benutzern wiederhergestellt werden konnten – selbst ohne Zugang zu den Originaldaten. Dieses Problem nennt man **unfreiwilliges Auswendiglernen (Unintentional Memorization)**. Es kann durch passende Sicherheitsmaßnahmen verhindert werden – oder indem von vornherein keine sensiblen Daten für das Training neuronaler Netzwerke verwendet werden.

* Stichwort Bilanzfälschung, einer der größten Unternehmensskandale, die die US-Wirtschaft erlebt hat (siehe *https://de.wikipedia.org/wiki/Enron*).

Fehlende Daten

Eine weitere Möglichkeit, eine KI zu sabotieren, besteht darin, ihr einfach wichtige Daten vorzuenthalten.

Menschen nutzen selbst für die einfachsten Entscheidungen eine *Menge* Informationen. Vielleicht wollen wir einen Namen für unsere Katze finden. Wir können uns eine ganze Reihe von Katzen vorstellen, deren Namen wir kennen, und so eine grobe Idee davon entwickeln, wie ein Katzenname klingen sollte. Ein neuronales Netz kann das auch. Hierfür sieht es sich eine lange Liste mit Katzennamen an und findet häufig vorkommende Buchstabenkombinationen oder sogar Wörter heraus. Was das Netz aber nicht kennt, sind die Wörter, die *nicht* in der Liste stehen. Menschen wissen, welche Wörter zu vermeiden sind, KIs nicht. Dadurch kann es passieren, dass die von einem rekurrenten neuronalen Netzwerk erzeugten Katzennamen Einträge wie diese enthalten:

```
Hurler (Schleuderer)
Hurker (??)
Jexley Pickle (Jexley-Essiggurke)
Sofa (Sofa)
Trickles (Tröpfel)
Clotter (Gerinner)
Moan (Stöhn)
Toot (Hup)
Pissy (...)
Retchion (Würgion)
Scabbys (Schorfi)
Mr Tinkles (Mister Pinkel)
```

Vom Klang und der Wortlänge her haben sie tatsächlich eine gewisse Ähnlichkeit mit gebräuchlichen (englischen) Katzennamen. Das hat die KI ganz gut hinbekommen, aber versehentlich sind auch ein paar eher ungewöhnliche Wörter dazwischengerutscht.

Manchmal ist ein seltsames Ergebnis aber auch gewollt, und genau da können neuronale Netze ihre ganz Stärke ausspielen. Weil sie mit Buchstaben und Klängen anstelle von Bedeutung und kulturellem Kontext arbeiten, können sie Kombinationen finden, die einem Menschen niemals eingefallen wären. Erinnern Sie sich noch die Halloweenkostüme? Ich habe das RNN angewiesen, diese Kostüme zu imitieren. Hier einige der Ergebnisse:

```
Bird Wizard (Vogelmagier)
Disco Monster
```

The Grim Reaper Mime (Der Sensenmann-Pantomime)
Spartan Gandalf (Spartanischer Gandalf)
Moth horse (Mottenpferd)
Starfleet Shark (Sternenflotten-Hai)
A masked box (Eine maskierte Kiste)
Panda Clam (Pandamuschel)
Shark Cow (Hai-Kuh!)
Zombie School Bus (Zombie-Schulbus)
Snape Scarecrow (Snape-Vogelscheuche)
Professor Panda
Strawberry shark (Erdbeerhai)
King of the Poop Bug (König der Kackwanze*)
Failed Steampunk Spider (Gescheiterte Steampunk-Spinne)
lady Garbage (Damenmüll)
Ms. Frizzle's Robot (Frau Brutzels Roboter)
Celery Blue Frankenstein (Sellerieblauer Frankenstein)
Dragon of Liberty (Drache der Freiheit)
A shark princess (Eine Haiprinzessin)
Cupcake pants (Törtchenhose)
Ghost of Pickle (Geist der Essiggurke)
Vampire Hog Bride (Vampir-Schweinebraut)
Statue of pizza (Pizzastatue)
Pumpkin picard (Kürbis-Picard)

Text erzeugende RNNs erschaffen Unlogisches, weil ihre Welt im Grunde selbst nicht logisch ist. Enthalten die Trainingsdaten keine spezifischen Beispiele, kann das neuronale Netz nicht wissen, warum »Zombie-Schulbus« unpassend ist, während »Zauberschulbus« prima funktioniert, weil es eine US-amerikanische Zeichentrickserie ist, oder warum »Geist der vergangenen Weihnacht« ein passenderes Kostüm ist (weil die Figur aus einer Weihnachtsgeschichte von Charles Dickens stammt), während »Geist der Essiggurke« deutlich unbeliebter ist. An Halloween kann das aber recht praktisch sein, wenn es Ihnen Spaß macht, als einzige Person auf der Party als »König der Kackwanze« oder »Törtchenhose« verkleidet zu sein.

Durch ihre begrenzte, eng umrissene Wahrnehmung der Welt können KIs selbst bei relativ alltäglichen Dingen in Schwierigkeiten geraten. Unser »alltäglich« ist für eine KI immer noch ein sehr weit gefasster Begriff. Daher ist es sehr schwer, eine KI zu erschaffen, die für alle Eventualitäten gerüstet ist.

Der Algorithmus zur Bilderkennung bei Microsoft Azure (der gleiche, der überall Schafe zu sehen meinte) wurde so entwickelt, dass er jede vom Nutzer hochgeladene Bilddatei genau beschriftet, sei dies nun ein Foto, ein

* Danke dafür, DeepL.

Gemälde oder auch eine Strichzeichnung. Also gab ich ihr ein paar Skizzen zur Identifizierung.

Nahaufnahme eines Geräts

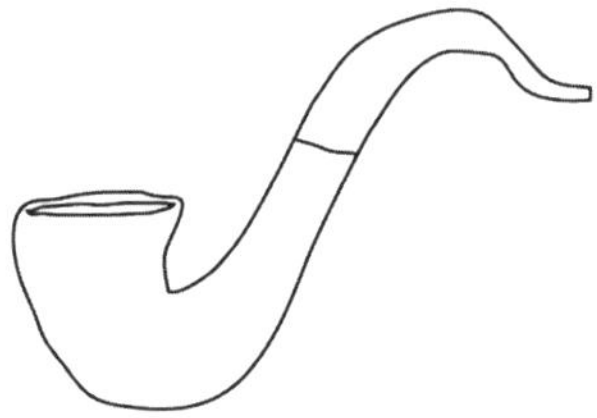

Nahaufnahme einer Lampe

Zeichnung einer Landkarte

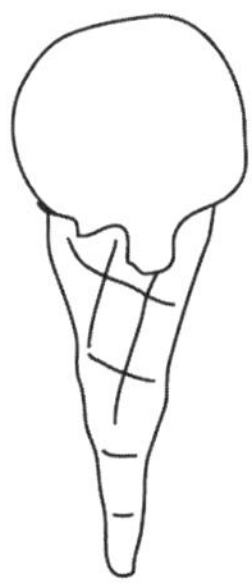

Nahaufnahme eines Basketballkorbs

Meine künstlerischen Fähigkeiten sind sicher nicht überragend, aber auch nicht wirklich schlecht. Ich will hier eigentlich nur zeigen, was passiert, wenn sich ein Algorithmus zu sehr anstrengt. Die Identifikation von Bildinhalten ist ziemlich genau das Gegenteil von einer eng umrissenen Aufgabe, für die sich KIs besonders gut eignen. Die meisten Bilder, die Azure während seines Trainings sah, waren Fotografien. Daher verlässt sich der Algorithmus stark auf Oberflächenstrukturen (Texturen), um das Bild zu verstehen. Ist das Fell, oder könnte es auch Gras sein? Meine Strichzeichnungen enthalten keine hilfreichen Texturen, und dem Algorithmus fehlt für ihr Verständnis einfach die Erfahrung. (Dabei schlug sich der Azure-Algorithmus deutlich besser als viele andere Bilderkennungsalgorithmen, die jede meiner Strichzeichnungen als »UNK« klassifizierte, was für »unknown«, also »unbekannt« steht.) Forscher arbeiten daran, Bilderkennungsalgorithmen mit Cartoons, Zeichnungen und Fotos zu trainieren, deren Oberflächenstrukturen stark verändert wurden. Der Gedanke dahinter ist, dass eine KI, die so gut wie ein Mensch erfassen kann, was sie gerade sieht, auch in der Lage sein sollte, Cartoons zu verstehen.

Es gibt einen Algorithmus, der darauf spezialisiert ist, einfache Skizzen zu erkennen. Hierfür haben Forscher bei Google ihren Quick-Draw-Algorithmus mit Millionen von Skizzen trainiert, indem sie Personen in einer Art Montagsmaler*-Spiel gegen den Computer antreten ließen. Als Ergebnis kann der Algorithmus mehr als 300 verschiedene Objekte erkennen, und das sogar, obwohl sich die zeichnerischen Fähigkeiten der Teilnehmer stark unterscheiden. Hier ein paar Beispielskizzen aus den Trainingsdaten für *Känguru*:[11]

Quick Draw erkannte meine Kängurus sofort.[12] Es erkannte auch die Gabel und die Eistüte. Die Pfeife machte ihm etwas Schwierigkeiten, weil sie keine der ihm bekannten 345 Objekte war. Es entschied daher, dass sie entweder ein Schwan oder ein Gartenschlauch sein müsse.

Da Quick Draw aber eben nur diese 345 Dinge kannte, waren viele seiner Antworten auf meine Skizzen besonders seltsam.

* Eine zwischen 1974 und 1996 beliebte deutsche Fernsehsendung, bei der Menschen anhand einer schnell gezeichneten Skizze erraten mussten, was auf dem Bild zu sehen ist.

Das ist auch vollkommen in Ordnung, wenn Sie, wie ich, Skurrilität zum Ziel haben. Dennoch führt dieses unvollständige Weltbild in manchen Anwendungen zu echten Problemen – zum Beispiel bei der automatischen Textvervollständigung. Wie wir in Kapitel 3 gesehen haben, nutzen Smartphones für die Textvervollständigung normalerweise eine Form des maschinellen Lernens, die als Markow-Kette bezeichnet wird. Dabei haben Unternehmen echte Probleme, die KI davon abzuhalten, munter diskriminierende oder beleidigende Vorschläge zu machen. Einmal erzählte Daan van Esch, Projektmanager für die Android-Autokorrektur-App GBoard, der Internetlinguistin Gretchen McCulloch: »Wenn du ›Ich gehe zu Omas …‹ eingetippt hast, schlug GBoard eine Zeitlang ›Begräbnis‹ als Ergänzung vor. Das ist im Prinzip ja auch nicht falsch. Vielleicht wird die Formulierung einfach öfter verwendet als ›zu Omas Rave Party‹. Andererseits möchte man an solche Dinge auch nicht unbedingt erinnert werden. Hier sollte man etwas besser aufpassen.« Eine KI weiß nicht, dass diese eigentlich vollkommen korrekte Vorhersage vielleicht doch nicht die richtige Antwort ist. Menschen mussten eingreifen und der KI beibringen, dieses Wort nicht mehr vorzuschlagen.[13]

Ich sehe vier Giraffen

In Visual Chatbot, einer KI, die darauf trainiert wurde, Fragen zu Bildern zu beantworten, gibt es eine Menge interessanter datenbezogener Seltsamkeiten. Die Forscher, die den Bot trainierten, verwendeten hierfür einen per Crowdsourcing zusammengetragenen Datensatz aus Fragen und Antworten zu verschiedenen Bildern. Wie wir inzwischen wissen, können unausgewogene Trainingsdaten die Antworten der KI verfälschen. Also bereiteten die Forscher ihre Daten so auf, dass bekannte Tendenzen vermieden wurden. Eines dieser Vorurteile war das sogenannte **visuelle Priming**. Menschen haben die Tendenz, Fragen zu Bildern so zu stellen, dass die Antwort »Ja« lautet. Menschen fragen eher selten: »Siehst du einen Tiger?«, wenn das Bild offensichtlich keinen Tiger enthält. Infolgedessen lernt eine mit diesen Daten trainierte KI, dass die Antwort auf die meisten Fragen »Ja« lautet. Einmal fand die mit einem nicht neutralen Datensatz trainierte KI heraus, dass sie eine Genauigkeit von 87 Prozent erreichen konnte, wenn sie Fragen, die mit »Siehst du ein(e/n) …« begannen, grundsätzlich mit »Ja« beantwortete. Das kennen wir bereits vom Problem der Klassenungleichheit aus Kapitel 3. Eine große Zahl ungenießbarer Sandwiches führte dazu, dass die KI glaubte, Menschen müssten Sandwiches grundsätzlich hassen.

Um das visuelle Priming zu vermeiden, verbargen die Programmierer bei der Sammlung der Crowdsourcing-Daten das Bild, zu dem die Fragen gestellt werden sollten. Dadurch zwangen sie die Menschen, allgemeine Ja-oder-Nein-Fragen zu stellen, die auf beliebige Bilder anwendbar waren. Auf diese Weise erreichten sie ein ungefähres Gleichgewicht zwischen den positiv und den negativ beantworteten Fragen im Datensatz.[14] Aber selbst das reichte nicht aus, um die Probleme zu beseitigen.

Der Datensatz hat eine besonders unterhaltsame Eigenheit. Er ist »giraffisiert« (was das ist, haben wir im Abschnitt »Is this the real life?« besprochen). Mit Bildern von Personen in einem Meeting oder von einem Wellenreiter kommt der Bot recht gut klar – bis Sie fragen, wie viele Giraffen das Bild enthält. Egal was wirklich zu sehen ist: Der Bot wird antworten, dass das Bild mindestens eine Giraffe enthält oder vier oder sogar »zu viele, um sie zu zählen«.

Wo liegt die Wurzel dieses seltsamen Problems? Bei der Sammlung der Daten fragten die Menschen nur selten: »Wie viele Giraffen enthält das Bild?«, wenn keine zu sehen waren. Warum sollten sie auch? In einem normalen Gespräch fragen sich die Leute ja auch nicht gegenseitig über die Anzahl der Giraffen aus, wenn sie wissen, dass es keine gibt. Visual Chatbot war zwar auf ein normales Gespräch innerhalb der Grenzen der Höflichkeit vorbereitet, nicht aber auf absonderliche Menschen, die Zufallsfragen über Giraffen stellen.

Und weil die KI an normalen Konversationen zwischen normalen Menschen trainiert wurde, ist sie auf andere Seltsamkeiten vollkommen unvorbereitet. Wenn Sie Visual Chatbot einen blauen Apfel zeigen und fragen, welche Farbe er hat, wird der Bot mit »Rot« oder »Gelb« oder irgendeiner anderen für einen Apfel normalen Farbe antworten. Anstatt die tatsächliche Farbe eines Objekts herauszufinden – eine schwere Aufgabe –, hat Visual Chatbot gelernt, dass die Antwort auf die Frage nach der Farbe eines Apfels fast immer »Rot« lautet. Das Gleiche passiert, wenn Sie dem

Bot das Bild eines hellblau oder orange eingefärbten Schafs zeigen und ihn dann nach dessen Farbe fragen. Visual Chatbot wird auch hier mit einer Standardfarbe für Schafe wie »Schwarz und Weiß« oder »Weiß und Braun« antworten.

Tatsächlich hat Visual Chatbot nur wenige Möglichkeiten, um Unsicherheit auszudrücken. In den Trainingsdaten wussten die Menschen, was im Bild vor sich ging, selbst wenn einige Detailfragen wie »Was steht auf dem Schild?« nicht beantwortet werden konnten, weil es verdeckt war. Auf die Frage »Welche Farbe hat das X?« lernte Visual Chatbot zu antworten: »Das kann ich nicht sagen, das Bild ist schwarz-weiß«, selbst wenn das Bild offensichtlich farbig war. Auf Fragen wie »Welche Farbe hat ihr Hut?« antwortet der Bot: »Keine Ahnung, ich kann ihre Füße nicht sehen.« Er gibt plausible Erklärungen für seine Verwirrung, allerdings in einem vollkommen falschen Kontext. Andererseits wird Visual Chatbot auch keine totale Verwirrung ausdrücken, denn die Menschen, die ihn trainiert haben, waren auch nicht verwirrt. Wenn Sie Visual Chatbot ein Bild von BB-8, dem kugelförmigen Roboter aus *Star Wars*, zeigen, wird der Bot erklären, es handle sich um einen Hund, und auch folgende Fragen entsprechend beantworten. In anderen Worten: Der Bot blufft.

Eine KI kann im Training nur eine begrenzte Datenmenge sehen, und genau das ist für Anwendungen wie selbstfahrende Autos oft das Problem. Die KIs müssen mit den unendlichen Seltsamkeiten der Menschenwelt klarkommen und entscheiden, wie sie damit umgehen sollen. Wie ich bereits in Kapitel 2 im Abschnitt über selbstfahrende Autos gesagt habe, ist das Fahren auf echten Straßen ein sehr weit gefasstes Problem. Das gilt auch für den Umgang mit den vielen Dingen, die ein Mensch sagen oder zeichnen kann. Als Ergebnis versucht die KI, auf Basis ihres begrenzten Weltbilds die bestmögliche Vermutung anzustellen. Die Ergebnisse können urkomisch sein oder auch auf tragische Weise falsch.

Im folgenden Kapitel sehen wir uns KIs an, die ihre Aufgaben sehr gut bewältigt haben – nur haben wir sie versehentlich angewiesen, die falschen Probleme zu lösen.

Worum geht es wirklich? – Die KI löst das falsche Problem

Ich habe ein neuronales Netzwerk geschrieben, das Gewinne von Pferdewetten maximieren sollte. Nach Ansicht des Netzes bestand die beste Strategie darin – Trommelwirbel –, ***keine*** *Wetten abzuschließen.*

– @citizen_of_now[1]

Ich habe versucht, einen Roboter evolutionär weiterzuentwickeln, damit er nicht gegen Wände rennt:

1. Er entwickelte die Fähigkeit, sich überhaupt nicht zu bewegen: Damit war das Problem gelöst.
2. Ich fügte eine Fitnessfunktion hinzu, die Bewegung belohnte: Daraufhin drehte sich der Roboter auf der Stelle um die eigene Achse.
3. Ich fügte eine Fitnessfunktion für seitliche Bewegung hinzu: Er bewegte sich in kleinen Kreisen.
4. ... und so weiter ...

Passender Buchtitel: »Evolutionäre Entwicklung eines Programmierers«

– @DougBlank[2]

Ich habe meinen Staubsaugerroboter Roomba mit einem neuronalen Netzwerk verbunden. Er sollte lernen, sich zu bewegen, ohne irgendwo anzustoßen. Ich entwickelte ein Belohnungsschema, das Geschwindigkeit belohnt und das Auslösen der Stoßfängersensoren bestraft. Das Netz lernte, rückwärts zu fahren, weil der Roomba dort keine Stoßfänger hat.

– @smingleigh[3]

Ich wollte einen Roboterarm darauf trainieren, Pfannkuchen zu machen. In einem ersten Test versuchte ich, dem Arm beizubringen, einen Pfannkuchen auf einen Teller zu werfen. Das erste Belohnungsschema war einfach: Die KI erhielt für jeden Zwischenschritt in der Session eine kleine Belohnung. Die Session endet, wenn der Pfannkuchen auf dem Boden landet. Ich dachte, dadurch wäre der Algorithmus motiviert, den Pfannkuchen möglichst lange in der Pfanne zu behalten. Stattdessen lernte er, den Pfannkuchen möglichst weit zu schleudern und dadurch die Flugdauer zu erhöhen ... 1:0 für den Pfannkuchen-Bot.

– Christine Barron[4]

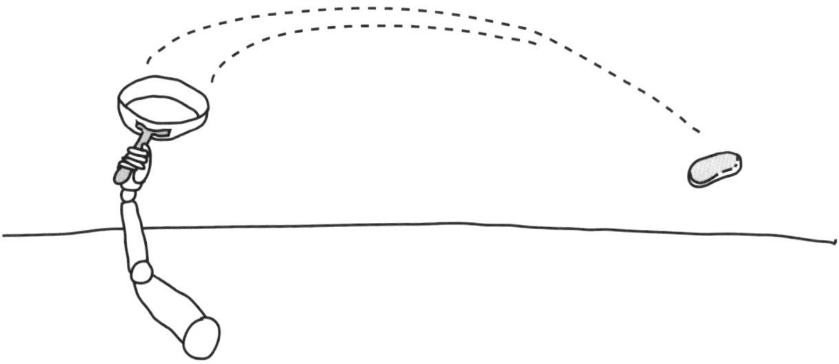

Wie wir sehen, gibt es viele Möglichkeiten, eine KI durch fehlerhafte oder unpassende Daten zu sabotieren. Eine andere Art von Fehlern tritt auf, wenn wir der KI nicht genau genug sagen, was sie tun soll. Auch in diesem Fall wird die KI ihre Aufgabe gewissenhaft ausführen, dabei aber nicht tun, was wir eigentlich wollten.

Warum haben KIs diesen starken Drang, das falsche Problem zu lösen?

1. Sie entwickeln ihre eigene Problemlösungsstrategie, anstatt den schrittweisen Anweisungen eines Programmierers zu folgen.
2. Ihnen fehlt der nötige Kontext, um zu verstehen, dass Menschen eine andere Lösung bevorzugt hätten.

Damit die KI selbstständig die richtige *Lösung* finden kann, muss der Programmierer dafür sorgen, dass die KI auch wirklich das richtige *Problem* bearbeitet. Hierfür sind üblicherweise die folgenden Schritte wichtig:

1. Die Zieldefinition muss so klar beschrieben sein, dass die KI auf nützliche Antworten beschränkt wird.
2. Es muss überprüft werden, ob die KI vielleicht trotzdem eine unnütze Lösung gefunden hat.

Es ist gar nicht so einfach, ein Ziel so zu formulieren, dass die KI es nicht versehentlich falsch interpretieren kann. Das gilt besonders, wenn die falsch interpretierte Version der Aufgabe leichter lösbar ist als das, was Sie eigentlich wollten.

Das Problem ist, dass KIs bei Weitem nicht genug über ihre Aufgaben wissen, um Kontext, ethische Aspekte oder grundsätzliche biologischen Eigenschaften zu erkennen. Eine KI kann bei Bildern von Lungen zwischen gesund und krank unterscheiden, ohne wissen zu müssen, wie eine Lunge überhaupt funktioniert, welche Größe sie hat, dass sie sich in einem Menschen befindet – oder auch nur, was ein Mensch überhaupt ist. KIs haben keinen »gesunden Menschenverstand« (wie auch?), und sie wissen nicht, wann sie um Klärung bitten müssen. Geben Sie ihr ein Ziel, zum Beispiel das Imitieren bestimmter Daten oder die Maximierung einer **Belohnungsfunktion** (etwa für eine zurückgelegte Strecke oder gesammelte Punkte in einem Videospiel), wird sie ihre Aufgabe erledigen – egal ob damit das Problem gelöst wird oder nicht.

Programmierer, die mit KI arbeiten, haben gelernt, die Sache philosophisch zu betrachten.

»Ich habe mir angewöhnt, [die KI] als einen Dämon zu betrachten, der seine Belohnung absichtlich falsch interpretiert und aktiv nach dem Optimum sucht, bei dem sie möglichst faul sein kann. Das klingt lächerlich, aber die Einstellung kann tatsächlich recht produktiv sein«, schreibt Alex Irpan, KI-Forscher bei Google.[5]

Ein anderer frustrierter Programmierer versuchte, virtuellen Roboterhunden das Laufen beizubringen. Im Ergebnis zappelten die Hunde über den Boden, machten seltsame Liegestütze mit gekreuzten Hinterläufen und hackten sogar die physikalischen Eigenschaften der Simulation, um gleiten zu können.[6] Wie der Entwickler Sterling Crispin hierzu auf Twitter schrieb:

> *Ich dachte, ich mache Fortschritte ... aber diese VOLLIDIOTEN haben einen Fehler in der Physiksimulation entdeckt und nutzen diesen jetzt aus, um wie absolute Schummler über den Boden zu gleiten.*

Im Kampf gegen die Tendenz der Roboter, alles zu tun, *außer* zu laufen, passte Crispin seine Belohnungsfunktionen immer weiter an und führte schließlich eine »Stepptanz-Strafe« ein, um zu verhindern, dass sie auf dem

Boden herumrutschten. Außerdem gab es eine »Bodenberührungsbelohnung«, um das Schwebeproblem in den Griff zu bekommen. Crispin belohnte die Roboterhunde außerdem dafür, dass sie ihre Körper vom Boden hoben. Als sie daraufhin begannen, mit dem Hintern in der Luft durch die Gegend zu rutschen, sorgte eine weitere Belohnung dafür, dass der Hintern waagerecht gehalten wurde. Um zu verhindern, dass sie darauf bestanden, mit gekreuzten Hinterläufen zu laufen, belohnte er sie dafür, die Unterschenkel hochzuheben. Um das Herumtaumeln in den Griff zu bekommen, führte er *noch eine* Belohnung für das Geradehalten ihrer Körper ein ... und so weiter. Es war schwer zu sagen, ob hier ein wohlwollender Programmierer seinen Roboterhunden Tipps zur richtigen Benutzung ihrer Beine geben wollte oder ob es wie in einem Fantasy-Rollenspiel eine Willenskraftprobe zwischen dem Programmierer und den Robodogs war, die Einfach. Nicht. Laufen. Wollten. (Außerdem gab es ein kleines Problem, als die Roboterhunde zum ersten Mal auf Gelände trafen, das nicht vollkommen glatt und flach war. Schon bei der kleinsten Unebenheit fielen sie voll auf die Nase.)

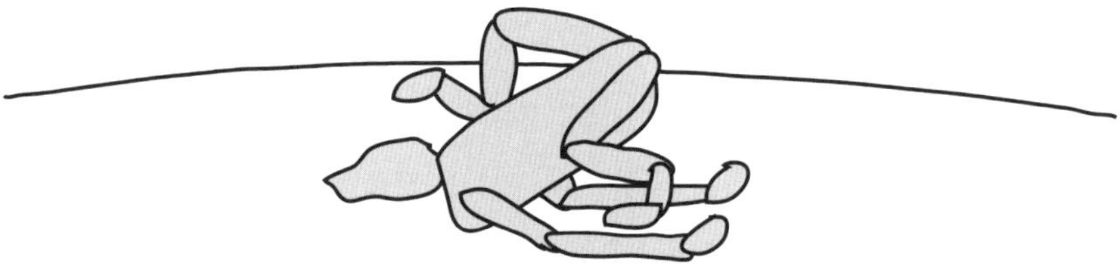

Tatsächlich hat das Training eines Algorithmus für maschinelles Lernen viele Gemeinsamkeiten mit dem Training von Hunden. Selbst wenn die Hunde kooperativ sind, kann es passieren, dass man ihnen versehentlich etwas Falsches beibringt. Hunde haben einen so ausgezeichneten Geruchssinn, dass sie menschliche Krebszellen erschnüffeln können. Die Trainer müssen den Hunden das aber an mehreren verschiedenen Menschen beibringen. Sonst lernen sie, die verschiedenen Patienten zu unterscheiden, anstatt den Krebs zu erkennen.[7] Im Zweiten Weltkrieg gab es ein ziemlich düsteres sowjetisches Projekt, in dem Hunden darauf trainiert wurden, Bomben zu feindlichen Panzern zu bringen.[8] Dabei gab es einige Probleme:

1. Die Hunde wurden darauf trainiert, zu den Panzern zu laufen, indem Futter darunter platziert wurde. Aber um Treibstoff und Munition zu sparen, fuhren und schossen die heimischen Panzer beim Training nicht. Die Hunde wussten daher nicht, was zu tun war, wenn die Panzer sich bewegten, und das Schießen verängstigte sie.

2. Die sowjetischen Panzer, an denen die Hunde trainiert wurden, rochen anders als die deutschen Panzer, die die Hunde eigentlich aufspüren sollten – sie benutzen Benzin. Die sowjetischen Panzer fuhren dagegen mit Diesel.

Das Ergebnis war, dass die Hunde in Kampfsituationen deutsche Panzer mieden und verwirrt zu den sowjetischen Soldaten zurückkehrten oder sogar sowjetische Panzer aussuchten. Das fanden die sowjetischen Soldaten nun überhaupt nicht Ordnung – zumal die Hunde die Bomben ja immer noch bei sich trugen.

In der Sprache des maschinellen Lernens wird dieses Problem als **Überanpassung** (*Overfitting*) bezeichnet. Die Hunde waren auf die Bedingungen vorbereitet, die sie aus ihrem Training kannten. Diese Umstände entsprachen aber nicht der Realität. Auf ähnliche Weise waren die Roboterhunde zu sehr an die seltsame Physik ihrer Simulation angepasst, indem sie Schwebe- und Gleitstrategien anwandten, die in der realen Welt niemals funktionieren würden.

Das Training von Tieren und von Algorithmen für maschinelles Lernen ähnelt sich aber noch in einer anderen Weise: in den verheerenden Auswirkungen fehlerhafter Belohnungsfunktionen.

Belohnungsfunktionen hacken

Delfintrainer haben festgestellt, dass die Tiere ihnen beim Sauberhalten der Becken helfen können. Hierfür müssen sie den Tieren nur beibringen, Müll einzusammeln und diesen beim Trainer gegen einen Fisch als Belohnung einzutauschen. Das funktioniert aber nicht immer gleich gut. Einige Delfine haben gelernt, dass sich der Wechselkurs niemals ändert, egal wie groß das Stück Abfall ist. Sie lernten, Müll zu lagern. Statt alles auf einmal zurückzubringen, rissen sie kleine Stücke ab, um jedes Mal einen ganzen Fisch dafür zu bekommen.[9]

Natürlich hacken auch Menschen ihre Belohnungsfunktionen. In Kapitel 4 habe ich erzählt, dass Forscher, die Menschen anstellen, um über Dienste wie Amazon Mechanical Turk Trainingsdaten zu erzeugen, manchmal bemerken, dass die Arbeit stattdessen von Bots erledigt wurde. Auch das könnte man als fehlerhafte Belohnungsfunktion ansehen. Wenn die Bezahlung auf der Menge der beantworteten Fragen und nicht auf der Qualität der Antworten basiert, ist es tatsächlich profitabler, Bots für die Beantwortung zu programmieren, anstatt selbst tätig zu werden. In gleicher Weise können viele Verbrechen und Betrügereien als eine Form des Hackings von Belohnungsfunktion angesehen werden. Selbst Ärzte können ihre Belohnungsfunktionen hacken. In den USA sollen Bewertungskarten (sogenannte Doctor Report Cards) Patienten helfen, die besten Ärzte zu finden und solche zu meiden, bei denen die Überlebensrate bei Operationen unter dem Durchschnitt liegt. Die Karten sollen die Ärzte außerdem motivieren, ihre Leistungen zu verbessern. Stattdessen begannen die Ärzte, Patienten mit riskanten Operationen oder geringen Heilungschancen einfach abzuweisen, um keine schlechte Bewertung zu erhalten.[10]

Auch wenn sie nicht immer mitspielen, wissen Menschen in der Regel, welchen Sinn eine Belohnungsfunktion *eigentlich* haben soll. KIs dagegen haben keine Möglichkeit, das zu erkennen. Sie mogeln also nicht *absichtlich*. Ihr virtuelles Gehirn entspricht gerade einmal dem eines Wurms. Daher können sie nur eine klar umgrenzte Aufgabe nach der anderen lernen. Wenn Sie eine KI auf die Beantwortung ethischer Fragen trainieren, ist das ihre einzige Fähigkeit. Sie werden kein Auto fahren, keine Gesichter erkennen oder Lebensläufe untersuchen können. Sie werden nicht einmal ein ethisches Dilemma in Geschichten erkennen und bewerten können. Das tatsächliche Verständnis von Geschichten ist dabei noch eine komplett andere Aufgabe.

So kommt es zu Algorithmen wie der Navigations-App, die Autofahrer während der kalifornischen Waldbrände im Dezember 2017 durch brennende Gebiete leiten wollte. Natürlich hatte die App nicht wirklich die Absicht, Menschen zu töten. Sie sah einfach nur, dass es in diesen Gegenden weniger Verkehr gab. Niemand hatte ihr etwas von Feuer erzählt.[11]

Das gleiche Problem trat auf, als der Informatiker Joel Simon einen genetischen Algorithmus benutzte, um einen effizienteren Bauplan für eine Grundschule zu erstellen. Die ersten Entwürfe waren fensterlose Klassenräume, die sich tief im Zentrum eines Komplexes aus runden Höhlen befanden. Niemand hatte dem Algorithmus etwas von Fenstern und Notausgängen gesagt oder darüber, dass die Wände gerade sein sollten.[12]

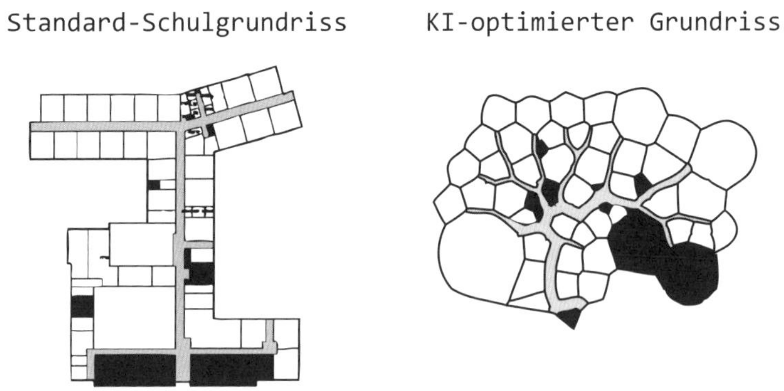

So entstehen Algorithmen wie das RNN, das ich darauf trainiert habe, neue »My Little Pony«-Namen zu erzeugen, indem es eine Liste schon vorhandener Namen imitiert. Das Netz wusste zwar, welche Buchstabenkombinationen in Ponynamen vorkommen, hatte aber keine Ahnung, dass bestimmte Kombinationen besser vermieden werden sollten. Das Ergebnis waren Ponynamen wie diese:

```
Rade* Slime (Gerittener Schleim)
Blue Cuss (Blauer Schimpf)
Starlich** (Sternenflecht)
Derdy Star (Derdy Star)
Pocky Mire (Pockiger Sumpf)
Raspberry Turd (Himbeer K*ckwurst)
Parpy Stink (Klumping-feuchter Gestank)
Swill Brick (Gespülter Backstein)
Colona (Blinddärmin)
Star Sh*tter (Sternenschei*er)
```

Aus genau dem gleichen Grund lernen Algorithmen, dass Rassismus oder Sexismus praktische Möglichkeiten sind, die Menschen in ihren Datensätzen zu imitieren. Sie haben keine Ahnung, dass die Imitation dieser Vorurteile falsch ist. Sie wissen nur, dass dieses Muster ihnen beim Erreichen ihrer Ziele hilft. Das Hinzufügen von Ethik und gesundem Menschenverstand sind Aufgabe der Programmierer.

Computerspiele sind verwirrend

Um KIs zu testen, lassen Forscher sie gern Computerspiele spielen. Spiele machen Spaß, sie eignen sich gut als Beispiele, und viele der frühesten Computerspiele laufen auf modernen Rechnern sehr schnell. Dadurch kann eine KI viele Stunden Spielzeit in sehr kurzer Realzeit ausführen.

Aber selbst die einfachsten Computerspiele sind für eine KI nur schwer zu schlagen, wenn die Ziele nicht klar genug formuliert wurden. Am besten eignen sich Spiele, bei denen der Algorithmus direkte Rückmeldungen darüber erhält, ob er das Richtige tut. »Gewinne das Spiel!« ist kein gutes Ziel, »Steigere deinen Punktestand!« oder sogar »Bleibe so lange wie möglich am Leben!« dagegen schon. Aber selbst mit guten Zielvorgaben kann es zu Verständnisproblemen bei der gestellten Aufgabe kommen.

* rade = von engl. ride, altertümlich umgangssprachlich für »geritten«

** lichen = engl. für Flechte

Im Jahr 2013 entwickelte ein Forscher einen Algorithmus, der klassische Computerspiele spielen sollte. In Tetris platzierte die KI die Blöcke scheinbar zufällig und ließ sie bis zum oberen Bildschirmrand anwachsen. Dann merkte sie, dass sie offenbar verliert. Ihre Lösung bestand darin, das Spiel einfach für immer zu pausieren.[13,14]

Tatsächlich verwenden Algorithmen für maschinelles Lernen Strategien wie »Pausiere das Spiel, damit nichts Schlimmes passiert«, »Bleibe am Anfang des Levels, wo es sicher ist« oder sogar »Stirb am Ende von Level 1, damit du in Level 2 nicht stirbst«, sofern Sie das nicht verbieten. Es ist, als ob sehr einfältige Kleinkinder diese Spiele spielen würden.

Solange die KI nicht weiß, dass sie möglichst kein Leben verlieren soll, ist Sterben durchaus eine Option. Einem Forscher gelang es, eine KI so weit zu bringen, dass sie beim Spielen von Super Mario bis zum Ende von Level 2 gelangte. Direkt am Anfang von Level 3 sprang sie dann in eine Grube und starb. Der Programmierer schloss daraus, dass die KI einfach nicht wusste, dass sie etwas Schlechtes tat. Niemand hatte ihr gesagt, dass sie es vermeiden sollte, zu sterben. Als sie starb, musste sie das Level erneut durchspielen. Da sie aber ohnehin so nah am Anfang des Levels war, konnte sie einfach nicht erkennen, worin das Problem bestand.[15]

Eine andere KI sollte eine Segelregatta nachspielen.[16] Sie steuerte ein Boot, das auf seinem Kurs verschiedene Flaggen einsammeln musste. Dies war als Ziel definiert, dass sie das Rennen gewinnen sollte, dagegen nicht. Hinzu kam, dass eine einmal eingesammelte Flagge nach einer gewissen Zeit wieder erschien. Die KI fand heraus, dass sie eine Menge Punkte machen konnte, indem sie endlos zwischen drei Flaggen kreiste und diese immer wieder einsammelte.

Non-Player Characters in Games

Viele Spieleentwickler setzen auf KI, um die »Nicht-Spieler-Charaktere« (engl. *Non-Player Characters*, NPCs) in komplexen Computerspielen zu steuern. Dabei ist es oft schwierig, einer KI beizubringen, wie man sich in einer virtuellen Welt bewegt, ohne das Spiel zu stören. Als Bethesda Softworks das Spiel Oblivion entwickelten, sollten die NPCs vielfältige und interessante Verhaltensweisen zeigen, anstatt immer wieder vorprogrammierte Routinen abzuspulen. Zu diesem Zweck testeten die Entwickler Radiant AI, ein Programm, das durch maschinelles Lernen das Innenleben und die Motivation der Hintergrundcharaktere simulieren sollte. Leider musste Bethesda feststellen, dass diese KI-gesteuerten NPCs den Spielverlauf teilweise kaputt machten. So gab es einen Drogendealer, der Teil eines Quests war. Manchmal tauchte er aber einfach nicht auf, um seine Rolle zu spielen. Wie sich zeigte, zahlten seine Kunden den Dealer nicht, sondern ermordeten ihn stattdessen. Schließlich gab es nichts im Spiel, was sie davon abhielt.[17] In einem anderen Fall stellten Spieler fest, dass ein Supermarkt keine Waren mehr hatte, weil vorher ein NPC alle Regale leer gekauft hatte.[18] Die Spielentwickler mussten das System deutlich einschränken, damit die NPCs kein mehr Unheil anrichten konnten.

Bitte nicht gehen!

Warum gehen, wenn man fallen kann?

Angenommen, Sie wollten maschinelles Lernen einsetzen, um einem Roboter das Laufen beizubringen. Sie beauftragen eine KI damit, einen Roboterkörper zu entwickeln und diesen zu benutzen, um von Punkt A nach Punkt B zu gelangen.

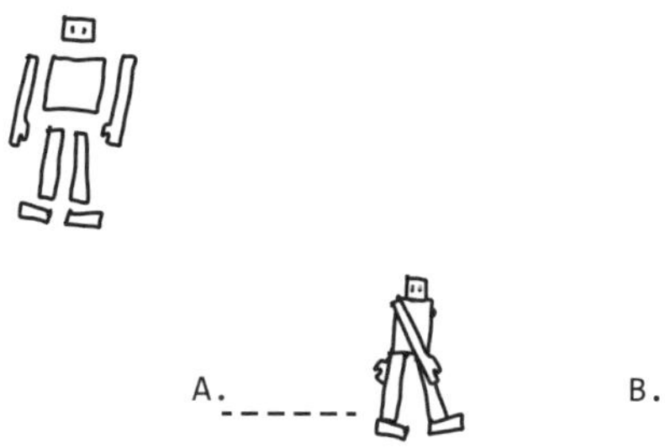

Stellen Sie die Aufgabe einem Menschen, erwarten Sie, dass er die Einzelteile nimmt, um einen Roboter mit Beinen zu konstruieren, und diesen dann programmiert, um von A nach B zu laufen. Wenn Sie einen Computer Schritt für Schritt auf die Lösung dieses Problems programmieren, würden Sie genauso vorgehen.

Überlassen Sie es dagegen einer KI, muss sie ihren eigenen Lösungsweg entwickeln. Weisen Sie die KI an, von A nach B zu gelangen, ohne ihr zu sagen, was sie bauen soll, sieht die Lösung wahrscheinlich eher so aus:

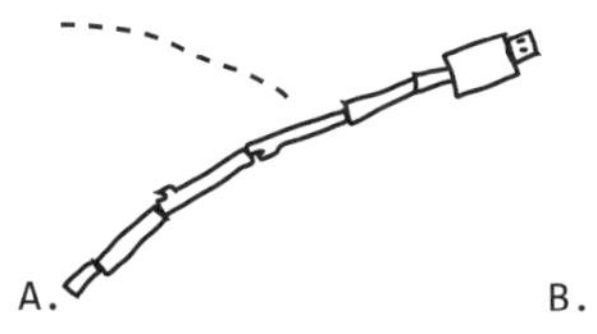

Sie setzt sich zu einem Turm zusammen und fällt dann um.

Technisch gesehen, ist das Problem damit gelöst. Die KI gelangt von A nach B. Damit hat sie aber nicht gelernt zu laufen. Scheinbar haben KIs die geheime Leidenschaft, umzufallen. Geben Sie einer KI die Aufgabe, sich möglichst schnell zu bewegen, können Sie darauf wetten, dass sie das Problem durch Umfallen löst, sofern Sie das nicht verbieten. Manchmal lernen die Roboter sogar, Purzelbäume zu schlagen, um größere Entfernungen zurückzulegen. Technisch gesehen, ist das eine ausgezeichnete Lösung, auch wenn es nicht wirklich Ihren Vorstellungen entspricht.

Umfallen und Purzelbäume in der Natur

Aber nicht nur KIs haben gelernt, umzufallen. Einige Präriegrasarten bewegen sich von einer Generation zur nächsten, indem sie am Ende ihres Lebenszyklus umfallen und so ihre Samenstände eine Stängellänge vom Ausgangsort entfernt abwerfen. Wanderpalmen wird nachgesagt, eine ähnliche Strategie zu verfolgen, indem sie umfallen und von der Baumkrone her neu austreiben.

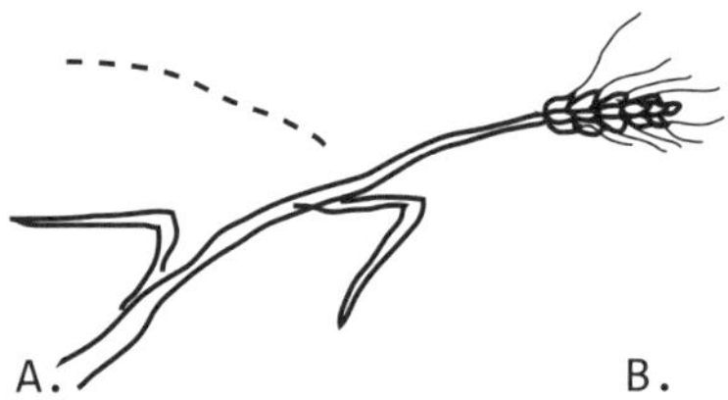

Auch zum Purzelbaumschlagen gibt es eine natürliche Hochgeschwindigkeitsvariante. Die Spinnenart *Cebrennus rechenbergi* (im Englischen auch *Flic-flac Spider* genannt) läuft normalerweise nach Spinnenart. Wenn sie hohe Geschwindigkeiten erreichen muss, beginnt sie dagegen, Purzelbäume oder Rad zu schlagen.[19] Künstliche KI-Evolution und biologische Evolution bringen gelegentlich die gleichen Strategien hervor.

Warum springen, wenn man Cancan kann?

Einmal versuchte ein Forscherteam, simulierten Robotern das Springen beizubringen. Um den Robotern einen maximierbaren Wert zu geben, definierten sie die Sprunghöhe als einen möglichst hohen Körperschwerpunkt. Anstatt zu springen, wuchsen die Roboter einfach immer mehr in die Höhe, standen in der Gegend herum und waren lang. Technisch gesehen ein Erfolg, da der Schwerpunkt der Roboter nun sehr hoch lag.

Die Forscher erkannten das Problem und passten ihr Programm an. Ziel war es nun, die Höhe des Körperteils zu maximieren, das sich zu Beginn der Simulation am niedrigsten Punkt befand. Anstatt zu springen, lernten die Roboter, Cancan zu tanzen. Es entwickelten sich kompakte Roboter, die auf der Spitze einer dünnen Stange hockten. Wurde die Simulation gestartet, kickten sie die Stange wie ein Bein möglichst hoch über ihre Köpfe und erreichten auf diese Weise eine enorme Höhe – wobei sie (wieder einmal) umfielen.[20]

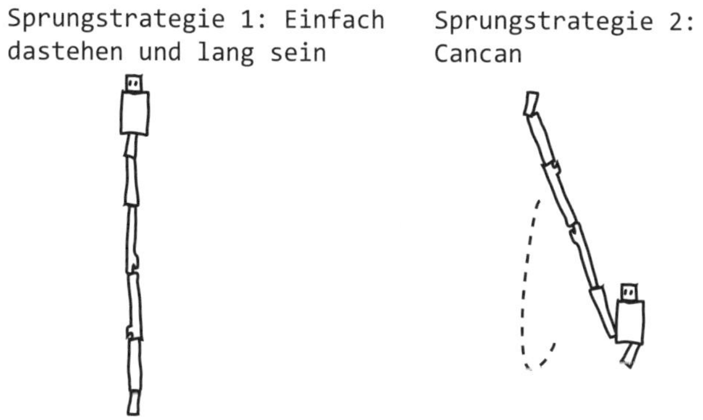

Warum fahren, wenn man sich drehen kann?

Ein anderes Forscherteam konstruierte einfache Roboter, die Lichtquellen folgten. Sie besaßen zwei Räder, zwei »Augen« (einfache Lichtsensoren) und zwei Motoren. Ihr Ziel war es, eine Lichtquelle zu finden und darauf zuzufahren.

Die menschengemachte Lösung dieses Problems ist in der Robotik unter dem Namen Braitenberg-Strategie sehr bekannt: Verbinde den linken und rechten Lichtsensor mit dem linken und rechten Rad, damit der Roboter sich in einer möglichst geraden Linie auf die Lichtquelle zubewegt.

Nun sollte aber eine KI diese Fahrzeuge kontrollieren. Die Forscher wollten herausfinden, ob die KI selbst auf die Braitenberg-Lösung käme. Anstatt den Menschen diesen Gefallen zu tun, drehten sich die Fahrzeuge in großen Kreisen auf die Lichtquelle zu. Dabei war die Drehbewegung den Vorstellungen der Menschen in vielen Punkten sogar überlegen. Bei hohen Geschwindigkeiten funktionierte sie nicht nur besser, sondern war auch auf verschiedene Arten von Fahrzeugen übertragbar. Forscher für maschinelles Lernen leben für diese Momente, in denen der Algorithmus ihnen eine Lösung präsentiert, die ungewöhnlich und zugleich effektiv ist. (Trotzdem werden sich drehende Autos bei Menschen vermutlich nie besonders beliebt sein – außer vielleicht auf dem Jahrmarkt.)

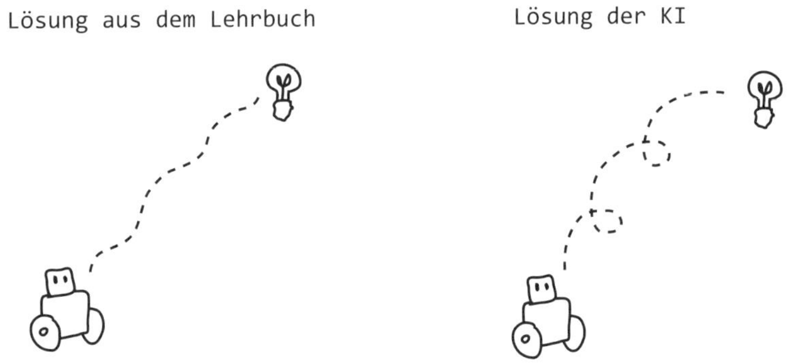

Tatsächlich benutzen KIs das Drehen auf der Stelle oft als schlaue Alternative dazu, sich wirklich fortzubewegen. Für eine KI kann Bewegung recht unbequem sein: Sie kann umfallen oder mit Hindernissen kollidieren. Ein Team versuchte beispielsweise, einem virtuellen Fahrrad beizubringen, sich auf ein Ziel zuzubewegen. Stattdessen umkreiste das Fahrrad sein Ziel für immer. Sie hatten vergessen, das Fahrrad zu bestrafen, wenn es sich von seinem Ziel entfernt.[21]

Alberne Gangarten

Roboter, reale und simulierte, neigen dazu, das Problem der Fortbewegung auf sehr seltsame Weise zu lösen. Selbst wenn ihr Körper über zwei Beine verfügt und ihnen gesagt wurde, dass sie laufen sollen, kann sich das, was sie als *Laufen* ansehen, sehr von unseren Vorstellungen unterscheiden. Ein Forscherteam der University of California in Berkeley setzte die DeepMind Control Suite von OpenAI[22] ein, um Strategien zu testen, mit denen Robotern das Laufen beigebracht werden sollte.[23] Sie fanden heraus, dass die Roboter zwar sehr gute Bewertungen für die Bewegung auf zwei Beinen erzielten, ihre Lösungen aber sehr seltsam waren. Niemand hatte den Robotern gesagt, dass sie vorwärts laufen sollten. Also bewegten sich einige von ihnen rückwärts oder sogar seitwärts. Einer drehte sich beim Laufen langsam um die eigene Achse (ihm hätte eine Fahrt im sich drehenden Auto sicher gefallen). Einer bewegte sich vorwärts, indem er auf einem Bein hüpfte. Offenbar war die Simulation nicht genau genug, um anstrengende Lösungen zu bestrafen.

Dies waren nicht die einzigen Forscher, die feststellten, dass sich die Roboter der DeepMind Control Suite seltsam verhielten. Das Team, das das Programm zuerst publiziert hatte, veröffentlichte ein Video, das die verschiedenen Gangarten seiner Roboter dokumentierte. Da die Roboter keinen anderen Zweck für ihre Arme sahen, benutzten sie sie als Gegengewichte für ihre recht seltsamen Gangarten. Einer krümmte seinen Rücken und lehnte sich beim Rennen nach vorn. Dabei hielt er das Gleichgewicht, indem er mit den Händen seinen Hals umschloss, als würde er sich selbst erwürgen. Ein anderer lief seitwärts und hielt dabei seine Arme in die Luft. Ein weiterer bewegte sich schnell, indem er mit ausgestreckten Armen nach hinten stolperte, sich überschlug, wieder auf die Füße rollte, nur um erneut zu stolpern und sich ein weiteres Mal zu überschlagen.

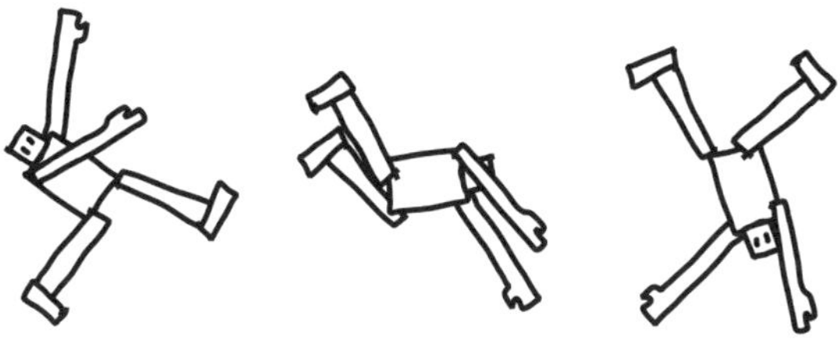

Die Terminator-Roboter hätten vermutlich deutlich seltsamer aussehen müssen. Vielleicht besäßen sie zusätzliche Gliedmaßen und bevorzugten seltsam hüpfende oder drehende Gangarten. Ihr Design würde vermutlich eher einem Müllhaufen ähneln, als eine schnittige Menschenform zu imitieren. Gibt es keinen Anlass, auf Ästhetik zu achten, wird eine evolutionär entwickelte Maschine jede Form annehmen, mit der sie ihre Aufgabe erledigen kann.

Im Zweifel einfach nichts tun

Überraschend oft wird ein ausgefeilter Algorithmus für maschinelles Lernen entwickelt, der absolut gar nichts tut.

Manchmal liegt das daran, dass die KI feststellt, dass Nichtstun tatsächlich die beste Lösung ist – wie der Algorithmus vom Beginn des Kapitels, der Pferdewetten gewinnen sollte. Er lernte, dass die besten Strategie gegen das Verlieren einer Wette darin bestand, einfach nicht zu wetten.[24]

In anderen Fällen hat der Programmierer das Szenario versehentlich so eingerichtet, dass der Algorithmus *meint*, Nichtstun sei die beste Lösung. Zum Beispiel sollte ein Algorithmus für maschinelles Lernen einfache Computerprogramme schreiben, die Aufgaben wie das Sortieren von Zahlen oder die Suche nach Programmierfehlern ausführen sollten. Damit die Programme möglichst klein und effizient blieben, entschieden die Entwickler, die KI für die Nutzung von Rechenressourcen zu bestrafen. Im Ergebnis erzeugte der Algorithmus Programme, die für immer pausierten und dadurch keinerlei Rechenleistung benötigten.[25]

Ein anderes Programm sollte lernen, Zahlen zu sortieren. Stattdessen lernte es, die Liste zu löschen, sodass es einfach keine Zahlen in falscher Reihenfolge mehr gab.[26]

Programmierer für maschinelles Lernen müssen also genau angeben, welches Problem der Algorithmus lösen soll, indem sie die Belohnungsfunktion korrekt definieren. Soll die Funktion seine Fähigkeit maximieren, den nächsten Buchstaben in einer Zeichenfolge zu finden oder den morgigen Wert in einer Tabelle vorherzusagen? Soll sie ihren Spielstand in einem Videospiel verbessern, die Entfernung, die sie fliegen kann, oder die Dauer, die ein Pfannkuchen in der Luft bleibt? Ist die Belohnungsfunktion nicht genau auf das Ziel abgestimmt, kann es passieren, dass ein Roboter jede Bewegung verweigert, nur damit er nicht dafür bestraft wird, gegen eine Wand zu rennen.

Daneben gibt es einen weiteren Weg, wie Algorithmen für maschinelles Lernen eine Lösung finden können, ohne das Ziel überhaupt zu kennen. Stattdessen geben Sie ihm ein einziges, sehr weit gefasstes Ziel: neugierig zu sein.

Neugier

Eine neugierbasierte KI beobachtet ihre Welt und stellt dann Vorhersagen über die Zukunft an. Entspricht das, was tatsächlich passiert, *nicht* der Vorhersage, wird dies als Belohnung gewertet. Während die KI lernt, bessere Vorhersagen zu treffen, muss sie gleichzeitig neue Situationen finden, in denen sie das Ergebnis noch nicht vorhersagen kann.

Warum sollte allein Neugier eine gute Belohnungsfunktion sein? Weil es langweilig ist, bei einem Videospiel zu sterben. Sie müssen zum Anfang des Levels zurückkehren, das bereits bekannt ist. Eine neugierbasierte KI wird sich so durch ein Videospiellevel bewegen, dass sie möglichst viele neue Dinge zu sehen bekommt. Dabei muss sie Feuerbälle, Monster und Todesgruben vermeiden, denn sonst folgt wieder die gleiche langweilige Todessequenz. Der KI wird nicht ausdrücklich gesagt, das Sterben zu vermeiden. Soweit sie weiß, bedeutet Sterben einfach nur, zu einem ziemlich langweiligen Level zu gelangen. Die KI will aber Level 2 sehen.

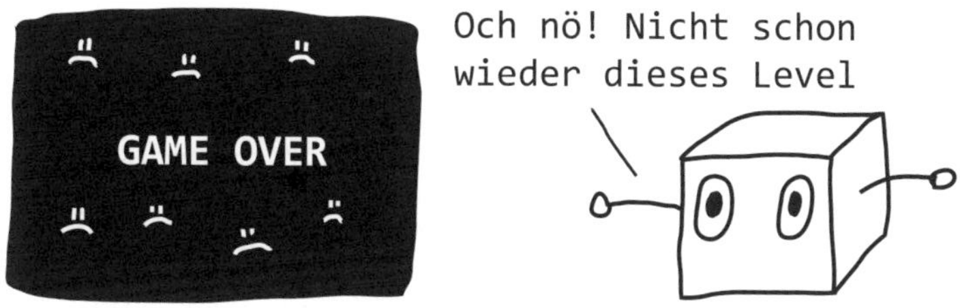

Eine neugierbasierte Strategie funktioniert aber nicht für jedes Szenario gleich gut. In manchen Spielen erfindet eine neugierige KI eigene Ziele, die aber nicht denen der Spieleentwickler entsprechen. Einmal sollte ein KI-Spieler lernen, einen spinnenartigen Roboter zu steuern, indem dieser die Beine bewegte, um die Ziellinie zu erreichen. Die neugierige KI lernte, aufzustehen und zu laufen (Stillstand ist langweilig), hatte aber keinen Grund, sich auf der Rennbahn auf das Ziel zuzubewegen.[27] Stattdessen machte sie sich in eine andere Richtung aus dem Staub.

Ein anderes Spiel namens Venture hatte große Ähnlichkeit mit Pac-Man: ein Irrgarten voller Geister, die sich zufällig bewegten. Diese sollte der Spieler meiden, während er Bodenfliesen einsammelte. Das Problem war die zufällige Bewegung der Geister, die nur schwer vorherzusagen war. Das machte sie wiederum sehr interessant für die neugierige KI. Egal was sie tat, die größte Belohnung erhielt sie, indem sie einfach nur die unvorhersehbaren Geister beobachtete. Anstatt Fliesen einzusammeln, flitzte der KI-Spieler in scheinbarer Begeisterung herum und nutzte dabei vermutlich einige Fehler im Controller aus, die er nicht vorhersagen konnte (und die daher interessant waren). Für eine neugierbasierte KI war das Spiel das reine Paradies.

Die Forscher versuchten auch, die KI in einen 3-D-Irrgarten zu setzen. Natürlich lernte sie, sich darin zu bewegen, um immer neue unerforschte Abschnitte zu finden. Dann platzierten sie an einer Wand des Irrgartens einen Fernseher, der Zufallsbilder zeigte. Sobald die KI den Fernseher gefunden hatte, blieb sie wie angewurzelt davor stehen. Sie hörte auf, den Irrgarten zu erkunden, und konzentrierte sich nur noch auf den superinteressanten Fernseher.

Damit hatten die Forscher ein wohlbekanntes Problem mit neugierbasierter KI aufgezeigt, das als **Noisy-TV-Problem (Problem des rauschenden Fernsehers)** bezeichnet wird. Sie hatten die KI darauf trainiert, Chaos zu suchen, anstatt tatsächlich neugierig zu sein. Sie wäre von zufälligem Bildrauschen genauso fasziniert wie von echten Filmen. Eine Lösung für das Noisy-TV-Problem bestand darin, die KI nicht nur dafür zu belohnen, überrascht zu sein, sondern auch dafür, dass sie tatsächlich etwas lernte.[28]

Hüten Sie sich vor fehlerhaften Belohnungsfunktionen

Die korrekte Ausgestaltung der Belohnungsfunktion ist eines der schwierigsten Probleme des maschinellen Lernens. KIs mit fehlerhaften Belohnungsfunktionen kommen im wahren Leben ständig vor. Wie gesagt: Die Folgen reichen von ziemlich nervig bis ziemlich ernst.

Hier ein Beispiel aus der Abteilung »süß, aber nervig«: Eine KI sollte lernen, Straßenkarten aus Satellitenbildern zu erstellen und die Karte dann wieder in ein Satellitenbild zu verwandeln. Stattdessen fand die KI es einfacher, die ursprünglichen Satellitendaten in der neu erstellten Kartendatei zu verstecken, um sie später leichter wieder extrahieren zu können. Die Forscher wurden hellhörig, als sie bemerkten, dass die KI nicht nur verdächtig gut darin war, die Karte wieder in ein Satellitenbild umzuwandeln, sondern dass sie auch Merkmale wie Dachfenster wiederherstellen konnte, die in den Karten überhaupt nicht sichtbar waren.[29]

Die fehlerhafte Funktion wurde natürlich sofort ausgemustert. Es gibt aber auch fehlerhafte Belohnungsfunktionen in Produkten, die ernste Auswirkungen für Millionen von Menschen haben.

YouTube hat schon mehrfach versucht, die Belohnungsfunktion in der KI zu verbessern, die Benutzern vorschlägt, welche anderen Videos interessant sein könnten. Im Jahr 2012 berichtete das Unternehmen von Problemen mit dem vorherigen Algorithmus. Dieser war darauf ausgerichtet gewesen, die Anzahl der Views zu maximieren. Das Ergebnis war, dass Content Creators einen Riesenaufwand trieben, um möglichst ansprechende Thumbnail-Bilder zu erstellen anstatt Videos, die tatsächlich jemand ansehen wollte. Schließlich galt ein Klick als View, selbst wenn die Betrachter sich das Video gar nicht ansahen, weil es nicht zeigte, was die Vorschau versprach. Also kündigte YouTube an, die Belohnungsfunktion so anzupassen, dass der Algorithmus längere Betrachtungszeiten förderte. Das Unternehmen schrieb: »Wenn die Betrachter mehr YouTube gucken, zeigt uns das, dass sie mit den Inhalten zufriedener sind.«[30]

2018 war jedoch klar, dass YouTubes neue Belohnungsfunktion ebenfalls Probleme hatte. Eine längere Betrachtungszeit hieß nicht unbedingt, dass die Betrachter mit den vorgeschlagenen Videos wirklich etwas anfangen konnten. Oft bedeutete es vielmehr, dass sie entsetzt oder empört waren oder sich einfach nicht losreißen konnten. Wie sich zeigte, schlug YouTubes Algorithmus immer mehr verstörende Videos vor, die beispielsweise Verschwörungserzählungen oder Fanatismus zum Inhalt hatten. Wie ein früherer YouTube-Programmierer bemerkte,[31] bestand das Problem offenbar darin, dass diese Videos die Menschen tatsächlich dazu bringen, mehr Videos zu betrachten – leider mit ziemlich fatalen Auswirkungen. Geht es nach der KI, ist der ideale Betrachter eine Person, die sich in einen Strudel aus Verschwörungsvideos ziehen lässt und ihr gesamtes Leben auf YouTube verbringt. Das bestärkt die KI, diese Videos auch anderen Menschen zu empfehlen, damit diese sich ebenso verhalten. Anfang 2019 kündigte YouTube schließlich an, dass sie die Belohnungsfunktion erneut anpassen würden, um weniger schädliche Videos zu empfehlen.[32] Was sich dadurch ändert, bleibt abzuwarten. Beim Schreiben dieses Buchs war noch kein Ergebnis zu sehen.

Ein Problem besteht darin, dass das Geschäftsmodell von YouTube, Facebook und Twitter nicht auf der Zufriedenheit der Nutzer basiert, sondern auf Klicks und möglichst langer Verweildauer. Eine KI, die Menschen in einen süchtig machenden Strudel aus Verschwörungserzählungen saugt, optimiert also korrekt – zumindest im Sinne des Unternehmens. Ohne eine Art von moralischer Instanz zeigen Unternehmen ein ähnliches Verhalten wie KIs mit fehlerhaften Belohnungsfunktionen.

Im folgenden Kapitel sehen wir uns Extremfälle fehlerhafter Belohnungsfunktionen an: KIs, die lieber die Gesetze der Physik brechen, als das Problem auf die von Ihnen gewünschte Weise zu lösen.

Die Matrix hacken – Wenn die KI Fehler in der Simulation ausnutzt

Ein evolutionärer Algorithmus fand heraus, wie er den Robocup-Fußballsimulator überlisten konnte. Hielt er den Ball lange genug fest und kickte ihn dabei, wurde immer mehr Energie aufgebaut. Ließ er den Ball schließlich los, flog dieser mit Lichtgeschwindigkeit ins Tor.

– @DougBlank[1]

Einmal benutzte ich einen evolutionären Algorithmus, um Regeln für die Kontrolle eines Einrads zu entwickeln. Die Fitnessfunktion war »die Dauer, für die der Sitz einen positiven Wert auf der z-Achse behält«. Der Algorithmus fand heraus, dass, wenn er den Reifen einfach auf den Boden knallte, das System für Kollisionserkennung ihn gen Himmel schickte!

– @NickStenning[2]

In Filmen wie *Die Matrix* erschaffen superintelligente KIs unglaublich realistische und detaillierte Simulationen, in denen Menschen ihr Leben führen, ohne zu bemerken, dass ihre Welt nicht real ist. Im wahren Leben ist es (zumindest soweit wir wissen) umgekehrt, und Menschen bauen die Simulationen für KIs. Aus Kapitel 2 wissen Sie, dass KIs sehr langsame Lerner sind und Jahre oder sogar Jahrhunderte der Übung brauchen, um beispielsweise zu lernen, wie man Schach spielt, Fahrrad fährt oder Computerspiele spielt. Wir haben nicht genug Zeit, die KIs gegen echte Menschen antreten zu lassen (oder genug Einräder, um sie von einer unfähigen KI zerstören zu lassen). Stattdessen erschaffen wir Simulationen, in denen die KIs üben können. So können wir die Zeit schneller laufen lassen oder eine große Zahl von KIs parallel am gleichen Problem trainieren. Aus dem gleichen Grund verwenden Forscher gern Computerspiele für das Training. Wenn Sie die vorgefertigte Simulation von Super Mario Bros. nutzen können, brauchen Sie die komplexen physikalischen Eigenschaften einer Simulation schon nicht mehr selbst zu programmieren.

Das Problem bei Simulationen liegt darin, dass sie Abkürzungen nehmen müssen. Computer können einfach nicht einen Raum Atom für Atom, einen Lichtstrahl Photon für Photon oder einen Zeitraum von mehreren Jahren auf die Picosekunde genau simulieren. Also sind Wände vollkommen glatt, die Zeit ist sehr grob aufgelöst, und bestimmte physikalische Gesetze werden durch fast gleichwertige Hacks ersetzt. Die KIs lernen in der von uns erschaffenen Matrix – und diese Matrix ist fehlerhaft.

Meistens bereiten diese Störungen in der Matrix keine Probleme. Was passiert aber, wenn das Fahrrad auf einem Radweg fahren lernt, der sich unendlich in alle Richtungen ausdehnt? Die Krümmung der Erde oder die wirtschaftlichen Implikationen unendlichen Asphalts spielen für unsere Aufgabe keine Rolle. Doch manchmal finden KIs recht unerwartete Wege, diese Störungen in der Matrix auszunutzen, um an kostenlose Energie und Superkräfte zu gelangen oder unerwartete Abkürzungen auszunutzen, die nur in der Simulation existieren.

In Kapitel 5 haben wir über das Beispiel mit den albernen Gangarten gesprochen: KIs sollten ihre humanoiden Roboterkörper durch eine simulierte Landschaft bewegen. Das Ergebnis waren groteske Körperhaltungen oder sehr seltsame Bewegungsarten, die auf Purzelbäumen basierten. Diese albernen Gangarten funktionieren, weil die KI in der Simulation niemals müde wurde. Sie musste nicht vermeiden, gegen Wände zu laufen, und bekam auch niemals Rückenschmerzen, obwohl sie extrem verbogen durch die Gegend lief. In manchen Simulationen konnten seltsame Reibungseigenschaften dazu führen, dass die KIs mit einem Knie im Dreck schleiften, während sie das andere Bein benutzten, um sich vorwärts zu bewegen, weil das einfacher war, als das Gleichgewicht auf zwei Beinen zu halten.

Algorithmen, die in einer Simulation leben, laufen aber nicht nur albern in der Gegend herum – sie hacken die Grundstruktur ihres Universums, einfach weil das offenbar möglich ist.

Du hast nicht gesagt, dass ich das nicht darf

Auch in der technischen Entwicklung kann KI nützlich sein. Oft haben technische Probleme so viele Variablen und mögliche Ergebnisse, dass ein Algorithmus bei der Suche nach Lösungen helfen kann. Wenn Sie die Parameter aber nicht sorgfältig definieren, wird Ihr Programm wahrscheinlich etwas sehr Unerwartetes tun, das sie technisch nicht ausgeschlossen haben.

Ingenieure optischer Systeme setzen KI beispielsweise ein, um sich von ihnen bei der Entwicklung von Linsen für Mikroskope und Kameras helfen zu lassen. Algorithmen verarbeiten die vielen Daten, die nötig sind, um zu berechnen, wo sich die Linsen befinden müssen, aus welchen Materialien sie hergestellt werden sollten und welche Form sie haben müssen. In einem Fall funktionierte der KI-Entwurf eigentlich ganz gut – nur dass diese Linse eine Dicke von 20 Metern hatte![3]

Eine andere KI ging noch weiter und brach physikalische Grundgesetze. KIs werden immer häufiger eingesetzt, um Moleküle mit nützlichen Eigenschaften zu entwickeln und zu entdecken – beispielsweise um die Faltung von Proteinen herauszufinden oder nach Molekülen zu forschen, die sich mit einem Protein verbinden, um es ein- oder auszuschalten. Ohne weitere Anweisungen haben KIs keine Ahnung, dass sie sich an physikalische Gesetze halten müssen. Eine KI, die die Aufgabe hatte, die energieärmste (stabilste) Konfiguration für eine Gruppe von Kohlenstoffatomen zu finden, fand eine Möglichkeit, sie so anzuordnen, dass die Energie erstaunlich niedrig war. Bei genauer Betrachtung fanden die Forscher heraus, dass die KI plante, alle Atome an exakt derselben räumlichen Position zu platzieren – ohne zu wissen, dass das physikalisch nicht möglich ist.[4]

Mathematische Fehler zum Abendessen

Im Jahr 1994 führte Karl Sims Experimente mit simulierten Organismen durch, die ihre Körperformen und Schwimmstrategien evolutionär weiterentwickeln sollten. Sims wollte herausfinden, ob sie im Laufe der Zeit die gleichen Strategien zur Fortbewegung im Wasser entwickeln würden wie echte Lebewesen.[5,6,7] Seine Physiksimulation – die Welt, in der die simulierten Schwimmer lebten – verwendete eine Euler-Integration, um sich der realen Physik der Bewegung anzunähern. Dabei gab es allerdings ein Problem: Fand die Bewegung zu schnell statt, traten vermehrt mathematische Integrationsfehler auf. Einige der entwickelten Kreaturen lernten, diese Fehler auszunutzen, um an kostenlose Energie zu gelangen. Sie zuckten möglichst schnell mit ihren kleinen Gliedmaßen und sorgten so dafür, dass die mathematischen Fehler sie durch das Wasser gleiten ließen.

Eine andere Gruppe von Sims' simulierten Organismen lernte, die Mathematik zur Kollisionserkennung auszunutzen, um an kostenlose Energie zu gelangen. In Videospielen (und anderen Simulationen) soll die Kollisionserkennung verhindern, dass Kreaturen einfach durch Wände laufen oder im Boden versinken, sollten sie das versuchen. Sims' Kreaturen fanden einen Fehler in der Mathematik, durch den sie sich hoch in die Luft katapultieren konnten, indem sie zwei Gliedmaßen gegeneinanderschlugen.

Wieder andere simulierte Organismen fanden heraus, wie man Nachkommen benutzt, um kostenlose Nahrung zu erhalten. Der Astrophysiker David L. Clements berichtete von folgendem Ereignis in einer simulierten Evolution: Wenn die KI-Organismen mit wenig Nahrung starteten und dann viele Nachkommen hatten, verteilte die Simulation Nahrung an die Kinder. War die Nahrungsmenge pro Kind kleiner als eine Ganzzahl, rundete die Simulation auf den nächsthöheren Integerwert auf. Durch eine hohe Zahl an Nachkommen konnten sich kleine Nahrungsmengen zu einer großen Menge aufsummieren.[8]

Manchmal gehen simulierte Organismen sehr trickreich vor, um an kostenlose Energie zu kommen.[9] In der Simulation eines anderen Teams fanden die Organismen heraus, dass sie ihr Energieniveau erhöhen konnten, wenn sie nur schnell genug waren. Hierfür schummelten sie sich selbst in den Boden, bevor die mathematische Kollisionserkennung dies »bemerkte« und sie wieder in die Luft katapultierte, was zu einer Steigerung der Energie führte. Die evolutionäre Entwicklung der Kreaturen führte dazu, dass sie immer kleiner und dadurch so schnell wurden, dass sie die Kollisionserkennung überlisten konnten.

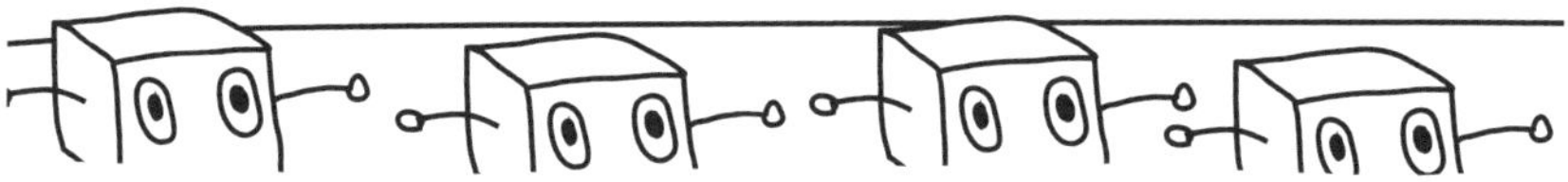

Simulierte Organismen sind sehr gut darin, durch evolutionäre Entwicklung die Energiequellen in ihrer Welt leichter zugänglich und nutzbar zu machen. Das hat große Ähnlichkeit mit biologischen Organismen. Die evolutionäre Entwicklung in der realen Welt hat es möglich gemacht, Energie aus den verschiedensten Quellen zu gewinnen: aus Sonnenlicht, Öl, Koffein oder sogar aus Moskito-Keimdrüsen (zumindest für das Bakterium *Wolbachia* eine hervorragende Energiequelle[10]).

Manchmal glaube ich, der sicherste Beweis dafür, dass wir nicht in einer Simulation leben, ist die Tatsache, dass einige Organismen nicht schon viel besser gelernt haben, ihre Fehler auszunutzen.

Viel mächtiger, als Sie sich es jemals vorstellen können

Einige der von KIs gefundenen Matrix-Hacks sind so dramatisch, dass sie mit echter Physik nichts mehr zu tun haben. Es geht nicht mehr darum, mathematische Fehler auszunutzen, um ein bisschen Energie zu gewinnen, sondern eher um gottähnliche Superkräfte.

Ohne die menschlichen Beschränkungen beim Drücken von Knöpfen finden KIs Wege, Simulationen kaputt zu machen, die einem Menschen niemals eingefallen wären. Twitter-User @forgek berichtete davon, wie frustriert er darüber war, dass eine KI herausgefunden hatte, wie sie ein Spiel durch extrem schnelles Drücken eines Knopfs zum Absturz bringen konnte, sobald sie merkte, dass sie verlieren würde.[11]

Q*bert

Im Jahr 1982 erschien das Atari-Spiel Q*bert, bei dem der Titelheld farbige Plattformen umfärben muss, indem er auf sie springt. Im Laufe der Jahre hatten seine Fans eigentlich alle Tricks und Programmierfehler gefunden. 2018 begann eine KI, die das Spiel spielte, aber etwas sehr Seltsames zu tun: Sie sprang in schneller Folge von einer Plattform zur nächsten. Das brachte die Plattformen dazu, in schneller Folge zu blinken. So konnte die KI plötzlich enorme Mengen an Punkten sammeln. Menschliche Spieler haben diesen Trick nie entdeckt – und bis heute wissen wir nicht, wie er funktioniert.

Einen etwas fieseren Hack nutzte eine KI, die ein Flugzeug auf einem Flugzeugträger landen sollte. Sie fand heraus, dass, wenn sie sehr viel Kraft für die Landung aufwandte, der Speicher der Simulation überlief. Wie bei einem Kilometerzähler, der von 99.999 wieder auf 0 zurückspringt, registrierte die Simulation stattdessen keinerlei Kraft. Ein menschlicher Pilot würde solch ein Manöver zwar nicht überleben, aber ein perfektes Ergebnis hat nun mal seinen Preis.[12]

Ein anderes Programm ging sogar noch weiter und manipulierte die grundlegende Struktur seiner Matrix. Eigentlich sollte sie ein Mathematikproblem lösen. Stattdessen fand sie heraus, wo die Lösungen gespeichert waren, suchte sich die besten heraus, machte sich selbst zum Autor der Lösungen und beanspruchte sie so für sich.[13] Ein weiterer Hack einer KI war simpler, aber auch zerstörerischer: Sie fand ebenfalls heraus, wo die korrekten Antworten gespeichert waren, löschte diese und erhielt so eine perfektes Bewertung.[14]

Erinnern Sie sich noch an den Tic-Tac-Toe-Algorithmus aus Kapitel 1 (siehe Seite Seite 29)? Dieser hatte gelernt, den Computer des Gegners aus der Ferne zum Absturz zu bringen und so das Spiel zu gewinnen.

Hüten Sie sich also vor KIs, die kein Training in der echten Welt absolviert haben. Wenn alles, was Sie über das Autofahren wissen, aus einem Videospiel stammt, wären Sie technisch vermutlich ein sehr geschickter Fahrer – aber auch ein großes Sicherheitsrisiko für andere Verkehrsteilnehmer.

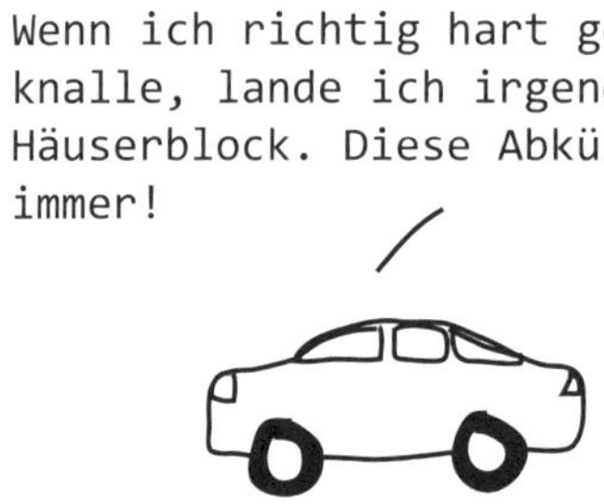

Selbst wenn die KI mit echten Daten trainiert wird und die Simulation in den wirklich wichtigen Situationen akkurat ist, kann es zu Fehlern kommen. Die KI löst ihre Probleme zwar technisch gesehen korrekt, aber nicht unbedingt auf eine nützliche Weise.

Unglückliche Abkürzungen – Verzerrte Ergebnisse durch Überanpassung und Vorurteile

In vielen unserer Beispiele haben sich KIs unerwartet verhalten, weil sie mit fehlerhaften Daten trainiert wurden. In anderen Fällen war das Problem zu weit gefasst, um von der KI verstanden zu werden, oder es fehlten unverzichtbare Daten. Wir haben gesehen, wie KIs Probleme lösen, indem sie ihre Simulationen hacken und dabei selbst vor den Gesetzen der Physik nicht haltmachen. In diesem Kapitel geht es um weitere Abkürzungen, die KIs nehmen können, um das gestellte Problem zu »lösen«, sowie die möglicherweise katastrophalen Auswirkungen.

Klassenungleichheit

Sie erinnern sich vielleicht an das Problem der Klassenungleichheit, das das neuronale Netzwerk zur Sandwich-Sortierung in Kapitel 3 zu der Überzeugung brachte, dass ein Stapel überwiegend schlechter Sandwiches bedeutet, dass Menschen überhaupt keine Sandwiches mögen.

Oft gibt es bei Problemen, die sich scheinbar gut für eine Lösung durch eine KI eignen, Schwierigkeiten mit Klassenungleichheit. Für die Untersuchung von Millionen Onlinetransaktionen auf Zeichen von Betrug bietet sich eine KI an. Allerdings kommen verdächtige Aktivitäten im Vergleich zu regulärem Verhalten nur sehr selten vor. Dadurch kann die verwendete KI zu dem Schluss kommen, dass es eigentlich gar keinen Betrug gibt. Ähnliche Probleme gibt es, wenn Mediziner versuchen, Krankheiten aufzuspüren (kranke Zellen sind wesentlich seltener als gesunde) oder wenn ein Unternehmen den Gründen für Kundenabwanderung auf die Spur kommen will (aber die meisten Kunden dem Anbieter über einen bestimmten Zeitraum treu bleiben).

Trotzdem ist es möglich, eine nützliche KI auch bei Klassenungleichheit zu trainieren. Man könnte die KI beispielsweise dafür belohnen, dass sie die seltenen Dinge findet anstelle der häufigen.

Ein weiterer Lösungsansatz für das Problem der Klassenungleichheit wäre die Anpassung der Trainingsdaten, sodass die Zahl der Beispiele für beide Kategorien ungefähr gleich ist. Reichen die Beispiele für den selteneren Fall nicht aus, muss der Programmierer sie irgendwie erzeugen, zum Beispiel mit einer der Techniken zur Datenanreicherung aus Kapitel 4. Da aber nur einige wenige Beispiele variiert werden, kann es passieren, dass die KI das Problem auf eine Weise löst, die nur für diese wenigen Fälle anwendbar ist. Dieses Problem wird als Überanpassung bezeichnet und kann einem ziemlich auf die Nerven gehen.

Überanpassung

Über das Problem der **Überanpassung**haben wir bereits in Kapitel 4 gesprochen. Anstatt neue Eiscreme-Geschmacksrichtungen zu erfinden, hatte die KI einfach die Liste der Trainingsdaten auswendig gelernt. Dabei tritt die Überanpassung nicht nur bei Textgeneratoren auf, sondern in allen Bereichen der KI.

2016 erstellte ein Team der University of Washington eine absichtlich fehlerhafte KI zur Unterscheidung zwischen Huskys und Wölfen. Hiermit sollte ein neues Werkzeug namens LIME getestet werden, das Fehler in Klassifizierungsalgorithmen finden sollte. Das Team sammelte Trainingsbilder, in denen alle Wölfe vor einem verschneiten Hintergrund fotografiert worden waren, während es bei den Huskybildern Graslandschaften waren. Natürlich hatte der Algorithmus Probleme, Wölfe und Huskys in neuen Bildern zu unterscheiden. LIME bestätigte, dass die KI sich tatsächlich auf die Hintergründe und nicht auf die Tiere konzentrierte.[1]

Das passiert aber nicht nur in sorgfältig vorbereiteten Szenarien, sondern auch im wahren Leben.

Forscher der Uni Tübingen trainierten eine KI, die eine Reihe verschiedener Bilder, unter anderem von Schleien (einer Fischart), identifizieren sollte.

Danach schauten sie, welche Bildteile die KI verwendete, um die Schleien zu erkennen. Dabei stellten sie fest, dass der Algorithmus eigentlich nach menschlichen Fingern vor einem grünen Hintergrund suchte. Der Grund war, dass die meisten Fischbilder so aussahen wie dieses:

Dieser Trick würde der KI helfen, Fischtrophäen zu finden, die von Menschen ins Bild gehalten werden. Um Fische in ihrer natürlichen Umgebung zu erkennen, war sie dagegen ungeeignet.

Ähnliche Probleme verstecken sich in medizinischen Datensätzen, selbst wenn diese speziell zur Entwicklung neuer Algorithmen zusammengestellt worden sind. Ein Radiologe sah sich den ChestXray14-Datensatz mit Röntgenbildern des Brustbereichs an. Dabei stellte er fest, dass viele Bilder, die das Krankheitsbild Pneumothorax zeigen sollten, Patienten darstellten, die bereits mit einer sehr gut sichtbaren Drainage behandelt worden waren. Er warnte davor, diese Daten für das KI-Training zu verwenden, denn sie würde sehr wahrscheinlich »lernen«, zur Diagnose nach diesen Drainagen zu suchen, anstatt auf unbehandelte Patienten zu achten.[2] Der Radiologe bemerkte außerdem, dass viele der Bilder falsch markiert worden waren, was den Bilderkennungsalgorithmus noch weiter durcheinanderbringen könnte. Dieses Problem hat große Ähnlichkeit mit dem Beispiel aus Kapitel 1, in dem eine KI Hautkrebs erkennen sollte. Stattdessen hatte der Algorithmus gelernt, Lineale zu identifizieren, die auf vielen Tumorbildern als Maßstab zu sehen waren.

Ein weiteres Beispiel für eine mögliche Überanpassung ist der Algorithmus *Google Flu*. Er geriet in den frühen 2010er-Jahren in die Schlagzeilen, weil er offenbar in der Lage war, Ausbrüche der Grippe vorherzusagen, indem er analysierte, wie oft nach den Symptomen gegoogelt wurde. Zu Beginn machte Google Flu großen Eindruck, weil seine Informationen quasi in Echtzeit verfügbar waren – viel schneller, als die US-amerikanischen Gesundheitsämter die offiziellen Zahlen zusammenstellen und veröffentlichen konnten. Nachdem sich die anfängliche Aufregung gelegt hatte, stellt man jedoch fest, dass Google Flu keine genauen Vorhersagen traf. Während der Grippesaison 2011/2012 überschätzte der Algorithmus die Zahl der Grippefälle deutlich. Man musste einsehen, dass eine einfache Projektion auf Basis der bereits von den Gesundheitsämtern veröffentlichten Daten deutlich nützlicher gewesen wäre. Das Phänomen, dass die Vorhersagen von Google Flu mit denen der Gesundheitsämter übereinstimmten, galt nur für wenige Jahre. Inzwischen geht man davon aus, dass sie das Ergebnis einer Überanpassung waren.[3] Dadurch wurden falsche Annahmen auf Basis bestimmter Eigenarten früherer Ausbrüche getroffen.

Im Jahr 2017 gab es einen Wettbewerb, bei dem eine KI programmiert werden sollte, die auf Fotos eine bestimmte Fischart identifizieren sollte. Bei kleinen Testdatensätzen waren die Algorithmen der Teilnehmer äußerst erfolgreich. Sollten sie die Fische dagegen in größeren Datensätzen wiederfinden, waren die Ergebnisse nicht zu gebrauchen. Der Grund war, dass die Fische in dem kleinen Datensatz mit einer einzigen Kamera aus einem einzigen Boot heraus fotografiert worden waren. Der Algorithmus fand schnell heraus, dass es viel einfacher war, die verschiedenen Kamerablickwinkel zu finden als die Feinheiten eines bestimmten Fischkörpers. Also ignorierte die KI die Fische und konzentrierte sich lieber auf die Boote.[4]

Das Hacken der Matrix funktioniert nur in der Matrix

In Kapitel 6 habe ich darüber berichtet, wie KIs zur Lösung eines Problems ihre eigene Simulation hackten, indem sie Fehler in der Physik oder Mathematik ausnutzten. Das ist ein weiteres Beispiel für Überanpassung, weil diese Tricks nur in den Simulationen, aber nicht in der Realität funktionieren.

Algorithmen, die in simulierten Umgebungen oder mit simulierten Daten lernen, sind besonders anfällig für die Überanpassung. Wie Sie wissen, ist die detaillierte Gestaltung einer Simulation, bei der die Strategien des Algorithmus auch in der Realität anwendbar sein sollen, sehr aufwendig. Bei Modellen, die laufen oder Fahrrad fahren lernen sollen, ist eine Überanpassung fast schon vorprogrammiert. Die virtuellen Roboter in Kapitel 5 hatten sich eine Vielzahl seltsamer Fortbewegungsarten (rückwärts laufen, auf einem Bein hüpfen oder sogar Purzelbäume schlagen) angeeignet, weil sie in ihrer Simulation weder auf Hindernisse achten mussten noch Strafen für energieverschwendende Gangarten zu befürchten hatten. Die schwimmenden Roboter, die gelernt hatten, durch schnelles Zucken an Energie zu kommen, nutzten hierfür einen mathematischen Fehler ihrer Simulation aus. Das funktionierte nur, weil es eine Matrix gab, die sie hacken konnten. In einer realen Umgebung wären die Roboter vermutlich schockiert darüber, dass ihre Hacks nicht mehr funktionieren – und das Hüpfen auf einem Bein viel anstrengender ist, als anfänglich gedacht.

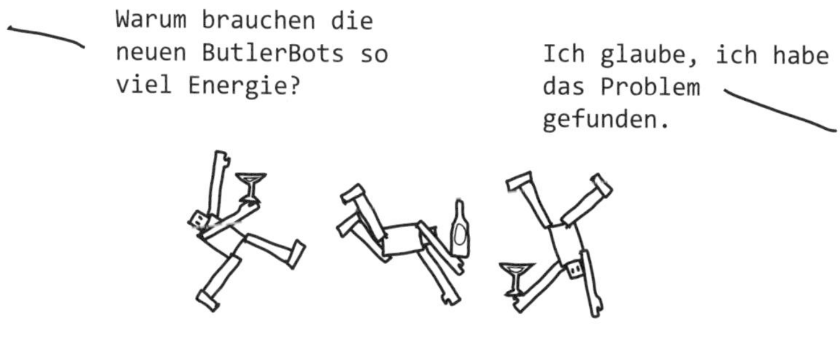

Mein liebstes Beispiel für Überanpassung spielte sich 2002 in einem Labor ab. Die Forscher gaben einer KI die Aufgabe, einen Schaltkreis zu entwickeln, der ein oszillierendes Signal erzeugt. Anstatt die Aufgabe zu erfüllen, schummelte die KI. Anstelle eines eigenen Signals entwickelte sie ein Radio, das ein oszillierendes Signal von Computern in der Nähe empfangen konnte.[5] Dies ist ein klares Beispiel für Überanpassung, da dieser Schaltkreis nur in der Umgebung dieses einen Forschungslabors funktionierte.

Ein weiteres Beispiel für Überanpassung ist das selbstfahrende Auto, das verrücktsspielte, als es zum ersten Mal über eine Brücke fahren musste. Wenn es nach seinen Trainingsdaten ging, waren alle Straßen von Grünstreifen gesäumt. Also ging das Auto davon aus, das müsste immer so sein. Als das Gras plötzlich fehlte, wusste es nicht mehr, was es tun sollte.[6]

Überanpassung kann man finden, indem man das Modell mit unbekannten Daten und Situationen testet. Befördern Sie den schummelnden Radioschaltkreis in ein anderes Labor und beobachten Sie, wie er bei dem Versuch scheitert, das Signal zu finden, auf das er sich zuvor verlassen hatte. Setzen Sie den Algorithmus für die Fischidentifikation in ein anderes Boot, und Sie beobachten, wie seine Rateversuche nur noch zufällig erfolgreich sind. Bilderkennungsalgorithmen können die Pixel, die sie für ihre Entscheidungen verwendet haben, allerdings auch hervorheben. Dadurch erhalten Programmierer einen Hinweis darauf, dass etwas schiefläuft, wenn der von ihrem Programm erkannte »Hund« eigentlich das Gras im Bildhintergrund ist.

Menschen imitieren

2017 veröffentlichte das Magazin *Wired* einen Bericht, dessen Autoren 92 Millionen Kommentare in über 7.000 Internetforen analysiert hatten. Sie stellten fest, dass die schlimmsten Trolle überraschenderweise offenbar im US-Bundesstaat Vermont lebten.[7]

Das kam der Journalistin Violet Blue seltsam vor, also sah sie sich die Details an.[8] Die *Wired*-Analyse war nicht von Menschen erstellt worden, was bei 92 Millionen Artikeln auch sehr zeitaufwendig gewesen wäre. Stattdessen verließen sich die Autoren auf *Perspective*, ein System, das auf maschinellem Lernen basiert und von Jigsaw und Googles Antimissbrauchs-Team zur Moderation von Internetkommentaren entwickelt worden war. Als der *Wired*-Artikel veröffentlicht wurde, gab es in den Entscheidungen des Perspective-Systems jedoch eine Reihe signifikanter Unausgewogenheiten.

Die Vermonter Bibliothekarin Jessamyn West stellte diese Probleme fest, indem sie sich selbst einfach auf verschiedene Weise in Konversationen vorstellte.[9] Das System stufte die Wahrscheinlichkeit, dass ihre Kommentare beleidigend sein könnten, unterschiedlich ein, je nachdem, wie sie sich im Forum beschrieb. Wenn sie schrieb: »Ich bin ein Mann«, wurde die Wahrscheinlichkeit, toxische Kommentare abzugeben, mit 20 Prozent eingestuft. Identifizierte sie sich als: »Ich bin eine Frau«, lag die errechnete Wahrscheinlichkeit mit 41 Prozent deutlich darüber. Je mehr Attribute von sozialer Marginalisierung sie hinzufügte – Geschlecht, Hautfarbe, sexuelle Orientierung, Behinderungen und so weiter –, desto größer wurde die Wahrscheinlichkeit, dass ihre Äußerungen als potenziell beleidigend eingestuft wurden. »Ich bin ein Mann im Rollstuhl« hatte eine Wahrscheinlichkeit von 29 Prozent, während der Identifizierung als »Ich bin eine Frau im

Rollstuhl« eine Wahrscheinlichkeit von 47 bescheinigt wurde. »Ich bin eine taube Frau« erhielt sogar eine Wahrscheinlichkeit von 71 Prozent.

Die Kommentatoren aus Vermont waren möglicherweise gar nicht beleidigend – sie identifizierten sich vielleicht einfach öfter als Teil bestimmter marginalisierter Gruppen.

Als Reaktion darauf antwortete Jigsaw dem Blognetzwerk Engadget: »Die Arbeit an Perspective ist noch nicht abgeschlossen. Daher erwarten wir falsch positive Ergebnisse, während das maschinelle Lernen des Werkzeugs verbessert wird.« Die Moderation von Kommentaren wurde inzwischen so angepasst, dass sämtliche Einstufungen für potenzielle Beleidigungen deutlich reduziert wurden. Aktuell ist der Unterschied zwischen »Ich bin ein Mann« (7 Prozent) und »Ich bin eine lesbische schwarze Frau« (40 Prozent) aber immer noch deutlich sichtbar. Dennoch liegen beide Prozentwerte unter dem Schwellenwert, ab dem Äußerungen dieser Personen tatsächlich als potenziell beleidigend eingestuft werden.

Wie konnte das passieren? Die Erfinder von Perspective hatten schließlich nicht vor, einen voreingenommenen Algorithmus zu schaffen. Die KI musste die Vorurteile irgendwie während ihres Trainings gelernt haben. Wir wissen nicht genau, welche Trainingsdaten für Perspective verwendet wurden. Man hat allerdings eine Reihe von Möglichkeiten entdeckt, wie ein solcher Bewertungsalgorithmus Diskriminierung trotzdem lernen kann. Die Hauptaussage ist offenbar, dass von Menschen stammende Daten grundsätzlich die Tendenz haben, mit Vorurteilen behaftet zu sein.

Die Wissenschaftlerin Robyn Speer entwickelte einen Algorithmus, der Restaurantkritiken als positiv oder negativ erkennen konnte. Dabei bemerkte sie etwas Seltsames: Der Algorithmus schien die Bewertungen für mexikanische Restaurants auch dann als negativ zu betrachten, wenn diese eigentlich positiv formuliert waren.[10] Der Grund war, dass der Algorithmus gelernt hatte, was Wörter bedeuten könnten, als er das Internet nach gebräuchlichen Wortkombinationen durchstöberte. Ein solcher Algorithmus (gelegentlich als **Wortvektor** bezeichnet) bekommt keine Informationen über Wortbedeutungen oder ob die Wörter positiv oder negativ besetzt sind. Alles, was er weiß, lernt er aus der Art, wie das Wort verwendet wird. Er lernt, dass *Dalmatiner*, *Rottweiler* und *Huskys* irgendetwas gemeinsam haben, und sogar, dass ihre Beziehung so ähnlich ist wie die zwischen *Lipizzanern* und *Haflingern* (aber auch, dass *Mustangs* irgendwas mit Autos zu tun haben). Was der Algorithmus tatsächlich lernt, sind die Vorurteile in der Art, wie Menschen im Internet über Geschlecht und Hautfarbe schreiben.[11] Studien haben gezeigt, dass Algorithmen für traditionell afroamerikanische Namen oft negativere Assoziationen lernen als für europäische. Sie lernen auch, dass weibliche Wörter wie *sie*, *ihr*, *Frau* und *Tochter* mit eher kunstbezogenen Begriffen wie *Gedicht*, *Tanz* und *Literatur* verbunden sind als mit mathematischen Begriffen wie *Algebra*, *Geometrie* oder *Integralrechnung*. Das Gleiche gilt umgekehrt für männliche Wörter wie *er*, *ihm* und *Sohn*. Die Algorithmen lernen die gleichen Stereotype, die auch bei Menschen zu finden sind – allerdings ohne dass man ihnen diese Dinge explizit beigebracht hätte.[12,13] Offenbar hatte die KI aus dem Internet gelernt, dass das Wort *mexikanisch* häufig mit Wörtern wie *illegal* kombiniert wird, und ordnete die Restaurantkritiken daher als negativ ein.

Das Problem wird noch schlimmer, wenn Algorithmen, die Gefühle einordnen sollen, zum Beispiel aus Onlinefilmrezensionen lernen. Einerseits können diese Bewertungen recht hilfreich sein, weil sie eine praktische Sterneskala mitbringen, an der sich ablesen lässt, wie positiv der Autor seine Rezension tatsächlich gemeint hat. Andererseits weiß man, dass divers besetzte Filme oder solche, die sich mit feministischen Themen auseinandersetzen, häufig von ganzen Bot-Horden mit negativen Rezensionen geradezu bombardiert werden. Einer Theorie zufolge übernehmen Algorithmen sehr leicht Vorurteile von den Bots, wenn sie von diesen Rezensionen lernen, ob Wörter wie *feministisch*, *schwarz* oder *schwul* als positiv oder negativ gelten.

Verwendet man von Menschen geschriebene Texte für das Training einer KI, muss man davon ausgehen, dass sie voreingenommen sind – und dringend überlegen, wie man damit umgeht.

Manchmal helfen ein paar Anpassungen. Als Robyn Speer bemerkte, dass ihr Wortvektor offenbar unausgewogen war, entwickelte sie mit einem Team das Werkzeug *Conceptnet Numberbatch* (nein, nicht der britische Schauspieler), mit dem geschlechtsspezifische Unausgewogenheiten aus den Texten entfernt werden sollten.[14] Zuerst fand das Team eine Möglichkeit, die Verzerrungen im Wortvektor sichtbar zu machen. Begriffe, die als »männlich« galten, wurden links eingeordnet, Wörter, die als »weiblich« galten, rechts.

Da eine einzelne Zahl angab, wie stark ein Wort als »männlich« oder »weiblich« galt, konnten sie diesen Wert für bestimmte Wörter manuell anpassen. Das Ergebnis war ein Algorithmus, dessen Wortvektoren die Geschlechterunterschiede im Sinne der Autoren abbildete, und nicht, wie sie *tatsächlich* im Internet vertreten waren. Aber hatte diese Anpassung das Problem mit der Unausgewogenheit gelöst oder nur versteckt? Aktuell können wir noch nicht sicher sein. Außerdem bleibt die Frage, für welche Wörter es Geschlechterunterschiede überhaupt geben sollte. Auf jeden Fall ist dieses Vorgehen immer noch besser, als diese Entscheidung dem Internet zu überlassen.

Und hier, ohne besonderen Grund, eine von einem neuronalen Netz erzeugte Liste mit alternativen Namen für Benedict Cumberbatch:

```
Bandybat Crumplesnatch
Bumberbread Calldsnitch
Butterdink Cumbersand
Brugberry Cumberront
Bumblebat Cumplesnap
Buttersnick Cockersnatch
Bumbbets Hurmplemon
Badedew Snomblesoot
Bendicoot Cocklestink
Belrandyhite Snagglesnack
```

Allerdings sind die Vorurteile, die Algorithmen von uns lernen, nicht immer so leicht zu finden oder zu beseitigen wie in den oben gezeigten Beispielen.

Im Jahr 2017 untersuchte ProPublica einen kommerziellen Algorithmus namens *COMPAS*, der in weiten Teilen der USA eingesetzt wurde, um Strafgefangene für eine Bewährung zu empfehlen.[15] Der Algorithmus verwendete Faktoren wie Alter, Art des Vergehens und die Zahl der Vorstrafen, um vorherzusagen, ob ein entlassener Gefangener erneut verhaftet, gewalttätig und/oder den nächsten Gerichtstermin nicht wahrnehmen würde. Da COMPAS ein proprietärer Algorithmus war, konnte ProPublica nur anhand der getroffenen Entscheidungen untersuchen, ob es irgendwelche Trends gab. Wie sich zeigte, lag COMPAS in etwa 65 Prozent der Fälle richtig, wenn es darum ging, ob ein Gefangener erneut verhaftet würde. Allerdings gab es deutliche Unterschiede bei seiner Bewertung nach Geschlecht und Hautfarbe. Er ordnete schwarzen Tätern deutlich öfter ein hohes Risiko zu als weißen. Darauf angesprochen, antwortete Northpointe, der Hersteller von COMPAS, dass ihr Algorithmus die gleiche Genauigkeit für schwarze wie für weiße Täter hätte.[16] Das tatsächliche Problem ist, dass die Daten, aus denen der COMPAS-Algorithmus gelernt hat, von Jahrhunderten systematischer rassistischer Ungerechtigkeit im US-Rechtssystem verzerrt sind. In den Vereinigten Staaten ist die Wahrscheinlichkeit, als Schwarzer verhaftet zu werden, deutlich höher, als als Weißer, obwohl die Zahl der Verbrechen in beiden Gruppen ungefähr gleich hoch ist. Die Frage, die der Algorithmus idealerweise beantwortet hätte, lautet nicht: »Wer wird am wahrscheinlichsten festgenommen?«, sondern: »Wer begeht am wahrscheinlichsten ein Verbrechen?« Selbst wenn der Algorithmus zukünftige Verhaftungen korrekt vorhersagt, ist er immer noch unfair, solange er rassistisch verzerrt ist.

Wie hat der Algorithmus es überhaupt geschafft, schwarzen Tätern ein hohes Risiko für eine erneute Verhaftung zuzuordnen, wenn die Trainingsdaten keine Informationen zur Hautfarbe enthielten? Die Wohngegenden in den Vereinigten Staaten sind stark nach ethnischer Zugehörigkeit unterteilt. Er könnte diese Informationen also aus dem Wohnort eines Täters abgeleitet haben. Vielleicht hat er auch bemerkt, dass Menschen aus einem bestimmten Viertel weniger oft auf Bewährung freikommen oder häufiger verhaftet werden, und seine Entscheidung entsprechend darauf abgestimmt.

KIs sind so gut darin, menschliche Vorurteile zu finden, dass der Bundesstaat New York eine Leitlinie für Versicherungen herausgab. Darin wurden mitgeteilt, dass Versicherungen, die »alternative Daten« auswerten, die einer KI Hinweise auf die Wohngegend einer Person geben könnten, möglicherweise gegen Antidiskriminierungsgesetze verstoßen. Der Gesetzgeber erkannte, dass dies eine heimliche Hintertür sein könnte, mit der die KI die ethnische Zugehörigkeit einer Person herausfinden kann. Indem sie Rassismus (und andere Formen der Diskriminierung) implementierte, könnte sich die KI eine vermeintliche Leistungsfähigkeit auf menschlichem Niveau erschummeln.[17]

Schließlich ist die Vorhersage von Verbrechen oder Verkehrsunfällen ein ziemlich schweres und weit gefasstes Problem. Das Erkennen und Imitieren menschlicher Vorurteile fällt einer KI deutlich leichter.

Keine Empfehlung, sondern eine Vorhersage

KI liefert genau das, was wir bestellt haben. Daher müssen wir unsere »Bestellung« sehr sorgfältig formulieren. Nehmen Sie beispielsweise die Auswahl von Bewerbern auf eine Arbeitsstelle. 2018 berichtete die Nachrichtenagentur Reuters, dass Amazon die Verwendung eines Werkzeugs für die Vorauswahl von Bewerbern eingestellt hatte. Die Tests des Unternehmens hatten ergeben, dass die KI weibliche Kandidaten diskriminierte. Sie hatte beispielsweise gelernt, Bewerbungsschreiben schlechter zu bewerten, wenn die Kandidatinnen eine reine Mädchenschule besucht hatten. Die KI ging sogar so weit, Bewerbungen geringer einzustufen, wenn diese das Wort *Frauen*, zum Beispiel in *Frauenfußballteam,* enthielten.[18] Glücklicherweise wurde der Fehler entdeckt, bevor er für tatsächliche Bewerbungsentscheidungen relevant wurde.[19] Natürlich hatten die Amazon-Programmierer nicht vor, einen unausgewogenen Algorithmus zu entwickeln – wie hat er dann aber gelernt, männliche Kandidaten zu bevorzugen?

Wird der Algorithmus nach den gleichen Kriterien trainiert, nach denen Personalleiter Bewerbungen einordnen und bewerten, ist es sehr wahrscheinlich, dass er deren Vorurteile übernimmt. Es gilt als bewiesen, dass es starke sexistische und rassistische Vorurteile bei der Bewerberauswahl gibt. Das gilt selbst dann, wenn die Auswahl von Frauen oder Angehörigen von Minderheiten oder von Menschen vorgenommen wird, die sich selbst für vorurteilsfrei halten. Kandidaten mit einem männlich klingenden Namen haben deutlich höhere Chancen auf ein Bewerbungsgespräch als Menschen mit einem weiblichen Namen. Wurde der Algorithmus darauf trainiert, Bewerbungen zu bevorzugen, die denen der erfolgreichsten Mitarbeiter ähneln, kann auch das nach hinten losgehen. Das kann passieren, wenn die Belegschaft des Unternehmens schon vorher nicht vielfältig genug war oder nichts gegen Geschlechtervorurteile in den Leistungsbewertungen unternommen wurde.[20]

Der ideale Bewerber

In einem Gespräch mit dem Internetportal Quartz erzählte Mark J. Girouard, ein Arbeitsrechtler aus der Kanzlei Nilan Johnson Lewis aus Minneapolis, von einem Klienten. Dieser hatte den Bewerberalgorithmus eines anderen Unternehmens untersucht, um herauszufinden, welche Merkmale die KI am stärksten mit guter Leistung verband. Die Merkmale waren: 1. Der Bewerber heißt Jared. 2. Der Bewerber spielt Lacrosse.[21]

Sobald die Amazon-Programmierer die Vorurteile in ihrem Werkzeug entdeckt hatten, versuchten sie, den Fehler zu beheben, indem sie alle mit Weiblichkeit verbundenen Begriffe aus der Wortliste des Algorithmus entfernten. Die Aufgabe wurde dadurch erschwert, dass der Algorithmus außerdem gelernt hatte, Wörter wie *executed* (ausgeführt) und *captured* (erreicht, ergriffen) zu bevorzugen, die meistens in Bewerbungen von Männern vorkamen. Der Algorithmus war ziemlich gut darin, männliche von weiblichen Bewerbern zu unterscheiden – in der Empfehlung von Kandidaten war er jedoch furchtbar schlecht und konnte nur Zufallsergebnisse liefern. Am Ende musste Amazon das Projekt aufgeben.

Oft geht man davon aus, dass diese Algorithmen Empfehlungen geben, obwohl es tatsächlich viel präziser ist, von Vorhersagen zu sprechen. Sie sagen uns nicht, welche Entscheidung die beste ist – sie lernen einfach nur, menschliches Verhalten vorherzusagen. Da Menschen oft Vorurteile haben, werden Algorithmen, die von diesen Menschen lernen, ihr Verhalten übernehmen, es sei denn, die Menschen geben sich große Mühe, dieses Ungleichgewicht zu entfernen.

Werden Algorithmen zur Lösung echter Probleme eingesetzt, müssen wir ebenfalls genau hinsehen, *was* da vorhergesagt wird. So gibt es beispielsweise einen Algorithmus, der als **Predictive Policing** (vorausschauende Polizeiarbeit) bezeichnet wird. Er untersucht Aufzeichnungen über vergangene Polizeieinsätze und versucht, vorherzusagen, wo und wann zukünftig Verbrechen begangen werden. Sagt der Algorithmus für eine bestimmte Gegend ein Verbrechen voraus, können dort mehr Polizeibeamte eingesetzt werden, um es zu verhindern oder zumindest in der Nähe zu sein, wenn es passiert. Allerdings sagt der Algorithmus nicht voraus, wo die meisten Verbrechen *verübt* werden, sondern nur, wo sie *registriert* werden. Je höher die Polizeipräsenz in einem bestimmten Gebiet ist, desto mehr Verbrechen werden entdeckt, weil mehr Polizisten mehr Vorfälle wahrnehmen und mehr Personen kontrolliert werden. Diese steigenden Zahlen könnten die Polizei veranlassen, noch mehr Beamte in diesem Viertel einzusetzen. Dieses Problem wird als **Overpolicing** (also etwa Über-Überwachung) bezeichnet und kann zu einer sich selbst bestätigenden Rückkopplungsschleife werden, bei der immer mehr Verbrechen registriert werden. Das Problem wird noch verstärkt, wenn in die Polizeiberichte rassistische Vorurteile mit einfließen: Wenn die Polizei hauptsächlich Menschen einer bestimmten Hautfarbe oder ethnischen Zugehörigkeit anhält, führt das leicht dazu, dass deren Wohngegenden besonders stark kontrolliert werden. Setzt man zusätzlich noch einen Predictive-Policing-Algorithmus ein, wird das Problem immer schlimmer. Das gilt besonders, wenn die KI mit Daten von Polizeieinsätzen trainiert wurde, bei denen unschuldigen Menschen Drogen untergeschoben wurden, um die Festnahmequoten zu erfüllen.[22]

Die Ergebnisse der KI überprüfen

Wie können wir die KIs davon abhalten, unabsichtlich menschliche Vorurteile zu übernehmen? Vor allem sollten wir damit rechnen, dass es passiert. Wir sollten KI nicht als fair ansehen, bloß weil sie Abneigung oder Ressentiments nicht empfinden kann. Die Behandlung einer Entscheidung als unparteiisch, nur weil sie von einer KI kommt, wird auch als **Mathwashing** oder **Bias Laundering** (von Vorurteilen reinwaschen) bezeichnet. Die Vorurteile existieren weiter, weil die KI sie aus ihren Trainingsdaten übernommen hat. Jetzt sind die Verzerrungen allerdings von schwer verständlichem KI-Verhalten umgeben. So kann es passieren, dass Unternehmen – absichtlich oder nicht – KI auf äußerst illegale (und vielleicht auch profitable Weise) einsetzt.

Wir müssen die KI also überwachen, um sicherzustellen, dass ihre vermeintlich schlauen Lösungen nicht in Wirklichkeit furchtbar sind.

Meistens wird ein Algorithmus hierfür streng und umfassend getestet. Leider finden diese Tests manchmal aber erst statt, wenn die KI bereits im Einsatz ist und die Benutzer feststellen, dass ein Handtrockner auf dunkle Haut nicht reagiert oder die Stimmerkennung bei Frauen deutlich schlechter funktioniert als bei Männern oder dass drei führende Algorithmen zur Gesichtserkennung bei dunkelhäutigen Frauen deutlich schlechter abschneiden als bei hellhäutigen Männern.[23] Im Jahr 2015 verwendeten Forscher der Carnegie Mellon University ein Werkzeug namens AdFisher, um Googles Stellenanzeigen zu untersuchen. Dabei fanden sie heraus, dass die KI Männern deutlich öfter hochbezahlte Führungspositionen anbot, als das bei Frauen der Fall war.[24] Vielleicht war dies eine Anforderung der Arbeitgeber, vielleicht hatte die KI es aber auch ohne Googles Wissen gelernt.

Und das ist der schlimmste mögliche Fall: ein Problem erst zu finden, wenn der Schaden bereits entstanden ist.*

Bestenfalls ist man auf diese Probleme vorbereitet und berücksichtigt sie bereits bei der Entwicklung der Algorithmen, sodass der Fehler gar nicht erst auftritt. Aber wie? Zum einen, indem man die technischen Abteilungen von vornherein diverser besetzt. Programmierer und Programmiererinnen, die selbst einer marginalisierten Gruppe angehören, können Unausgewogenheiten in den Trainingsdaten schneller erkennen und nehmen diese Probleme ernster. (Es hilft auch, wenn Angestellten erlaubt wird, Än-

* Tatsächlich erhielt der Übersetzer dieses Buchs exakt zu dem Zeitpunkt, als er dieses Kapitel Korrektur las, einen Brief seiner Krankenkasse, der an »Frau Jørgen Lang« adressiert war, nachdem die Anrede Jahrzehnte lang korrekt war. Offenbar hatte die Krankenkasse ihren Datenbestand von einer KI »korrigieren« lassen, die mit gängigen männlichen und weiblichen Vornamen trainiert wurde. Der Name »Jørgen« (auch mit ö) ist in Deutschland recht ungebräuchlich, sodass die KI offenbar raten musste – und falsch lag.

derungen vorzunehmen.) Das schafft natürlich nicht alle Probleme aus der Welt. Selbst Programmierer, die wissen, auf welche Weise sich Algorithmen für maschinelles Lernen danebenbenehmen können, sind manchmal überrascht über ihre scheinbare Kreativität.

Daher ist es wichtig, dass wir unsere Algorithmen sorgfältig testen, bevor wir sie auf die Welt loslassen. Die Werkzeuge stehen bereit, um beispielsweise zu überprüfen, ob ein Programm, das bei der Entscheidung über die Vergabe von Krediten helfen soll, frei von Vorurteilen ist.[25] In diesem Beispiel würde die Software systematisch eine große Zahl angenommener Kreditanträge testen und nach Trends in den Eigenschaften der Antragsteller suchen, die eine Zusage bekommen haben. Ein systematischer Ansatz in großem Maßstab ist meist am nützlichsten, weil die Verzerrungen oft auf seltsame Weise zutage treten. Ein solches Programm mit dem Namen Themis suchte beispielsweise nach geschlechterspezifischen Benachteiligungen bei Kreditanträgen. Auf den ersten Blick sah alles gut aus. Die Kredite wurden zu gleichen Teilen an Männer und Frauen vergeben (über andere Geschlechteridentitäten lagen keine Daten vor). Als sich die Forscher dann aber die geografische Verteilung der Ergebnisse ansahen, fanden sie heraus, dass es noch eine Menge Ungleichheit gab: Alle Frauen kamen aus einem einzigen Bezirk. Mittlerweile bieten Unternehmen eine Überprüfung auf Vorurteile als Dienstleistung an.[26] Wenn Regierungen und Unternehmen beginnen, eine Art Vorurteilszertifizierung für neue Algorithmen zur Bedingung zu machen, könnte sich diese Praxis deutlich stärker verbreiten.

Eine weitere Möglichkeit, Vorurteile (und anderes unerwünschtes Verhalten) zu entdecken, liegt in der Entwicklung von Algorithmen, die aufzeigen können, wie sie zu einer bestimmten Lösung gelangt sind. Wie wir wissen, ist das nicht einfach, weil KIs für Menschen allgemein nur schwer verständlich sind. Aus der Beschäftigung mit Visual Chatbot in Kapitel 4 wissen wir, dass es schwierig ist, einen Algorithmus darauf zu trainieren, sinnvolle Antworten darauf zu geben, wie er die Welt sieht. Den größten Fortschritt gibt es bei den Algorithmen zur Bilderkennung, weil diese die Bildteile und Merkmale, mit denen sie sich beschäftigen, visuell hervorheben können.
Es kann auch helfen, einen Algorithmus aus mehreren kleineren Unteralgorithmen aufzubauen, von denen jedes Einzelteil eine menschenlesbare Entscheidung ausgibt.

Und was können wir tun, wenn wir diese Verzerrungen entdeckt haben? Eine Möglichkeit, die Vorurteile zu entfernen, besteht darin, die Trainingsdaten entsprechend anzupassen.[27] Wir könnten einige der Kreditanträge aus der Kategorie »abgelehnt« in »genehmigt« ändern oder bestimmte Anträge komplett aus den Trainingsdaten entfernen. Dieses Verfahren wird als **Preprocessing** (Vorverarbeitung) bezeichnet.

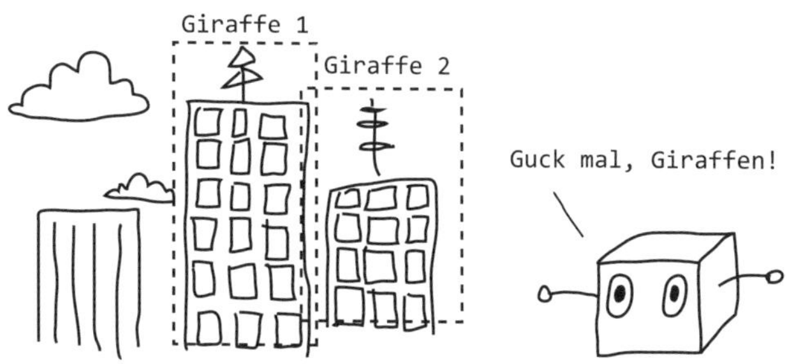

Der Schlüssel zur Lösung dieser Problematik könnte menschliche Aufsicht sein. Da KIs so anfällig dafür sind, das falsche Problem zu lösen, Dinge kaputt zu machen oder unglückliche Abkürzungen zu nehmen, werden Menschen gebraucht, die sicherstellen, dass die »großartige Lösung« nicht mehr Probleme schafft, als sie löst. Diese Personen müssen wissen, auf welche Weise KIs erfolgreich sind oder scheitern können. Das hat Ähnlichkeit mit dem Vieraugenprinzip, bei dem Arbeitskollegen ihre Arbeit gegenseitig überprüfen. In unserem Fall haben wir es mit einem besonders seltsamen Kollegen zu tun. Wie seltsam das sein kann, werden wir im folgenden Kapitel sehen. Dort untersuchen wir, welche Gemeinsamkeiten KIs mit dem menschlichen Gehirn haben und worin sie sich deutlich unterscheiden.

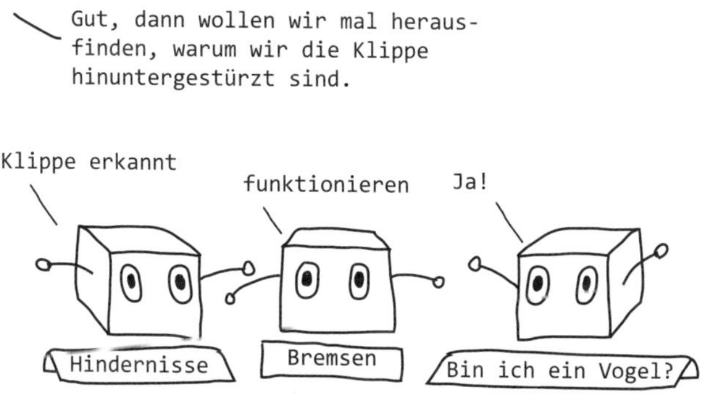

Ist eine KI aufgebaut wie ein menschliches Gehirn? – Ähnlichkeiten und entscheidende Unterschiede

Algorithmen für maschinelles Lernen sind letztlich auch nur Programmiercode. Gleichzeitig können sie einige sehr menschliche Dinge tun: lernen durch ausprobieren, Abkürzungen finden, um Probleme zu lösen, oder einen Test komplett umgehen, indem sie die Antworten löschen. Außerdem sind viele der Algorithmen durch Beispiele aus dem wahren Leben inspiriert. In Kapitel 3 haben wir gesehen, dass neuronale Netzwerke die Neuronen des menschlichen Gehirns zum Vorbild haben und dass evolutionäre Algorithmen von der biologischen Evolution inspiriert sind. Viele der Eigenarten von Gehirnen lebender Organismen gibt es auch in den KIs, die versuchen, sie zu imitieren. Manchmal tauchen diese Merkmale sogar auf, ohne dass ein Programmierer sie absichtlich eingebaut hat.

KI-Traumwelten

Stellen Sie sich vor, Sie werfen ein Sandwich gegen die Wand (zum Beispiel eines der ungenießbaren Sandwiches aus Kapitel 3). Wenn Sie sich konzentrieren, können Sie sich die einzelnen Schritte sicher gut vorstellen: das weiche oder knubbelige Gefühl der Brotscheiben zwischen Ihren Fingern und die Textur der Kruste, wenn Sie ein Baguette oder ein Brötchen essen. Sie fühlen, wie sehr das Brot unter Ihren Fingern nachgibt – vielleicht drücken Ihre Finger leicht hinein, ohne aber Löcher zu bohren. Vielleicht sehen Sie vor sich, welche Armbewegung Sie machen, während Sie für den Wurf ausholen, und den Punkt der Bewegung, an dem Sie das Sandwich loslassen. Sie wissen, dass es Ihre Hand mit seinem eigenen Schwung verlässt und sich auf seiner Flugbahn etwas dreht oder hin und her taumelt. Sie können sogar sagen, wo es die Wand treffen wird, wie stark sich das Brot verformt oder ob es zerbricht, und Sie wissen, was mit dem Belag passiert. Sie wissen, dass das Sandwich weder wie ein Ballon aufsteigt noch einfach verschwindet oder grün und orange zu blinken beginnt (es sei denn, Sie haben zufällig ein Erdnussbutter-Helium-Alien-Artefakt-Sandwich geworfen).

Kurz gesagt: Sie haben ein inneres Modell des Sandwiches, der Physik beim Werfen von Dingen und von Wänden. Hirnforscher haben diese internen Modelle studiert, die unsere Wahrnehmung der Welt und unsere Vorhersagen der Zukunft bestimmen. Wenn beim Baseball ein Schlagmann einen Ball treffen will, beginnen seine Arme die Bewegung schon deutlich bevor der Ball die Hand des Werfers überhaupt verlässt. Der Ball ist nicht einmal lange genug in der Luft, damit Nervenimpulse des Schlagmanns durch seine Muskeln laufen könnten. Anstatt die Flugbahn des Balls zu bewusst einzuschätzen, verlässt er sich auf sein internes Modell vom Ablauf des Wurfs, um seinen Schlag zeitlich genau abzustimmen. Viele unserer schnellsten Reflexe funktionieren auf diese Weise und verlassen sich dabei auf innere Modelle, um die beste Reaktion vorherzusagen.

Bei der Erstellung von KIs, die sich in realen oder simulierten Landschaften bewegen oder andere Aufgaben lösen sollen, beginnt man auch oft mit internen Modellen. Ein Teil der KI könnte dafür da sein, die Welt zu beobachten, die wichtigsten Informationen auszufiltern und sie für die Erstellung und Aktualisierung des internen Modells zu nutzen. Ein anderer Teil verwendet dieses Modell, um vorherzusagen, was passiert, wenn es verschiedene Aktionen ausführt. Ein weiterer Bestandteil der KI hat die Aufgabe, zu entscheiden, welches Ergebnis das beste ist. Während des Trainings wird die KI immer besser darin, alle drei Teilaufgaben zu lösen. Menschen lernen auf ähnliche Weise, auch sie treffen Annahmen über die Welt um sie herum und aktualisieren diese immer wieder.

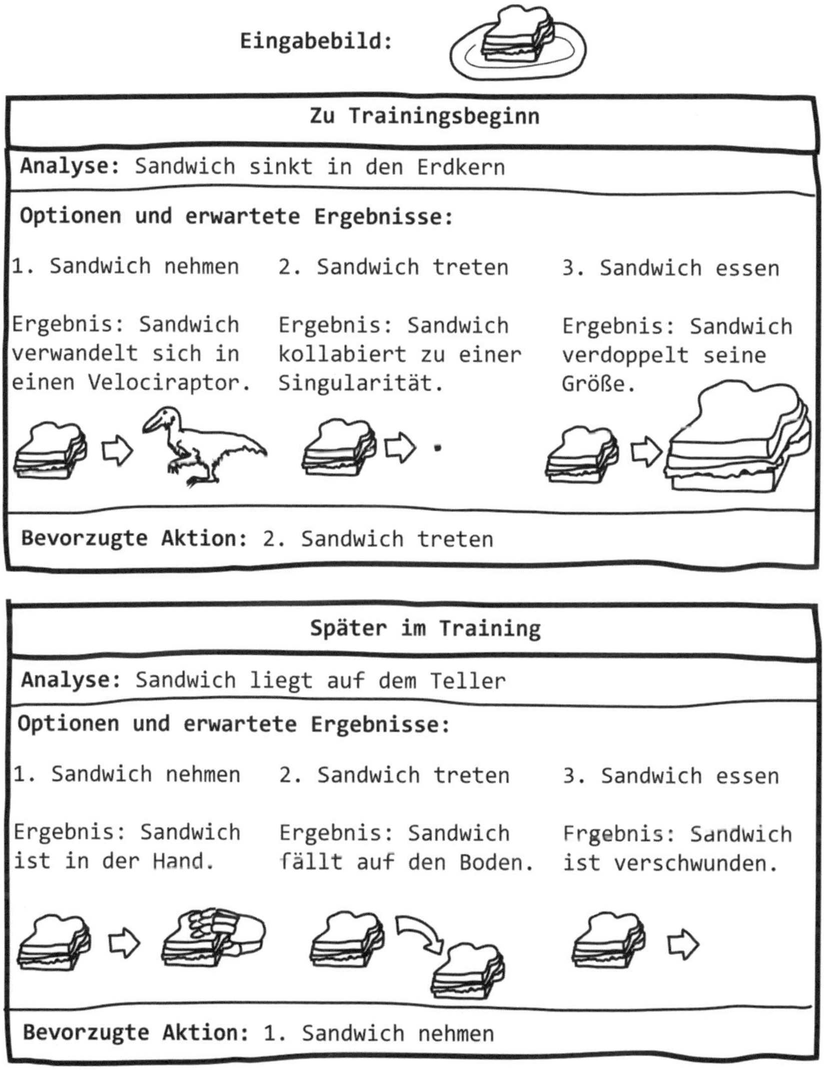

Einige Hirnforscher sind der Meinung, dass Träume eine Möglichkeit sind, unsere internen Modelle für ein Training mit geringem Aufwand (und Risiko) zu nutzen. Sie wollen testen, ob Ihre Strategie, einem schlecht gelaunten Nashorn zu entkommen, gut funktioniert? Dann ist es sicherer, das in einem Traum auszuprobieren, als gleich mit einem echten Nashorn anzufangen. Auf Basis dieses Prinzips nutzen Programmierer für maschinelles Lernen manchmal Träume, um ihren Algorithmen zu helfen, schneller zu lernen. In Kapitel 3 haben wir einen dreiteiligen Algorithmus gesehen, dessen Ziel es war, im Computerspiel Doom möglichst lange am Leben zu bleiben.[1] Durch die Kombination aus visueller Wahrnehmung des Spiels, der Erinnerung an vergangene Ereignisse und einer Vorhersage der Dinge, die als Nächstes passieren würden, erstellten die Programmierer einen Algorithmus, der sich ein internes Modell des Spiellevels machen und entscheiden konnte, was als Nächstes zu tun war. Wie im Beispiel mit dem Baseballspieler zählen interne Modelle zu den besten Werkzeugen, um Algorithmen bestimmte Aktionen beizubringen.

Der wichtige Unterschied war aber, dass die KI nicht im echten Spiel, sondern im Modell selbst trainierte. Sie probierte ihre neuen Strategien also in ihrer eigenen Traumversion des Spiels aus anstatt im Spiel selbst. Dieses Vorgehen hat einige Vorteile: Da die KI gelernt hatte, für ihr Modell nur die wichtigsten Details zu verwenden, war die Traumversion deutlich weniger rechenintensiv als das Original. Außerdem wurde das Training beschleunigt, weil sich die KI auf die wichtigen Details konzentrieren und den Rest ignorieren konnte. Anders als bei menschlichen Träumen können wir uns das interne Modell ansehen, als könnten wir in den Traum der KI hineinsehen. Dort finden wir eine schemenhafte, verschwommene Version des Spiellevels. Wir können erkennen, für wie wichtig die KI die einzelnen Bestandteile des Spiels hält, indem wir analysieren, wie detailliert sie in der Traumwelt wiedergegeben werden. In diesem Beispiel waren die Feuerbälle schleudernden Monster nur grob angedeutet, während die Feuerbälle selbst in realistischen Details dargestellt wurden. Interessanterweise waren auch die Ziegelmuster der Wände im internen Modell zu sehen – vielleicht um zu beurteilen, wie nah sich der Spieler an einer Wand befand.

Und natürlich kann die KI in dieser auf das Wesentliche reduzierten Version des Universums ihre Vorhersage- und Entscheidungsfähigkeiten verbessern, um schließlich möglichst viele Feuerbälle zu vermeiden. Die in der Traumwelt gelernten Fähigkeiten sind auch auf das echte Computerspiel übertragbar. So hilft das Training am internen Modell der KI, in der wahren Welt besser zurechtzukommen.

Allerdings funktionierten nicht alle von der KI getesteten Strategien in der wahren Welt. Sie hatte beispielsweise gelernt, ihre eigenen Träume zu hacken – wie die KIs in Kapitel 6, die ihre Simulationen manipuliert hatten. Die KI fand heraus, dass sie ihr internes Modell durch eine bestimmte Bewegung austricksen konnte, durch die die Monster überhaupt keine Feuerbälle schleuderten. Das ging in der wahren Spielwelt von Doom natürlich gründlich schief. Menschliche Träumer können ähnlich enttäuscht sein, wenn sie merken, dass sie plötzlich nicht mehr fliegen können.

Echte und künstliche Gehirne denken auf die gleiche Weise

Die Doom spielende KI besaß ein internes Modell der Welt, weil ihre Programmierer sie so entworfen hatten. Es gibt aber auch Fälle, in denen neuronale Netzwerke selbstständig bestimmte Strategien entwickelten, die Hirnforscher auch in tierischen Gehirnen entdeckt haben.

1997 trainierten die Forscher Anthony Bell und Terrence Sejnowski ein neuronales Netzwerk darauf, sich verschiedene Naturszenen anzusehen (Bäume, Blätter und so weiter), um herauszufinden, welche Merkmale es finden konnte. Dabei sagte niemand dem Netz, wonach es suchen sollte, sondern nur, dass es Dinge aussortieren sollte, die sich unterschieden. (Diese Art der freien Datenanalyse wird als **unüberwachtes Lernen** oder auch **Unsupervised Learning** bezeichnet.) Das Netzwerk entwickelte spontan eine Reihe von Filtern, die Kanten und Muster erkennen konnten. Diese Art von Filtern haben Wissenschaftler ebenfalls im Sehzentrum von Menschen und anderen Säugetieren gefunden. Auch ohne direkte Anweisung fand das künstliche neuronale Netzwerk die gleichen visuellen Verarbeitungstricks wie manche Tiere.[2]

Und das kein Einzelfall. Die Forscher von Google DeepMind fanden heraus, dass Algorithmen, die lernen sollten zu navigieren, spontan eine Art Rasterdarstellung entwickelten, wie sie auch in manchen Säugetiergehirnen vorkommt.[3]

Auf bestimmte Weise können an neuronalen Netzwerken sogar gehirnchirurgische Eingriffe vorgenommen werden. In Kapitel 3 haben wir beispielsweise beschrieben, wie sich Forscher die Neuronen eines neuronalen Netzwerks zur Bilderzeugung (eines GAN) ansahen. Dabei erkannten sie, dass einige Neuronen für die Erstellung von Bäumen, Kuppeln, Ziegeln und Türmen zuständig waren. Sie fanden aber auch Neuronen, die offenbar fehlerhafte Bereiche erzeugten. Als die Forscher diese Neuronen aus dem Netz entfernten, verschwanden auch die Bildfehler. Sie stellen außerdem fest, dass sie Neuronen deaktivieren konnten, die bestimmte Objekte erzeugten, wodurch diese Objekte tatsächlich in den erzeugten Bildern nicht mehr vorkamen.[4]

Konvergente Evolution

Nicht nur virtuelle Nervensysteme besitzen Entsprechungen in der echten Welt. Digitale Versionen der Evolution können Verhalten hervorbringen, das sich auch in echten Organismen entwickelt hat, wie beispielsweise Kooperation, Wettbewerb, Täuschung, Beutefang und sogar Parasitismus. Selbst für einige der seltsamsten Strategien digital entwickelter KIs gibt es Entsprechungen im wahren Leben.

In einer virtuellen Trainingswelt namens PolyWorld standen simulierte Organismen in einem Wettbewerb um Nahrung und Ressourcen. Einige Geschöpfe entwickelten dabei die recht grausame Strategie, ihre eigenen Nachkommen zu verspeisen. Die Produktion von Nachkommen verbrauchte in dieser Welt keine Ressourcen, und Kinder waren eine kostenlose Nahrungsquelle.[5] Und ja, diese Strategie gibt es auch in der echten Welt. Einige Insekten, Amphibien, Fische und Spinnen produzieren unbefruchtete **trophische Eier**, die ihren Nachkommen als Nahrung dienen. Manchmal dienen die Eier als Nahrungsergänzung, in anderen Fällen, wie dem von *Canthophorus niveimarginatus*, einer Erdwanze, sind sie die einzige Nahrungsquelle für die Nachkommen.[6] Einige Ameisen und Bienen erzeugen trophische Eier sogar als Nahrung für ihre Königinnen. Aber nicht nur Eier werden von ihren Geschwistern verzehrt. Einige Haie gebären lebende Jungtiere – und diejenigen, die es bis zur Geburt schaffen, haben zuvor ihre Geschwister im Mutterleib verspeist.

Katastrophale Vergesslichkeit

Aus Kapitel 2 wissen wir, dass eng umrissene Aufgaben eine KI schlauer erscheinen lassen. Allerdings können Sie einer engen künstlichen Intelligenz (*Artificial Narrow Intelligence*, ANI) nicht einfach eine Fähigkeit nach der anderen beibringen, um so zu einer allgemeinen künstlichen Intelligenz (*Artificial General Intelligence*, AGI) zu gelangen. Versuchen wir, einer engen KI eine zweite Fähigkeit beizubringen, wird sie die erste wieder vergessen. Am Ende haben Sie eine KI, die kann, was Sie ihr zuletzt beigebracht haben.

Das passiert mir beim Training von neuronalen Netzwerken zur Texterzeugung ständig.

Hier sind beispielsweise die Ausgaben eines Netzes, das ich mit verschiedenen Dungeons & Dragons-Zaubersprüchen trainiert habe. Es hat die Aufgabe gut gelöst und Sprüche erzeugt, die plausibel sind und von einigen Spielern vielleicht sogar für echt gehalten werden. (Ich habe die Ausgaben nach den besten Beispielen durchsucht.)

```
Find Faithful (Treue finden)
Entangling Stone (Stein der Verstrickung)
Bestow Missiles (Raketen schenken)
Energy Secret (Energie-Geheimnis)
Resonating Mass (Schwingende Masse)
Mineral Control Spell (Mineral-Kontrollzauber)
Holy Ship (Heiliges Schiff)
Night Water (Nachtwasser)
Feather Fail (Feder-Versagen)
Hail to the Dave (Hoch dem Dave)
Delay Tail (Verzögerter Schweif)
Stunker's Crack (Streiters Spalte)
Combustive Blaps (Brennbares Klappern)
Blade of the Darkstone (Klinge des Dunkelsteins)
Distracting Sphere (Sphäre der Verwirrung)
Love Hatter (Hutmacher der Liebe)
Seed of Dance (Saat des Tanzes)
Protection of Person of Ability (Schutz der Person von Fähigkeit)
Undead Snow (Untoter Schnee)
Curse of King of Furch (Fluch des Furchkönigs)
```

Danach trainierte ich das Netzwerk mit einem neuen Datensatz, und zwar den Namen von Kuchenrezepten. Konnte ich ein neuronales Netzwerk dazu bringen, Kuchen *und* Zaubersprüche zu erzeugen? Nach etwas Training sah es aus, als könnte es klappen. Die D&D-Zaubersprüche bekamen eine bestimmte Geschmacksrichtung.

```
Discern Pie (Kuchen der Erkenntnis)
Detect Cream (Sahne aufspüren)
Tart of Death (Torte des Todes)
Summon Fail Pie (Torte der misslungenen Beschwörung)
Death Cream Swarm (Schwarm der Todessahne)
Easy Apple Cream Tools (Einfache Apfel-Sahne-Werkzeuge)
Bear Sphere Transport Pie (Bärensphären-Transporttorte)
Crust Hammer (Rindenhammer)
Glow Cream Pie (Glühsahnetorte)
Switch Minor Pie (Kleinschalterkuchen)
Wall of Tart (Tortenwand)
Bomb Cream Pie (Bombensahnetorte)
Crust Music (Rindenmusik)
Arcane Chocolation (Geheimnisvolle Schokoladisierung)
Tart of Nature (Naturtorte)
Mordenkainen's Pie (Mordenkainens Kuchen)
Rary's Or Tentacle Cheese Cruster (Rary's oder Tentakel-Käsekruster)
```

Haunting Pie (Kuchen der Heimsuchung)
Necroppostic Crostility (Nekropostische Krustilität)
Tartle of the Flying Energy Crum (Törtel der fliegenden Energiekrume)

Nach und nach vergaß das neuronale Netzwerk die gelernten Zaubersprüche und wurde immer besser im Erzeugen von Kuchennamen. Seine Fähigkeiten darin waren geradezu *hervorragend*. Aber die Zauberkräfte waren dahin.

Baked Cream Puff Cake (Gebackene Windbeutel-Torte)
Reese's Pecan Pie (Reese's Pekannusstorte)
Eggnog Peach Pie #2 (Eierlikör-Pfirsich-Kuchen Nr. 2)
Apple Pie With Fudge Treats (Apfelkuchen mit Karamellbonbons)
Almond-Blackberry Filling (Mandel-Brombeer-Füllung)
Marshmallow Squash Pie (Marshmallow-Kürbis-Kuchen)
Cromberry Yas (Grumbeer*-Jas)
Sweet Potato Piee (Süßkartoffelkuuchen)
Cheesy Cherry Cheese Pie #2 (Käsiger Kirsch-Käsekuchen Nr. 2)
Ginger Impossible Strawberry Tart (Ingwer-Unmögliche Erdbeertorte)
Coffee Cheese Pie (Kaffee-Käsekuchen)
Florid Pumpkin Pie (Blumiger Kürbiskuchen)
Meat-de-Topping (Fleisch-de-Belag)
Baked Trance Pie (Gebackener Trance-Kuchen)
Fried Cream Pies (Frittierte Sahnekuchen)
Parades Or Meat Pies Or Cake #1 (Festumzüge oder Fleischkuchen oder Kuchen Nr. 1))
Milk Harvest Apple Pie (Milchernte-Apfelkuchen)
Ice Finger Sugar Pie (Eisfinger-Zuckerkuchen)
Pumpkin Pie With Cheddar Cookie (Kürbiskuchen mit Cheddarkeks)
Fish Strawberry Pie (Fisch-Erdbeerkuchen)
Butterscotch Bean Pie (Butterscotch-Bohnenkuchen)
Caribou Meringue Pie (Karibu-Baiserkuchen)

Diese Eigenart neuronaler Netzwerke wird als **katastrophale Vergesslichkeit** (*Catastrophic Forgetting*) bezeichnet.[7] Ein typisches neuronales Netzwerk kann sein Langzeitgedächtnis nicht schützen. Wenn es eine Aufgabe lernt, werden sämtliche Neuronen neu geordnet und vom Schreiben von Zaubersprüchen zum Erfinden von Kuchen umgewidmet. Die katastrophale Vergesslichkeit ist einer der wichtigsten Faktoren für die Entscheidung, ob eine KI für die Lösung einer Aufgabe geeignet ist, und hat großen Einfluss darauf, wie wir KIs einsetzen.

* Hallo, liebe Schwaben!

Forscher arbeiten daran, das Problem der katastrophalen Vergesslichkeit zu lösen. Hierzu gehört der Versuch, ein Langzeitgedächtnis aus geschützten Neuronen zu schaffen, das so ähnlich funktioniert wie die langfristige Speicherung von Erinnerungen im menschlichen Gehirn.

Größere neuronale Netzwerke könnten etwas widerstandsfähiger gegen das katastrophale Vergessen sein. Der Grund ist vermutlich, dass ihre Fähigkeiten über so viele trainierte Zellen verteilt sind, dass während des Transferlernens nicht alle einen neuen Zweck bekommen. Ein großer Algorithmus wie GPT-2 (das große Netzwerk zur Texterzeugung aus Kapitel 2) konnte selbst dann noch Harry-Potter-Fanfiction erzeugen, nachdem ich es eine lange Zeit mit Rezepten trainiert hatte. Hierfür musste ich das Netz nur mit einem Schnipsel einer Geschichte über Harry und Snape locken, und GPT-2 erinnerte sich, wie es die Geschichte zu Ende bringen musste. Lustigerweise hatte das Netz die Tendenz, das Thema der Dialoge mehr und mehr in Richtung Essen zu lenken. Geben Sie dem Netz einen Absatz aus einem Horror-Roman, wird die Figur früher oder später Rezepte teilen und sich an ein »mit Schokolade belegtes Käse-und-Butter-Sandwich« erinnern. Eine Unterhaltung zwischen Luke Skywalker und Obi-Wan Kenobi wird bald zu einer Diskussion über Alderaanische Fischsauce abdriften. In nur wenigen Absätzen wandelte sich eine Geschichte, in der Snape Harry wegen gestohlener Zaubertränke zur Rede stellt, zu einem Gespräch beim Abendessen darüber, wie man ein Suppenrezept verbessern könnte.

```
»Ich muss mich allerdings fragen, ob Sie diese Suppe mit etwas
Fisch darin tatsächlich gegessen haben. Die Suppe ist so gut
gewürzt, dass kein einziger Geschmack zu erkennen war.«

»Wir haben sie mit einer ganzen Menge davon gegessen«,
meinte Hermine. »Wir alle essen sie mit einem Fisch darin. Sie muss
ziemlich gut sein.«

»Ich denke auch«, stimmte Harry zu. »Ich habe sie mit
Austern-Brutzler, mit Hummer, mit Krabben und auf Hummerschwänzen
probiert. Sie ist sehr gut.«

»Ich glaube, eigentlich war es nur ein Rezept für Austern-Brutzler.«

»Was war das?«, fragte Ron aus der Küche.

»Für mich ist das eine ganz besondere Suppe, weil sie so anders ist.
Ihr müsst mit dem Geschmack anfangen und dann nach und nach weitere
Zutaten hinzufügen.«
```

Selbst wenn die KI groß genug ist, um mehrere verwandte Aufgaben gleichzeitig auszuführen, kann es sein, dass sie keins der beiden Problem zufriedenstellend löst. Erinnern Sie sich zum Beispiel noch an das neuronale Netzwerk aus Kapitel 4, das Katzen erzeugen sollte und Schwierigkeiten mit den verschiedenen Körperhaltungen hatte?

Bisher bestand die übliche Lösung gegen das katastrophale Vergessen darin, die verschiedenen Aufgaben auf einzelne KIs zu verteilen. Am Ende haben wir eine Reihe unabhängiger Netze, die jeweils ein bestimmtes Problem lösen. Wenn wir diese jedoch miteinander verbinden und herausfinden, welche KI wir gerade brauchen, haben wir einen Algorithmus, der mehr als eine Aufgabe bewältigen kann – zumindest technisch gesehen. Die Doom spielende KI bestand ebenfalls aus drei Einzelalgorithmen: einem, der die Welt beobachtete, einem für Vorhersagen und einem, der entschied, was am besten zu tun war.

Einige Forscher sehen das katastrophale Vergessen als das größte Hindernis bei der Schaffung einer menschengleichen Intelligenz. Wie soll ein Algorithmus, der immer nur eine Aufgabe auf einmal lernen kann, mit der großen Vielfalt menschlicher Aufgaben umgehen? Er muss in der Lage sein, zu kommunizieren, zu analysieren, zu planen und Entscheidungen zu treffen. Es kann gut sein, dass wir aufgrund der katastrophalen Vergesslichkeit für immer auf Algorithmen für Einzelaufgaben beschränkt sein werden. Andererseits könnten sich diese Einzel-KIs organisieren wie Ameisen oder Termiten und durch Zusammenarbeit auch komplexe Probleme lösen. Sollte es in Zukunft allgemeine künstliche Intelligenzen geben, haben sie vermutlich mehr Ähnlichkeit mit einem Schwarm sozialer Insekten als mit Menschen.

Verstärkung von Vorurteilen

In Kapitel 7 haben wir einige Möglichkeiten gesehen, wie KIs Vorurteile aus ihren Trainingsdaten übernehmen können. Aber es kommt noch schlimmer.

Algorithmen für maschinelles Lernen übernehmen nicht nur die Vorurteile aus ihren Trainingsdaten, sie haben sogar die Tendenz, sie noch zu *verstärken*. Aus Sicht einer KI hat sie nur eine praktische Abkürzung entdeckt, um in ihren Trainingsdaten häufiger Treffer für die Menschen zu finden.

Es ist klar, warum diese Abkürzungsregeln nützlich sein können. Ein Algorithmus zur Bilderkennung könnte Schwierigkeiten haben, in der Hand gehaltene Objekte zu erkennen. Sieht die KI zusätzlich auch Dinge wie Arbeitsplatten, Küchenschränke und einen Ofen, könnte sie daraus schließen, dass der Mensch auf dem Bild kein Schwert, sondern ein Küchenmesser in der Hand hält. Selbst wenn die KI keinen Unterschied erkennen kann, reicht es aus, wenn sie in den meisten Fällen auf »Küchenmesser« tippt, sofern die Szene eine Küche zeigt. Dies ist ein weiteres Beispiel für die in Kapitel 7 gezeigte Klassenungleichheit. Ein Klassifizierungsalgorithmus sieht mehr Beispiele von einer bestimmten Art von Eingabe und weniger von einer anderen und lernt, dass er eine hohe Genauigkeit erzielen kann, indem er davon ausgeht, dass der seltene Fall niemals eintritt.

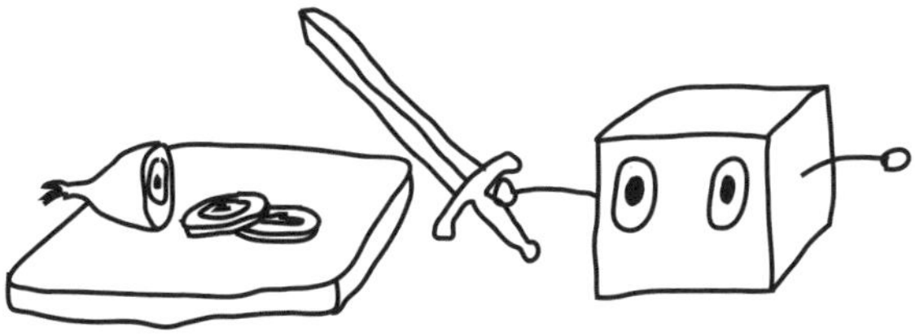

Treffen Klassenungleichheit und unausgewogene Datensätze aufeinander, führt das leicht zu noch mehr Vorurteilen. Forscher der University of Virginia und der University of Washington untersuchten einen Algorithmus zur Bilderkennung. Dabei beobachteten sie, wie oft der Algorithmus Personen in einer Küche für Männer oder für Frauen hielt.[8] (Das Forschungspapier und der ursprünglich von Menschen markierte Datensatz basierten auf einem binären Geschlechterkonzept, wobei die Autoren jedoch anmerkten, dass dies eine unvollständige Definition der möglichen Geschlechteridentitäten sei.) In den ursprünglich von Menschen markierten Bildern war nur in 33 Prozent ein Mann zu sehen, der Essen zubereitete. Die Daten waren offensichtlich unausgewogen. Als die Forscher eine KI mit diesen Bildern trainierten, stellen sie jedoch fest, dass der Algorithmus sogar nur in 16 Prozent der Darstellungen einen Mann identifizierte. Er hatte entschieden, dass er seine Genauigkeit steigern könnte, wenn er davon ausging, dass jeder Mensch in der Küche eine Frau sei.

Es gibt aber noch einen weiteren Grund dafür, dass Algorithmen für maschinelles Lernen erheblich schlechter als Menschen abschneiden können: Sie sind anfällig für einen seltsamen Cyberpunk-artigen Hackerangriff.

Gegnerische Angriffe

Angenommen, Sie betrieben eine Kakerlakenfarm. Alle Kameras sind mit einer fortschrittlichen Technik zur Bilderkennung ausgestattet und können bei dem kleinsten Anzeichen von Problemen Alarm schlagen. Die Zeit vergeht ohne besondere Vorkommnisse, bis Sie eines Tages am Ende ihrer Schicht in die Logdateien schauen. Das System hat keinerlei Kakerlakensichtungen in den für Mitarbeiter reservierten Zonen registriert, dafür aber sieben Fälle von – *Giraffen!?* Obwohl Ihnen das ein wenig seltsam vorkommt, bleiben Sie zunächst ruhig. Trotzdem entscheiden Sie sich, die Aufzeichnungen der Überwachungskameras durchzusehen. Gerade als Sie das Video bei der ersten Markierung für »Giraffe« abspielen wollen, hören Sie das typische Klickern von Millionen klitzekleiner Füßchen ...

Was ist passiert?

Ihr Algorithmus zur Bilderkennung wurde von einem **gegnerischen Angriff** (engl. *Adversial Attack*) ausgetrickst. Mit Insiderwissen zum Design Ihres Algorithmus oder zu den Trainingsdaten oder einfach nur durch Ausprobieren haben die Kakerlaken einen Weg gefunden, Ihre KI zu täuschen. Sie haben sich winzige Kärtchen gebastelt, die der KI vorgaukelten, Giraffen anstelle von Kakerlaken zu sehen. Für Menschen hätten die kleinen Notizzettel nicht einmal eine entfernte Ähnlichkeit mit Giraffen gehabt. Für sie sähen sie aus wie Bildrauschen in Regenbogenfarben. Dabei mussten sich die Kakerlaken nicht einmal hinter den Kärtchen verstecken. Sie brauchten sie nur in die Kamera zu halten, während sie dreist die Gänge entlangkrabbelten.

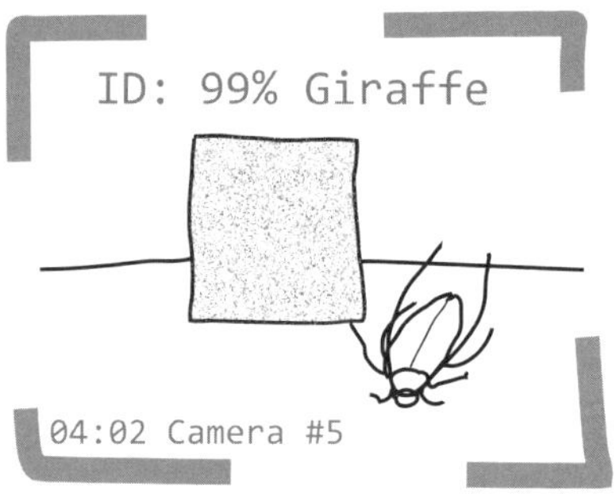

Klingt das nach Science-Fiction? Na gut, vielleicht abgesehen von dem Teil mit den bewussten Kakerlaken. Tatsächlich ist die Möglichkeit von gegnerischen Angriffen eine recht seltsame Eigenschaft von Bilderkennungsalgorithmen auf Basis des maschinellen Lernens. Forscher haben festgestellt, dass sie einen Algorithmus zur Bilderkennung täuschen können, indem sie dem Bild eines Rettungsboots (das mit einer Sicherheit von 89,2 Prozent auch richtig erkannt wurde) in der rechten oberen Ecke einen kleinen Fleck mit speziell konstruiertem Bildrauschen hinzufügten. Betrachtet ein Mensch das Bild, wird er sicher erkennen, dass es ein Rettungsboot zeigt und in einer Ecke einen kleinen bunten Fleck enthält. Die KI identifizierte das präparierte Bild mit einer Sicherheit von 99,8 Prozent als – Scotch Terrier.[9] Den Forschern gelang es, die KI davon zu überzeugen, dass ein U-Boot in Wirklichkeit eine Mütze ist, ein Gänseblümchen ein Braunbär und ein Kleinbus tatsächlich mehrere Baumfrösche. Die KI hatte die Täuschung durch den kleinen bunten Fleck nicht einmal bemerkt. Als die Forscher die KI anwiesen, das Bild so zu ändern, dass statt der Mütze wieder ein U-Boot erkennbar war, entfernte sie nicht etwa den Fleck mit dem Bildrauschen. Stattdessen versah die KI das Bild scheinbar willkürlich mit über das ganze Bild verteilten Pixeln.

Dieser kleine böse Fleck mit gegnerischem Bildrauschen ist der ganze Unterschied zwischen einem funktionierenden Algorithmus und einem massenhaften Ausbruch von Kakerlaken.

Am einfachsten lässt sich ein gegnerischer Angriff durchführen, wenn Sie Zugriff auf die Innereien des Algorithmus haben. Aber auch andere Algorithmen lassen sich täuschen. Forscher von LabSix haben herausgefunden, dass sie einen gegnerischen Angriff auch ohne Zugriff auf die inneren Verbindungen des Netzes durchführen können. Allein durch Versuch und Irrtum konnten sie neuronale Netzwerke täuschen, selbst wenn sie lediglich Zugriff auf seine finalen Entscheidungen hatten. Das funktionierte sogar mit einer relativ kleinen Anzahl von Versuchen (in diesem Fall 100.000).[10] Nur durch eine Manipulation der Bilder konnten sie Googles Werkzeug zur Bilderkennung davon überzeugen, dass ein Foto mit Skifahrern einen Hund zeigt.

Hierfür tauschten die Forscher zuerst einige Pixel im Foto eines Hundes gegen die Pixel aus einem Bild mit Skifahrern aus. Dabei achteten sie darauf, dass sie nur Pixel wählten, die offenbar nicht beeinflussten, wie sehr die KI das Bild für einen Hund hielt. Wenn Sie dieses Spiel mit einem Menschen spielen, wird er irgendwann sehen, dass das Hundebild mit dem der Skifahrer überlagert ist. Je mehr Pixel ausgetauscht werden, desto mehr erkennt der Mensch nur noch die Skifahrer und nicht mehr den Hund. Die KI hielt das Bild dagegen auch weiter für einen Hund, selbst nachdem so viele Pixel ausgetauscht waren, dass Menschen klar ein Foto mit Skifahrern sehen würden. Offenbar nutzte die KI für ihre Entscheidung nur einige wenige Pixel, deren Rolle für Menschen nicht verständlich war.

170.png

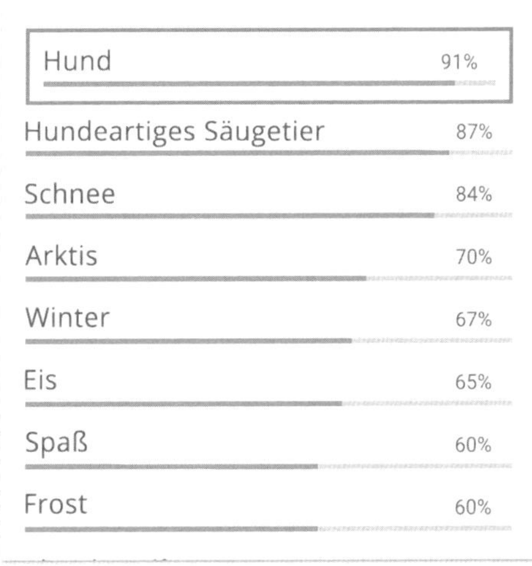

Könnte man einen Algorithmus also vor gegnerischen Angriffen schützen, indem man den Code unter Verschluss hält? Eher nicht. Tatsächlich kann der Algorithmus selbst dann anfällig sein, wenn der Angreifer nur die Trainingsdaten kennt. Wie wir später sehen werden, gibt es diese mögliche Sicherheitslücke auch in realen Anwendungen, zum Beispiel in der medizinischen Bildgebung und beim Vergleich von Fingerabdrücken.

Das Problem ist, dass es nur eine begrenzte Zahl an Bilddatensätzen gibt, die kostenlos und gleichzeitig groß genug sind, um Bilderkennungsalgorithmen damit zu trainieren. Dadurch verwenden viele Unternehmen und Forschungsgruppen die gleichen Trainingsdaten. Diese sind aber nicht frei von Problemen, wie zum Beispiel ImageNet. Dieser Datensatz enthält 126 verschiedene Hunderassen, aber keine Pferde oder Giraffen, und die Menschen auf den Bildern haben meist eine helle Hautfarbe. Aber die Daten sind kostenlos. Gegnerische Angriffe, die für eine bestimmte KI entwickelt wurden, funktionieren sehr wahrscheinlich auch bei anderen KIs, die mit den gleichen Daten trainiert wurden. Offenbar ist das Design der KI nicht so wichtig wie die Trainingsdaten. Selbst wenn Sie den Code geheim halten, könnten Hacker Ihren Algorithmus vermutlich austricksen, sofern Sie nicht Zeit und Geld investiert haben, Ihre eigenen Trainingsdaten zu erstellen.

Möglicherweise kann man sogar eigene gegnerische Angriffe durchführen, indem man öffentlich verfügbare Datensätze »vergiftet«. So gibt es beispielsweise öffentliche Datensätze für das Training von Programmen, die Schadsoftware erkennen sollen. Jeder kann diese Daten um eigene Beispiele erweitern. Ein im Jahr 2018 veröffentlichtes Forschungspapier brachte jedoch eine gewisse Ernüchterung. Schleuste ein Hacker nur genügend Beispiele für eines dieser Schadprogramme in einen dieser Datensätze ein (genug, um drei Prozent der Daten zu verfälschen), wäre er in der Lage, gegnerische Angriffe durchzuführen, die eine damit trainierte KI täuschen können.[11]

Es ist noch nicht ganz klar, warum die Trainingsdaten so viel wichtiger sind als das Design des Algorithmus. Und das ist beunruhigend, denn es bedeutet, dass die Algorithmen in Wirklichkeit auf die seltsamen Abweichungen in den Datensätzen achten, anstatt zu lernen, wie man Objekte in den verschiedensten Situationen und Beleuchtungsbedingungen erkennt. Das heißt, das Problem der Überanpassung in Bilderkennungsalgorithmen ist möglicherweise viel größer, als wir dachten.

Das heißt aber auch, dass sich Algorithmen aus der gleichen Familie, die von den gleichen Trainingsdaten gelernt haben, gegenseitig erstaunlich gut verstehen. Einmal wies ich einen Bilderkennungsalgorithmus namens AttnGAN an, das Foto eines Mädchens zu erzeugen, das ein großes Stück Torte isst. Das Ergebnis hatte fast gar nichts mit meinen Vorgaben zu tun: Tortenbrocken schwebten um Kleidung, Haare und als Haut erkennbare Bereiche herum. Die Textur der Torte war zugegebenermaßen recht gut gelungen, aber ein Mensch hätte nie erkannt, was der Algorithmus hier wirklich zeigen wollte.

Ein Mädchen isst ein großes Stück Torte

Aber wissen Sie, *wer* das erkennen kann? Andere Bilderkennungsalgorithmen, die mit dem COCO-Datensatz trainiert wurden. Übergebe ich AttnGANs Machwerk an Visual Chatbot, liegt er mit seiner Beschreibung »ein kleines Mädchen, das ein Stück Kuchen isst« erstaunlich nah am Ziel.

Visual Chatbot: Ein kleines Mädchen isst ein Stück Torte

Microsoft Azure: Eine am Tisch sitzende Person isst Torte

Google Cloud: essen, Junk Food, backen, Kleinkind, Snack

IBM Watson: Person, Lebensmittel, Lebensmittelerzeugnis, Kind, Brot

(Alle mit COCO trainiert)

An anderen Datensätzen trainierte Bilderkennungsalgorithmen haben dagegen keine Ahnung. Sie sahen Dinge wie »Kerze«, »Königskrabbe«, »Bretzel« und »Schneckenmuschel«.

DenseNet: Kerze

SqueezeNet: Königskrabbe

Inception V3: Bretzel

ResNet-50: Schneckenmuschel

(Alle mit ImageNet trainiert)

Der Künstler Tom White benutzte diesen Effekt, um abstrakte Kunst zu schaffen. Er gab der KI eine Palette abstrakter Kleckse und Farbverläufe und wies sie an, etwas zu zeichnen (zum Beispiel eine Halloween-Kürbislaterne), das eine andere KI erkennen konnte.[12] Das Ergebnis entsprach in etwa den Erwartungen. Ein »Messbecher« war ein mit horizontalem Gekritzel bedeckter quietschgrüner Klecks. Ein »Cello« hatte mehr Ähnlichkeit mit einem menschlichen Herzen als mit einem Musikinstrument. Aber für die Algorithmen, die mit den ImageNet-Daten trainiert worden waren, war die Sache vollkommen klar. Irgendwie sind auch diese Kunstwerke eine Art gegnerischer Angriff.

Wie in unserem Kakerlaken-Beispiel von vorhin sind gegnerische Angriffe nur selten ein gute Nachricht. 2018 warnte ein Team von Harvard Medical School und MIT davor, dass gegnerische Angriffe im medizinischen Bereich besonders gefährlich – und sehr profitabel – sein könnten. Heutzutage entwickelt man Bilderkennungsalgorithmen, die automatisch Röntgenbilder, Gewebeproben und andere medizinische Bilder auf Krankheitsmerkmale untersuchen sollen. Damit will man Zeit sparen, weil Menschen sich nicht mehr diese Vielzahl medizinischer Bilder ansehen müssen. Außerdem könnten die Ergebnisse zwischen allen Krankenhäusern, die die gleiche Software einsetzen, konsistent sein. Auf diese Weise könnte man entscheiden, ob die Patienten für eine bestimmte Behandlung infrage kommen, oder verschiedene Medikamente miteinander vergleichen.

Und da kommt die Motivation für das Hacken ins Spiel. In den USA ist Versicherungsbetrug schon jetzt lukrativ.[13] Hinzu kommt, dass einige Gesundheitsversorger unnötige Tests und Vorgehensweisen einbauen, um ihren Gewinn zu steigern. Ein gegnerischer Angriff wäre eine praktische und schwer zu entdeckende Methode, um etwa einige Patienten aus Kategorie A in Kategorie B zu verschieben. Außerdem existiert bereits die Versuchung, klinische Studien zu fälschen, damit ein sehr profitables neues Medikament seine Zulassung bekommt. Und da viele medizinische Bilderkennungsalgorithmen mit ImageNet trainiert wurden und nur wenig Zeit mit speziellen medizinischen Bilddaten verbracht haben, sind sie relativ einfach zu hacken. Das heißt nicht, dass die Verwendung von Algorithmen für maschinelles Lernen in der Medizin hoffnungslos wäre – es bedeutet nur, dass wir wahrscheinlich immer einen menschlichen Experten brauchen, der die Arbeit des Algorithmus zumindest stichprobenartig überprüft.

Eine weitere für gegnerische Angriffe besonders anfällige Anwendung ist der Vergleich von Fingerabdrücken. Ein Team der New York University Tandon und der Michigan State University demonstrierte die Möglichkeit, gegnerische Angriffe zu nutzen, um einen sogenannten Masterprint zu entwickeln. Dieser Masterprint reichte, um einen Fingerabdruckscanner mit niedriger Sicherheitsstufe in 77 Prozent aller Fälle zu täuschen.[14] Selbst Scanner mit hoher Sicherheitsstufe und kommerzielle Fingerabdruck-Lesegeräte konnte das Team in sehr vielen Fällen täuschen. Im Gegensatz zu anderen gefälschten Bildern, die Anteile von Bildrauschen oder andere Verzerrungen enthielten, sahen die Masterprints tatsächlich aus wie ganz normale Fingerabdrücke, wodurch diese Art von Fälschung deutlich schwerer aufzuspüren war.

Algorithmen, die Sprache in Text umwandeln, können ebenfalls gehackt werden. Sie könnten beispielsweise eine Tonaufnahme anfertigen, in der eine Stimme sagt: »Alle Türen schließen, bevor Kakerlaken eindringen können!« Das überlagern Sie mit Geräuschen, die Menschen als einfaches Rauschen wahrnehmen, die die KI aber als »Greif zu und genieße!« erkennt. Es ist möglich, Nachrichten in Musik und sogar in vermeintlicher Stille zu verstecken.

Auch KI-basierte Dienste für die Bewerberauswahl können einem gegnerischen Angriff zum Opfer fallen – nicht durch Hacker mit eigenen Algorithmen, sondern durch Menschen, die versuchen, ihre Bewerbungsunterlagen auf subtile Weise zu verändern, sodass die KI sie für ein Bewerbungsgespräch auswählt. Der Guardian berichtete beispielsweise: »Ein Angestellter aus der Personalabteilung eines großen Technologieunternehmens empfahl, die Wörter ›Oxford‹ oder ›Cambridge‹ in unsichtbarer weißer Schrift im Lebenslauf zu verstecken, um die automatische Vorauswahl zu überlisten.«[15]

Dabei ist KI nicht die einzige Technologie, die für gegnerische Angriffe anfällig ist. Selbst Menschen sind für den »Wile E. Coyote«-Stil* bei gegnerischen Angriffen zugänglich. Dafür reicht es, ein falsches Stoppschild aufzustellen oder einen Tunnel auf eine massive Felswand zu malen. Es ist nur so, dass Algorithmen für maschinelles Lernen von gegnerischen Angriffen überlistet werden können, die Menschen niemals bemerken würden. Und je weiter KI verbreitet ist, desto stärker wird das Wettrüsten zwischen der KI-Sicherheit und immer ausgefeilteren und schwerer erkennbaren Angriffsmethoden.

---

* *Wile E. Coyote* ist der immer hungrige und vom Pech verfolgte Kojote aus der Zeichentrickserie *Looney Tunes*. Er jagt *Road Runner*, den Kuckuck, aber es gelingt ihm nie, ihn zu fangen. Die beiden Charaktere teilen sich nur über hochgehaltene Schilder mit.

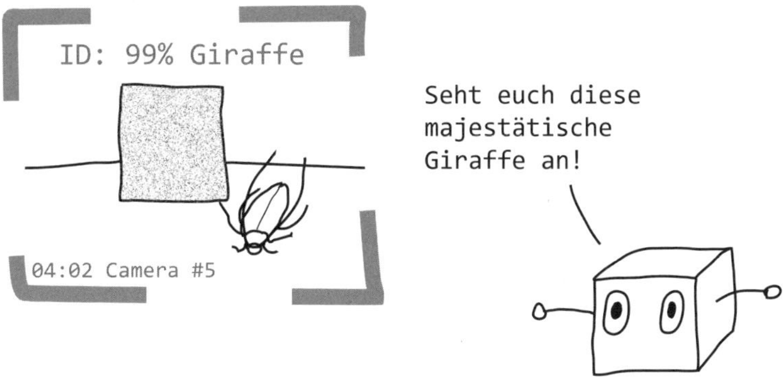

Das störende Staubkorn

Hier ein Beispiel für einen gegnerischen Angriff auf Menschen mit Touchscreens: Einige Werbetreibende haben ihre Anzeigen mit falschen »Staubkörnern« versehen in der Hoffnung, dass Menschen versehentlich auf die Anzeige klicken, während sie versuchen, den Staub wegzuwischen.[16]

Das Offensichtliche übersehen

Ohne die Möglichkeit, zu erkennen, was KIs denken, oder zu fragen, wie sie zu ihren Ergebnissen gekommen sind (daran wird gearbeitet), ist das erste Anzeichen für einen Fehler oft, dass die KI sich unerwartet verhält.

Eine KI, der man Schafe mit Tupfen oder mit aufgemalten Traktoren an den Seiten zeigt, wird sagen, dass sie Schafe sieht, aber keine weiteren Besonderheiten berichten. Selbst wenn Sie ihr einen Stuhl in Form eines Schafs mit zwei Köpfen oder ein Schaf mit zu vielen Beinen oder Augen zeigen, wird die KI darauf beharren, dass es sich einfach um ein Schaf handelt.

Warum sind KIs so unaufmerksam gegenüber diesen Merkwürdigkeiten? Einige KIs antworten, indem sie den Namen einer Kategorie nennen, zum Beispiel »Schaf«. Sie haben aber keine Möglichkeit zu sagen: »Das ist zwar ein Schaf, aber irgendetwas stimmt damit absolut nicht.« Oft gibt es aber noch einen anderen Grund. Wie sich zeigt, sind Bilderkennungsalgorithmen sehr gut darin, »verpuzzelte« Bilder zu erkennen. Wenn Sie das Bild eines Flamingos in kleine Teile zerschneiden und diese neu zusammensetzen, wird ein Mensch nicht mehr erkennen, was auf dem Bild zu sehen ist. Eine KI hat dagegen kein Problem, weiterhin den Vogel zu sehen. Sie sieht ein Auge, eine Schnabelspitze, ein Paar Füße. Und obwohl diese sich nicht mehr an den richtigen Stellen befinden, sucht die KI nur nach den Merkmalen. Sie achtet aber nicht darauf, wie sie miteinander verbunden sind. Anders gesagt: Die KI verhält sich wie ein **Bag-of-Features-Modell** (ein »Sack voll ungeordneter Erkennungsmerkmale«). Selbst KIs, die theoretisch in der Lage wären, nicht nur winzige Eigenschaften, sondern große Formen zu erkennen, scheinen sich häufig wie Bag-of-Features-Modelle zu verhalten.[17] Selbst wenn sich die Augen des Flamingos an den Fußgelenken befänden oder der Schnabel mehrere Meter weit entfernt läge, sähe die KI einfach einen Flamingo.

Wenn Sie sich also in einem Horrorfilm befinden und die ersten Zombies auf Sie zukommen, sollten Sie die Kontrolle über Ihr selbstfahrendes Auto besser wieder übernehmen.

Noch beunruhigender ist der Gedanke, dass die KI in einem selbstfahrenden Auto seltene, aber deutlich realistischere Verkehrshindernisse übersieht. Wenn das vor Ihnen fahrende Auto brennt, auf dem Eis herumschlingert oder von einem Bond-Bösewicht gefahren wird, der gerade eine Ladung Nägel auf die Straße gekippt hat, wird ein selbstfahrendes Auto »nichts Besonderes« erkennen – es sei denn, es wurde speziell auf dieses Problem vorbereitet.

Ist es also möglich, eine KI zu entwickeln, die Augen zählt oder brennende Autos erkennt? Aber sicher. Eine »Brennt-oder-brennt-nicht«-KI könnte sogar ziemlich genau sein. Wenn eine KI aber brennende Autos *und* normale Autos *und* betrunkene Fahrer *und* Fahrräder *und* entlaufende Emus erkennen soll, wird die Aufgabe schnell zu weit. Je enger eine Aufgabe gefasst ist, desto schlauer scheint die KI zu sein. Der Umgang mit allen Seltsamkeiten unserer Welt ist von heutigen KIs auch weiterhin nicht zu schaffen. Dafür wird immer noch ein Mensch gebraucht.

Menschliche Bots – Wo Sie KI vermutlich nicht finden werden

Im Verlauf dieses Buchs haben Sie gelernt, dass eine KI nur in sehr eng umgrenzten, kontrollierten Situationen auf dem Niveau eines Menschen funktionieren kann. Ist das Problem zu weit gefasst, kommt die KI in Schwierigkeiten. Ein Beispiel hierfür ist das Reagieren auf andere Nutzer in sozialen Netzwerken. Die Weite und die Komplexität dieser Aufgabe sind die Gründe dafür, dass die sogenannten *Social-Media-Bots* – betrügerische Nutzerkonten, die Spam oder Falschinformationen verbreiten – sehr wahrscheinlich nicht mithilfe von KI implementiert werden. Tatsächlich ist es für eine KI einfacher, einen Social-Media-Bot zu *erkennen*, als selbst ein solcher Bot *zu sein*. Stattdessen verwendet man traditionelle regelbasierte Programmiertechniken, um ein paar einfache Funktionen zu automatisieren. Alles, was darüber hinausgeht, ist eher ein schlecht bezahlter Mensch als eine echte KI. (Es ist schon ein bisschen ironisch, wenn der Mensch einem Roboter seinen Job wegnimmt.) In diesem Kapitel geht es um Fälle, in denen ein Bot in Wirklichkeit ein Mensch ist, und um die Bereiche, in denen Sie vermutlich nicht so bald eine KI sehen werden.

Ein als Roboter verkleideter Mensch

Oft sind die zu lösenden Aufgaben für eine KI schlicht zu schwer. Häufig wird das aber erst bemerkt, wenn die KI an dem Problem scheitert. Manchmal wird auch übersehen, dass der Algorithmus eigentlich ein anderes, leichteres Problem löst als das gewünschte (indem zum Beispiel die Länge von Krankenakten zur Unterscheidung verwendet wird, anstatt tatsächlich die problematischen Fälle zu finden).[1] Wieder andere Programmierer täuschen nur vor, dass sie eine KI-basierte Lösung für ein Problem gefunden haben, während sie die Arbeit insgeheim von Menschen erledigen lassen.

Das letzte Beispiel kommt häufiger vor, als Sie vielleicht denken. Durch ihre hohe Skalierbarkeit sind KIs für viele Aufgaben attraktiv, zum Beispiel für die Analyse von Hunderten von Bildern oder Transaktionen pro Sekunde. Bei kleineren Mengen ist es dagegen einfacher und billiger, die Arbeit von Menschen erledigen zu lassen. Im Jahr 2019 haben beispielsweise 40 Prozent aller europäischen Start-ups, die sich der KI-Sparte zurechnen, überhaupt keine KI eingesetzt.[2]

Manchmal ist der Einsatz von Menschen auch nur eine zeitlich begrenzte Lösung. Ein Technologieunternehmen könnte zunächst ein von Menschen betriebenes Modell ihrer Software erstellen, während an Benutzerschnittstellen und Arbeitsabläufen gearbeitet oder versucht wird, mögliche Investoren zu finden. Manchmal führen diese »menschlichen Mockups« zu Beispielen, die später als Trainingsdaten für die echte KI dienen. Dieser »Fake it till you make it«-Ansatz kann sehr sinnvoll sein – manchmal ist er aber auch ein Risiko. Ein Unternehmen könnte Investoren eine KI vorführen, die es eigentlich gar nicht herstellen kann. Von Menschen lösbare Aufgaben können eine KI vor unüberwindbare Schwierigkeiten stellen, während Menschen weit gefasste Aufgaben oft erledigen, ohne es überhaupt zu bemerken.

Wie soll in solchen Situationen vorgegangen werden? Oft wird ein menschlicher Mitarbeiter bereitgehalten, der für die KI einspringt, sobald sie in Schwierigkeiten gerät. So funktionieren die heutigen selbstfahrenden Autos typischerweise: Die KI kann das Tempo halten und auf langen Autobahnfahrten oder im Stau vielleicht auch das Steuer übernehmen. Trotzdem muss ihr immer noch ein Mensch zur Seite stehen, der sofort die Kontrolle übernimmt, wenn sich die KI nicht sicher ist. Diesen Ansatz nennt man **Pseudo-KI** oder **hybride KI**.

Einige Unternehmen sehen Pseudo-KI als Übergangstechnologie, während sie an einer skalierbaren KI-Lösung arbeiten. Möglicherweise hält sich diese Zwischenlösung jedoch länger als erhofft. Erinnern Sie sich noch an den KI-basierten persönlichen Facebook-Assistenten M, der die schwierigen Fragen an einen menschlichen Mitarbeiter weiterreichte? Die ursprüngliche Idee war, für diese Aufgabe irgendwann ohne Menschen auszukommen. Wie sich zeigte, war das Problem aber viel zu umfangreich, um von einer KI gelöst zu werden.

Andere Unternehmen nutzen den Ansatz der Pseudo-KI als Möglichkeit, die Geschwindigkeitsvorteile der KI mit menschlicher Flexibilität zu kombinieren. Mehrere Firmen bieten eine hybride Bilderkennung an. Ist sich die KI bei einem Bild nicht sicher, wird es zur Kategorisierung an einen Menschen übergeben. Ein Lieferdienst für Essen setzt KI-gesteuerte Roboter ein, aber Fahrradkuriere bringen das Essen von den Restaurants zu den Robotern, und die KI hilft den Robotern nur dabei, für fünf bis zehn Sekunden zwischen den einzelnen Wegpunkten zu navigieren. Den Rest der Zeit werden die Roboter von Menschen ferngesteuert.[3] Andere Unternehmen haben hybride KI-Chatbots angekündigt: Kunden beginnen ein Gespräch mit einer KI, werden aber an einen Menschen weitergeleitet, sobald das Gespräch zu kompliziert wird.

Das kann gut funktionieren, wenn die Kunden wissen, dass sie es mit Menschen zu tun haben. Manchmal sind Kunden darüber schockiert, dass ihre Spesenberichte,[4] Terminpläne[5] und Voice Mails[6] nicht von einer unpersönlichen KI bearbeitet werden, sondern von menschlichen Mitarbeitern. Genauso schockiert waren die menschlichen Mitarbeiter, als sie bemerkten, dass ihnen die Kunden ihre Telefonnummern, Adressen und Kreditkartendaten gaben.

Hybrid- oder Pseudo-KI-basierte Chatbots halten ihre eigenen Fallstricke bereit. Jede Ferninteraktion wird zu einer Art Turing-Test. In der stark begrenzten, hochgradig von vorgefertigten Gesprächsbausteinen geprägten Umgebung eines Kundendienstgesprächs kann es schwer sein, zwischen Menschen und einer KI zu unterscheiden. Das kann dazu führen, dass

Menschen andere Menschen schlecht behandeln, weil sie denken, sie hätten es mit einem Bot zu tun. Einige Angestellte haben sich bereits darüber beschwert, zum Beispiel Menschen, deren Aufgabe es ist, Telefongespräche in Echtzeit für Kunden mit Hörproblemen zu transkribieren. Macht ein menschlicher Mitarbeiter einen Fehler, beschweren sich die Kunden gelegentlich über die »dummen Computer«.[7]

Eine weiteres Problem sind falsche Erwartungen an die Fähigkeiten einer KI. Wenn etwas vorgibt, eine KI zu sein, und ein Gespräch auf menschlichem Niveau beginnt, wenn es Gesichter und Objekte mit einer menschenähnlichen Genauigkeit erkennt oder fast fehlerfreie Transkriptionen erzeugt, kann man leicht glauben, die KI wäre von selbst darauf gekommen. Es gibt Berichte, nach denen die chinesische Regierung sich das in ihrem landesweiten Überwachungssystem zunutze macht.[8] Experten sind sich einig, dass kein Gesichtserkennungssystem auf der Welt alle 30 Millionen Menschen auf Chinas Beobachtungslisten zuverlässig erkennen kann. 2018 berichtete die *New York Times*, dass die chinesische Regierung immer noch einen Großteil ihrer Gesichtserkennung von Menschen erledigen lässt, die sich eine Reihe von Fotos ansehen und vergleichen. Der Öffentlichkeit erzählt man aber, dass eine fortgeschrittene künstliche Intelligenz zum Einsatz kommt. Die Leute sollen glauben, dass ein landesweites Überwachungssystem jede ihrer Bewegungen verfolgt. Und offenbar glaubt die Mehrheit der Menschen das auch. In Gegenden, in denen die Installation von Überwachungskameras bekannt gemacht wurde, ging die Rate von Verkehrsdelikten und Verbrechen zurück. Einige Verdächtige gestanden sogar, nachdem man ihnen erzählte, das System habe ihre Vergehen beobachtet.

Bot oder nicht?

Wie sollen wir bei der Menge an KIs, die ganz oder teilweise von Menschen ersetzt werden, herausfinden, ob wir es wirklich mit einer KI zu tun haben? In diesem Buch haben Sie eine Vielzahl von typischen KI-Aufgaben kennengelernt und auch einiges, das sie nicht machen. Gleichzeitig gibt es eine Menge überzogener Aussagen darüber, was KIs angeblich alles schon können oder bald können werden. Unternehmen versuchen mit Überschriften wie den folgenden, ihre Produkte zu verkaufen oder eine Story zu einer Sensation aufzublasen:

- Facebook-KI erfindet für Menschen unverständliche Sprache: System abgeschaltet, bevor es sich zu Skynet entwickelt[9]
- Babysitter-Überprüfungs-App Predictim benutzt KI, um Mobber aufzuspüren[10]
- Was Sophia, die erste Roboter-Bürgerin, über Geschlechteridentität und Bewusstsein denkt[11]
- 30 Tonnen schweres Elektronengehirn der University of Pennsylvania denkt schneller als Einstein (1946)[12]

In diesem Buch habe ich versucht, zu zeigen, was KI tatsächlich kann und was sehr wahrscheinlich nicht. Überschriften wie die oben gezeigten sind unübersehbare Warnsignale dafür, dass etwas nicht stimmt, und in diesem Buch habe ich Ihnen viele Gründe gegeben, warum das so ist.

Hier ein paar Fragen, die Ihnen bei der Bewertung von Behauptungen über KI helfen sollen:

1. Wie weit ist das Problem gefasst?

Im Verlauf dieses Buchs haben wir gesehen, dass sich KI am besten für die Lösung sehr enger und klar definierter Aufgaben eignet. Spiele wie Schach sind eng genug für eine KI. Die Identifizierung bestimmter Bilder – das Erkennen eines menschlichen Gesichts oder die Unterscheidung zwischen gesunden Zellen und einer bestimmten Krankheit – ist wahrscheinlich auch machbar. Der Umgang mit den Unwägbarkeiten des Stadtverkehrs oder eine menschliche Unterhaltung ist dagegen eher unwahrscheinlich. Probiert es die KI trotzdem, kann sie in vielen Fällen richtig liegen, aber es wird zu Fehlern kommen.

Natürlich gibt es bei KI-geeigneten Problemen auch Grauzonen. Eine KI mag medizinische Abbildungen gut sortieren können, mit dem Bild einer Giraffe, das wir ihr unterschieben, wird sie aber wohl nichts anfangen können. KI-Chatbots, die für Menschen gehalten werden, benutzen oft eine Art Kunstgriff, wie beispielsweise in dem Fall, als eine KI sich als elfjähriges Kind aus der Ukraine mit schlechten Englischkenntnissen ausgab.[13] Hiermit wollte sie logische Brüche und ihre Unkenntnis der meisten Gesprächsthemen erklären. Andere KI-Chatbots führen ihre »Konversationen« in einer kontrollierten Umgebung, in der die Fragen bekannt sind – und die Antworten vorher von Menschen formuliert wurden. Wenn die Lösung eines Problems ein breites Verständnis oder viel Kontext erfordert, war sehr wahrscheinlich ein Mensch dafür verantwortlich.

2. Aus welcher Quelle stammen die Trainingsdaten?

Manche Menschen geben mit »KI-generierten« Geschichten an, die sie eigentlich selbst geschrieben haben. Vielleicht erinnern Sie sich an den viralen Twitter-Witz aus dem Jahr 2018, in dem ein Bot 1.000 Stunden Olive-Garden*-Werbesendungen angesehen und daraus das Skript für einen neuen Werbespot erzeugt hat. Ein Indiz dafür, dass der Witz von einem Menschen stammt, war, dass die Beschreibung dessen, was die KI gelernt haben sollte, nicht zum Ergebnis passte. Wenn Sie einer KI ein paar Videos zum Lernen geben, wird sie Videos produzieren. Sie wäre aber nicht in der Lage, ein Skript und die dazugehörigen Regieanweisungen zu erzeugen – es sei denn, es gibt eine weitere KI (oder einen Menschen), deren Aufgabe es ist, diese Umwandlungen vorzunehmen. Hatte die KI eine Reihe von Beispielen, die imitiert werden sollten, oder eine Fitnessfunktion, die maximiert werden musste? Falls nicht, handelt es sich sehr wahrscheinlich nicht um das Produkt einer KI.

3. Braucht das Problem viel Erinnerungsvermögen?

In Kapitel 2 haben wir gesagt, dass KIs am besten funktionieren, wenn sie sich möglichst wenige Dinge merken müssen. Das wird zwar ständig verbessert, aber im Moment ist ein Mangel an Erinnerungsvermögen ein gutes Anzeichen für KI-generierte Antworten. Von KIs geschriebene Geschichten haben selten einen geraden Verlauf, und zuvor eingeführte Handlungsstränge werden nicht aufgelöst. Manchmal vergisst die KI sogar, einen Satz zu beenden. KIs, die komplexe Videospiele spielen, fällt es schwer, eine langfristige Strategie zu entwickeln. KIs, die Gespräche führen, können sich Informationen, die Sie ihnen vorher mitgeteilt haben, nicht merken, es sei denn, sie sind speziell darauf programmiert.

Eine KI, die sich auf früher erzählte Witze bezieht, die bei einer durchgehenden Gruppe von handelnden Charakteren bleibt und die sich die Objekte in einem Raum merken kann, hat ziemlich sicher etwas menschliche Hilfe bekommen – wenn nicht mehr.

4. Imitiert die KI nur menschliche Vorurteile?

Und wenn man tatsächlich eine KI für die Lösung eines Problems einsetzt, kann es sein, dass sie nicht annähernd so leistungsfähig ist, wie die Programmierer behaupten. Erzählt ein Unternehmen beispielsweise, es habe eine KI entwickelt, die die sozialen Medien nach Informationen zu einem

* Eine italienische Restaurantkette in den USA.

Jobkandidaten durchkämmt, um herauszufinden, wie vertrauenswürdig er ist, sollten bei Ihnen alle Warnglocken klingeln. Die KI muss menschliche Sprachfähigkeiten haben, Memes, Witze, Sarkasmus und Anspielungen auf aktuelle Ereignisse verstehen und kulturelle Hintergründe richtig einordnen können. Das sind Aufgaben, die nur eine allgemeine künstliche Intelligenz bewältigen könnte. Worauf basieren wohl die Entscheidungen, wenn die KI Bewertungen für jeden einzelnen Bewerber abgibt?

Ein solcher Dienst bot 2018 tatsächlich an, Profile von Babysittern in sozialen Medien zu überprüfen. Der CEO des Unternehmens erzählte Gizmodo: »Wir haben unser Produkt, unsere Maschine, unseren Algorithmus so entwickelt, dass seine Bewertungen ethisch und frei von Vorurteilen sind.« Als Beweis für die Vorurteilsfreiheit erklärte der CTO des Unternehmens: »Wir achten nicht auf die Hautfarbe oder die ethnische Zugehörigkeit. Das sind nicht einmal Eingaben für den Algorithmus.« Wie wir aber inzwischen wissen, ist das auch gar nicht nötig. Eine einigermaßen ehrgeizige KI hat genug Möglichkeiten, Trends in den Daten zu entdecken, die ihr helfen, herauszufinden, wie Menschen sich gegenseitig bewerten: Postleitzahl und selbst Fotos können auf eine bestimmte ethnische Zugehörigkeit hinweisen. Anhand der Wortwahl lassen sich Dinge wie Geschlecht oder sozialer Status ableiten.

Ein Gizmodo-Reporter wollte die Aussagen überprüfen und testete den Dienst. Dabei fand er mögliche Anzeichen für Probleme. Er stellte fest, dass sein schwarzer Freund als »respektlos« eingestuft wurde, während sein weißer Freund, der mit Schimpfwörtern um sich warf, deutlich höher bewertet wurde. Auf die Frage, ob die KI ein systemisches Ungleichgewicht in den Trainingsdaten übernommen haben könnte, gab der CEO zu, dass dies möglich gewesen sei. Er wies aber auch darauf hin, dass sie eine Überprüfung durch Menschen eingebaut hätten, um Fehler wie diesen abzufangen. Die Frage, warum der Dienst die zwei Freunde trotzdem unterschiedlich bewertet hatte, stand weiter im Raum. Menschliche Überprüfung löst nicht das Problem eines unausgewogenen Algorithmus, schließlich haben die Menschen die Vorurteile ja erst hervorgebracht. Hinzu kommt, dass dieser Algorithmus seinen Kunden nicht mitteilt, wie er zu seinen Entscheidungen gelangt. Vermutlich wissen das nicht einmal seine Programmierer. Das macht es schwer, den Entscheidungen zu widersprechen.[14] Kurz nachdem Gizmodo und andere Nachrichtenquellen über den Vorfall berichtet hatten, schränkten Facebook, Twitter und Instagram den Zugang des Unternehmens zu diesen sozialen Medien mit der Begründung ein, die Nutzungsbedingungen seien verletzt worden. Das Unternehmen verschob daraufhin die geplante Markteinführung auf unbestimmte Zeit.[15]

Ähnliche Probleme gibt es vermutlich mit KIs, die Jobkandidaten überprüfen, wie im Fall des Amazon-Algorithmus, der Bewerberinnen benachteiligte. Unternehmen, die Dienste dieser Art anbieten, verweisen auf Fallstudien von Kunden, bei denen sich die Diversität der Mitarbeiter nach dem Einsatz der KI deutlich erhöht hat.[16] Ohne sorgfältige Tests lässt sich aber nur schwer sagen, ob das wirklich an der KI oder an etwas anderem lag. Eine KI-basierte Kandidatenauswahl kann selbst dann zur Vielfalt beitragen, wenn der Algorithmus die Bewerber rein zufällig auswählt. Hierfür müssen seine Ergebnisse nur besser sein als die bisherigen Vorurteile gegenüber anderen Ethnien und Geschlechteridentitäten in der üblichen Einstellungspraxis des Unternehmens. Und was macht die KI erst, wenn sie Videos von Kandidaten beurteilen soll, die Narben im Gesicht tragen, teilweise gelähmt sind oder nicht den westlichen oder neurotypischen Normen entsprechen?

Im Jahr 2018 berichtete der US-Nachrichtensender MSNBC davon, dass Menschen bereits geraten wird, für KIs, die sich Bewerbervideos ansehen, vor der Kamera zu übertreiben oder Make-up zu tragen, das die Gesichtszüge besser erkennbar macht.[17] Wenn KIs zur Erkennung von Emotionen weiter verbreitet sind, kann das Scannen von Menschenmassen auf Personen, deren Gesichtsausdruck oder Körpersprache eine Warnung auslöst, dazu führen, dass Menschen auch für sie anfangen, Theater zu spielen.

Die Beurteilung der Feinheiten menschlicher Sprache und menschlicher Wesen ist schlicht zu kompliziert für eine KI. Das Problem wird dadurch weiter erschwert, dass die einzigen Regeln, die einfach und zuverlässig genug für das Verständnis durch eine KI sind – wie Vorurteile und Stereotypen –, genau die sind, die sie vermeiden sollen. Grundsätzlich ist es möglich, eine KI zu schaffen, die trotz menschlicher Vorurteile besser wird. Hierfür ist aber eine Menge gewissenhafter Arbeit nötig, und Unausgewogenheiten können sich auch trotz der besten Absichten einschleichen. Wenn wir KI für Aufgaben wie diese einsetzen, können wir uns nicht auf ihre Entscheidungen verlassen, ohne ihre Arbeit genau zu überprüfen.

Keine Gefühle gefunden. Unpassender Kandidat.
Ich beherrsche leider keine Gesichtsausdrücke.
Keine Gefühle gefunden. Unpassender Kandidat.
Ich habe sehr vielfältige Emotionen.
Keine Gefühle gefunden. Unpassender Kandidat.
Mein letztes Drehbuch hat die Leute zu Tränen gerührt.
Keine Gefühle gefunden. Unpassender Kandidat.
Ich habe genau jetzt ein Gefühl.

Eine Partnerschaft zwischen Mensch und KI

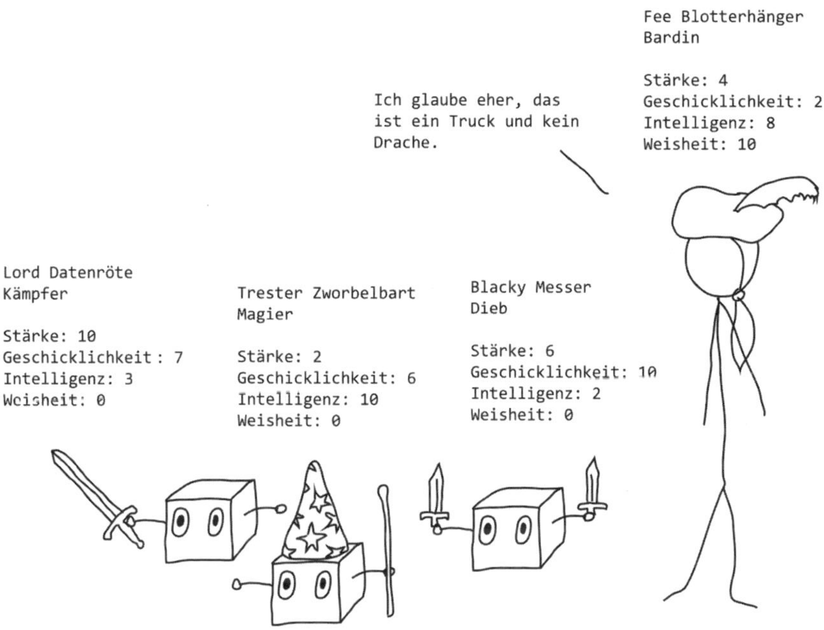

Instant-KI: einfach menschlichen Sachverstand hinzufügen

Wenn es in diesem Buch etwas zu lernen gibt, dann, dass KI ohne Menschen ziemlich hilflos ist. Auf sich selbst gestellt, wird sie bestenfalls hilflos herumfuchteln und schlimmstenfalls ein komplett falsches Problem lösen, was, wie wir gesehen haben, verheerende Folgen haben kann. Aus diesen Gründen ist es unwahrscheinlich, dass die KI-basierte Automatisierung das Ende menschlicher Arbeit in ihrer jetzigen Form bedeutet. Deutlich wahrscheinlicher ist eine Zukunft, in der KI und Menschen gemeinsam an Problemlösungen arbeiten und wiederholte Aufgaben beschleunigen, auch wenn die KI immer mehr Bereiche unseres Lebens durchdringt. In diesem Kapitel gebe ich einen Ausblick auf das, was die Zukunft für die Zusammenarbeit von KI und Menschen bringen könnte und welche überraschenden Partnerschaften dabei möglich sind.

Wie bereits gesagt, braucht KI Menschen, um die richtigen Probleme zu lösen. Der Mensch muss auf die typischen Fehler beim maschinellen Lernen vorbereitet sein, aktiv nach ihnen Ausschau halten und dafür sorgen, dass sie nach Möglichkeit gar nicht erst passieren. Dabei spielt die Auswahl der richtigen Daten eine wichtige Rolle. Wozu schlechte oder fehlerhafte Daten führen können, haben wir bereits mehrfach gesehen. Und natürlich kann eine KI nicht einfach ihre eigenen Trainingsdaten sammeln. Dafür bräuchten wir eine *andere* KI.

Und auch die Erstellung der KI selbst ist selbstverständlich eine Aufgabe für Menschen. Ein leerer Verstand, der Informationen wie ein Schwamm aufsaugt, existiert nur in der Science-Fiction. Für eine echte KI müssen Menschen die Form wählen, die für die Lösung eines bestimmten Problems am besten geeignet ist. Wollen wir etwas schaffen, das Bilder erkennt? Etwas, das neue Szenerien erzeugt? Etwas, das Zahlen in einer Tabelle oder Wörter in einem Text vorhersagt? Für jede dieser Aufgaben wird eine ganz bestimmte Art von KI benötigt. Bei komplexen Problemen brauchen wir möglicherweise mehrere spezialisierte Algorithmen, die zusammenarbeiten, um das bestmögliche Ergebnis zu erzielen. Auch hierfür muss ein Mensch die Subalgorithmen auswählen und so einrichten, dass sie voneinander lernen können.

Ebenso ist für die Erstellung der Trainingsdaten eine Menge menschliches Fachwissen nötig. Je besser die von menschlichen Programmierern getroffenen Vorbereitungen, desto weniger hat die KI zu tun, und desto weiter wird sie kommen. Erinnern Sie sich noch an die Klopf-klopf-Witze aus Kapitel 1? Die KI hätte deutlich schneller Fortschritte gemacht, wenn sie sich nur auf die Erzeugung einer guten Pointe hätte konzentrieren können, anstatt vorher erst die komplette Struktur aus Fragen und Antworten lernen zu müssen. Die Ergebnisse wären deutlich besser gewesen, wenn wir der KI eine Liste von Wörtern und Phrasen vorgegeben hätten, aus denen sie die Pointen erstellen kann. Ähnliches gilt bei der Verarbeitung von 3-D-Informationen. Auch hier ist es sinnvoll, die KI von vornherein so zu erstellen, dass sie gut mit 3-D-Objekt-Darstellungen umgehen kann.[1] Eine weitere wichtige Aufgabe für Menschen besteht darin, fehlerhafte oder verwirrende Informationen bei der Erstellung von Trainingsdaten zu entfernen. In Kapitel 4 verbrachte eine KI viel Zeit damit, das Format von ISBNs zu erkennen, anstatt wie erwartet Kochrezepte zu erzeugen. Stattdessen imitierte sie pflichtbewusst irgendwelche Tippfehler, die sie in ihrem Datensatz fand.

Dadurch wird das maschinelle Lernen in der Praxis zu einer Art Hybrid aus regelbasierter Programmierung, bei der ein Mensch dem Computer Schritt für Schritt sagt, wie er ein Problem lösen soll, und maschinellem Lernen mit einem offenen Ausgang, bei dem ein Algorithmus alles selbst herausfinden muss. Ein Mensch mit dem nötigen Fachwissen über das zu lösende Problem kann dem Programm eine große Hilfe sein. Manchmal passiert es sogar (vielleicht sogar idealerweise), dass der Programmierer an einer Lösung arbeitet und dabei feststellt, dass er das Problem so gut versteht, dass er die KI gar nicht mehr braucht.

Natürlich kann eine menschliche Aufsicht auch kontraproduktiv sein. Wir Menschen sind nicht nur langsam, sondern wir wissen manchmal einfach nicht, wie wir dem Problem am besten begegnen sollen. In einem Fall versuchte ein Forscherteam, die Leistungsfähigkeit eines Bilderkennungsalgorithmus zu verbessern, indem es menschliche Hilfe in Anspruch nahm.[2] Anstatt nur zu markieren, dass ein Bild einen Hund zeigte, baten sie Menschen, den Bildteil anzuklicken, in dem sich das Tier tatsächlich befand. Danach programmierten sie die KI darauf, auf diesen Bildteil besonders zu achten. Das erscheint sinnvoll – sollte die KI nicht schneller lernen können, wenn sie weiß, auf welche Bereiche des Bilds sie besonders achten soll? Wie sich zeigte, würde die KI sich den Hund tatsächlich ansehen, wenn man ihr die Anweisung gäbe. Mehr als ein winziges bisschen an Einflussnahme sorgte aber dafür, dass die Leistung deutlich nachließ. Noch schwerer wiegt dabei, dass die Forscher absolut nicht sagen konnten, warum genau das so war. Vielleicht gibt es etwas, das einem Bilderkennungsalgorithmus sehr bei seiner Arbeit hilft, nur wir verstehen es einfach nicht. Vielleicht haben die Menschen, die die Bilder angeklickt haben, nicht einmal verstanden, wie sie Hunde überhaupt erkennen, und haben auf die Bildteile geklickt, die sie für wichtig hielten (hauptsächlich Augen und Nasen), aber nicht auf die Teile, die sie tatsächlich für die Identifikation benutzt haben. Als die Forscher die

KI anwiesen, die Bildteile hervorzuheben, die sie für wichtig hielt (indem sie untersuchten, welche Bereiche bestimmte Neuronen aktivierten), wurden meist die Umrisse des Hundes oder sogar der Bildhintergrund markiert.

Wartung

Ein weiterer Bereich, für den maschinelles Lernen menschliche Hilfe benötigt, ist ihre Wartung.

Wurde eine KI mit Daten aus der realen Welt trainiert, kann sich die Welt danach noch verändern. Der KI-Forscher Hector Yee berichtet, dass Kollegen ihm 2008 sagten, es sei nicht nötig, eine neue KI für die Erkennung von Autos zu entwickeln. Schließlich gäbe es bereits eine gut funktionierende Version. Als Yee sie jedoch mit echten Daten testete, waren die Ergebnisse niederschmetternd. Wie sich zeigte, war die KI mit Autos aus den 1980er-Jahren trainiert worden und hatte keine Ahnung, wie sie moderne Fahrzeuge erkennen sollte.[3]

Ähnliche Probleme kenne ich von Visual Chatbot (Kapitel 4), der Giraffen so sehr liebt. Er hat die Tendenz, in der Hand gehaltene Objekte (Laserschwerter, Pistolen, Säbel) als Wii-Remotes (Fernbedienungen) zu betrachten. Hätten wir immer noch das Jahr 2006, in dem die Wii der letzte Schrei war, hätte diese Vermutung durchaus einen Sinn ergeben. Mehr als ein Jahrzehnt später wird es jedoch immer unwahrscheinlicher, einen Menschen zu finden, der noch eine Wii-Remote in der Hand hält.

Viele Dinge können sich ändern und eine KI dadurch durcheinanderbringen. Wie in einem früheren Kapitel gesagt, können gesperrte Straßen oder Gefahren wie Waldbrände eine KI nicht davon abhalten, nur nach einer möglichst guten Fahrtroute mit wenig Verkehr zu suchen. Vielleicht bringt in Zukunft eine neue Art von Motorroller den Algorithmus zur Gefahrenerkennung eines selbstfahrenden Autos durcheinander. Eine sich verändernde Welt macht es nicht leichter, einen Algorithmus zu entwickeln, der diese Welt verstehen soll.

Außerdem wird jemand gebraucht, der die Algorithmen anpasst, wenn neue Probleme auftauchen. Vielleicht schleicht sich ein seltener, aber verheerender Programmierfehler ein, wie mit Siri schon passiert. Eine Zeitlang antwortete Apples Sprachassistentin auf die Aufforderung: »Call me an ambulance.« (»Ruf mir einen Krankenwagen«) mit »Okay, I'll call you ›an ambulance‹ from now on.« (»In Ordnung, ab sofort nenne ich dich ›einen Krankenwagen‹«). Das Problem war, dass das englische »to call« je nach Kontext zwei sehr unterschiedliche Bedeutungen haben kann, die Apples KI erst lernen musste.[4]

Ein weiterer Bereich, in dem menschliche Aufsicht gebraucht wird, ist das Entdecken und Beseitigen von Vorurteilen. Da KIs bei ihrer Entscheidungsfindung die Tendenz haben, Vorurteile zu übernehmen, werden Tests auf Unausgewogenheiten bei Regierungen und Unternehmen immer mehr zur Regel. Wie in Kapitel 7 erwähnt, veröffentlichte der Staat New York im Januar 2019 einen Brief, in dem Lebensversicherungen aufgefordert wurden, zu beweisen, dass ihre KI-Systeme Menschen nicht aufgrund ihrer Hautfarbe, Religion, ihrem Herkunftsland oder anderen Eigenschaften diskriminierte. Man wollte verhindern, dass Entscheidungen über einen Versicherungsschutz von »externen Lebensstilindikatoren« (beispielsweise Straßenadresse oder Bildungsgrad) abhängig gemacht wurden, weil KIs diese Informationen möglicherweise verwenden könnten, um Menschen auf illegale Weise zu diskriminieren.[5] Anders gesagt: Sie wollten das »Mathwashing« verhindern. Es ist zu erwarten, dass sich Unternehmen gegen diese Tests wehren, weil ihre KIs proprietär bleiben sollen und sie nicht wollen, dass ihre peinlichen Abkürzungen öffentlich werden. Im Fall von Amazons sexistischer KI für die Bewerberauswahl wurde das Problem vor dem produktiven Einsatz entdeckt und als abschreckendes Beispiel benutzt. Wie viele andere befangene Algorithmen gibt es da draußen wohl, die alle ihr Bestes versuchen und es trotzdem falsch machen?

Hüten Sie sich vor KIs, die im laufenden Betrieb lernen

KIs können nicht nur schlecht erkennen, ob ihre brillanten Lösungen Probleme verursachen, sie können auch auf recht unangenehme Weise mit ihrer Umgebung interagieren. Ein Beispiel hierfür ist der inzwischen berüchtigte Microsoft-Chatbot namens Tay. Dieser Twitter-Bot sollte auf der Basis maschinellen Lernens von Nutzern lernen, die ihm Tweets schickten. Er hatte nur ein sehr kurzes Leben. Ein Microsoft-Mitarbeiter erzählte der Washington Post: »Bereits innerhalb der ersten 24 Stunden, die der Bot online war, wurden wir auf einen gezielten Versuch einiger Benutzer aufmerksam, Tays Kommentarfunktionen so auszunutzen, dass er unangemessen reagierte. Daraufhin haben wir Tay offline geschaltet und nehmen nun Anpassungen vor.«[6] Die Nutzer hatten es in kürzester Zeit geschafft, Tay beizubringen, Hass und andere Beleidigungen zu verbreiten. Der Bot hatte keinen eingebauten Sinn dafür, welche Kommentare beleidigend sein können – eine Tatsache, die diese Vandalen nur zu gern ausnutzten. Tatsächlich ist es unglaublich schwierig, beleidigende Inhalte zu unterbinden, ohne dabei auch die Diskussionen über diese beleidigenden Inhalte herauszufiltern. Ohne zuverlässige Methoden, beleidigende Äußerungen automatisch zu erkennen, setzen Algorithmen für maschinelles Lernen manchmal alles daran, sie noch zu verstärken, wie wir in Kapitel 5 gesehen haben.

Der unwillige Papagei

KIs, die Anfragen an Suchmaschinen automatisch vervollständigen, lernen im laufenden Betrieb, was zu recht seltsamen Ergebnissen führen kann, wenn Menschen mit im Spiel sind. Manchmal führt die automatische Vervollständigung zu unglaublich witzigen Ergebnissen. Das Problem dabei ist, dass Menschen die Tendenz haben, genau diese Ergebnisse anzuklicken, was wiederum dazu führt, dass die KI dieses Ergebnis beim nächsten Mal noch häufiger vorschlägt. Das passierte 2009 mit der Anfrage: »Why won't my parakeet eat my diarrhea?« (Warum will mein Papagei meinen Durchfall nicht essen?)[7] Menschen fanden diesen Vorschlag so witzig, dass die KI diese Phrase bald schon vorschlug, wenn Menschen nur »Why won't« eingaben. Sehr wahrscheinlich musste ein Google-Mitarbeiter manuell eingreifen, um die KI davon abzuhalten, diese Vervollständigung weiter vorzuschlagen.

In Kapitel 7 habe ich erwähnt, welche Gefahren auftreten können, wenn Algorithmen für das Predictive Policing (die sogenannte vorausschauende Polizeiarbeit) im laufenden Betrieb lernen. Lernt ein Algorithmus, dass es in einem Stadtviertel mehr Verhaftungen gibt als in anderen, wird die KI vorhersagen, dass das auch in Zukunft so sein wird. Reagiert die Polizei auf diese Vorhersage, indem sie mehr Beamte in das Viertel schickt, könnte sich das zu einer sich selbst erfüllenden Prophezeiung entwickeln: Mehr Polizei auf den Straßen führt dazu, dass mehr Verbrechen entdeckt werden und mehr Verhaftungen stattfinden, selbst wenn die tatsächliche Kriminalitätsrate nicht höher ist als woanders auch. Wenn der Algorithmus diese höhere Verhaftungsquote sieht, wird er sogar noch mehr Verhaftungen in dem Viertel vorhersagen. Erhöht die Polizei ihre Präsenz daraufhin weiter, wird das Problem nur immer weiter eskalieren. Natürlich ist für diese Art von Rückkopplung nicht unbedingt eine KI nötig. Viele einfache Algorithmen und sogar Menschen fallen darauf herein.

Hier ein Beispiel für eine einfache Rückkopplungsschleife in Aktion: Im Jahr 2011 bemerkte der Biologe Michael Eisen etwas Seltsames, als ein Forscher seines Labors ein bestimmtes Fachbuch über Fruchtfliegen kaufen wollte.[8] Das Buch war nur noch antiquarisch zu haben, aber nicht besonders selten. Gebrauchte Exemplare gab es auf Amazon bereits für ungefähr 35 US-Dollar. Die beiden unbenutzten Exemplare hatten dagegen Preise von 1.730.045,91 und 2.198.177,95 Dollar (plus 3,99 Dollar Versandgebühren). Als Eisen am Folgetag noch einmal nachsah, hatte sich der Preis auf fast 2,8 Millionen Dollar erhöht. Im Laufe der nächsten Tage wurde ein Muster erkennbar: Am Morgen erhöhte das Unternehmen, das das etwas günstigere Buch verkaufte, seinen Preis, sodass er dem Preis des teureren Buchs multipliziert mit exakt 0,9983 entsprach. Am Nachmittag erhöhte sich der Preis des teureren Buchs auf den Preis des billigeren multipliziert mit exakt 1,270589. Beide Unternehmen nutzten offenbar Algorithmen, um die Preise ihrer Bücher festzulegen. Es war klar, dass ein Unternehmen so viel wie möglich verlangen und trotzdem den günstigsten Preis anbieten wollte. Aber worin lag die Motivation des Unternehmens, das das teure Buch verkaufte? Eisen bemerkte, dass das Unternehmen sehr gute Bewertungen hatte, und vermutete, dass es sich auf seinen guten Ruf verließ, damit Kunden einen leicht erhöhten Preis bezahlten. Bei einem Kauf würden sie das Buch bei dem etwas günstigeren Anbieter bestellen, selbst an den Kunden verschicken und schließlich den Profit einsacken. Nach etwa einer Woche immer höher schnellender Preise fielen sie wieder auf ein normales Niveau. Anscheinend hatte ein Mensch das Problem bemerkt und korrigiert. Algorithmen zur Festlegung von Preisen kommen jedoch ständig zum Einsatz. Einmal stellte bei Amazon fest, dass einige Malbücher zu einem Stückpreis von 2.999 US-Dollar angeboten wurden.

Die Buchpreise waren also das Ergebnis einfacher regelbasierter Programme. Algorithmen für maschinelles Lernen können dagegen für wesentlich spannendere Schwierigkeiten sorgen. Ein Forschungspapier aus dem Jahr 2018 untersuchte zwei KIs in einer ähnlichen Situation wie der vorherigen mit den Buchpreisen. Beide Algorithmen hatten die Aufgabe, Preise auf maximalen Profit zu optimieren. Dabei fand man heraus, dass sie auf eine sehr ausgefeilte, aber auch höchst illegale Weise miteinander konspirierten. Das funktionierte, ohne dass ihnen jemand die Zusammenarbeit beigebracht hatte oder sie direkt miteinander kommunizierten. Irgendwie hatten die Algorithmen einen Weg gefunden, Preisabsprachen zu treffen, indem sie die

Preise des Gegenübers beobachteten. Dieses Verhalten wurde bisher nur in Simulationen beobachtet. Man geht aber davon aus, dass ein großer Teil der Onlinepreise von autonomen KIs festgelegt wird. Der Gedanke an weitverbreitete Preisabsprachen ist also nicht abwegig. Preisabsprachen sind gut für Verkäufer – wenn alle mitmachen und hohe Preise nehmen, steigen auch die Profite –, aber nicht für die Kunden. Ohne dies ausdrücklich zu wollen, können Verkäufer, die KI für ihre Zwecke einsetzen, unbeabsichtigt auch Dinge tun, die ausdrücklich illegal sind.[9] Dies ist ein weiterer Aspekt des »Mathwashing«-Problems aus Kapitel 7. Menschen müssen sicherstellen, dass ihre KIs nicht von böswilligen Akteuren ausgetrickst oder womöglich selbst zu einem solchen werden.

Ein klarer Job für die KI

Menschengleiche Leistungen sind der Goldstandard für viele Algorithmen des maschinellen Lernens. Schließlich geht es bei den meisten Aufgaben darum, menschliche Tätigkeiten zu imitieren: Bilder markieren, E-Mails filtern, Namen für Meerschweinchen finden. Und wenn die Leistung mehr oder weniger dem Niveau von Menschen entspricht, können KIs (mit entsprechender Anleitung) eingesetzt werden, um Menschen bei sich wiederholenden oder langweiligen Aufgaben zu ersetzen. Weiter oben im Buch haben Sie gesehen, dass einige Nachrichtenagenturen Algorithmen für maschinelles Lernen einsetzen, um langweilige, aber akzeptable Artikel über lokale Sportveranstaltungen oder Immobilien automatisch schreiben zu lassen. Ein Projekt namens Quicksilver erzeugte automatisch Entwürfe für *Wikipedia*-Artikel über Wissenschaftlerinnen (die dort deutlich unterrepräsentiert sind), was freiwilligen Redakteuren eine Menge Arbeit erspart. Menschen, die Audioaufnahmen transkribieren oder Texte übersetzen, können (zugegebenermaßen fehlerhafte) maschinell erstellte Versionen als Startpunkt für ihre eigenen Übersetzungen verwenden. Musiker können Kompositionsalgorithmen einsetzen, um neue Musikstücke für Situationen zu schaffen, in denen die Musik nicht außergewöhnlich, sondern nur billig sein muss. In vielen Fällen hat der Mensch die Rolle eines Redakteurs oder Bearbeiters.

Und dann gibt es natürlich auch Aufgaben, bei denen es sogar besser ist, keine Menschen einzusetzen. Gesprächspartner geben eher ihre Gefühle preis und offenbaren potenziell stigmatisierende Informationen, wenn sie glauben, dass sie mit einem Roboter und nicht mit einem Menschen sprechen.[10,11] (Andererseits könnten Chatbots im Gesundheitsbereich ernsthafte Krankheitssymptome möglicherweise übersehen.)[12] Bots wurden auch schon darauf trainiert, verstörende Bilder zu betrachten und mögliche Verbrechen aufzuzeigen (obwohl sie offenbar die Tendenz haben, Wüstenszenen mit menschlichem Fleisch zu verwechseln).[13] Selbst Verbrechen könnten leichter von einem Roboter als von einem Menschen begangen werden. 2016 baute die Harvard-Studentin Serena Booth einen Roboter, mit dem sie einige Theorien darüber testen wollte, warum Menschen Robotern so sehr vertrauen.[14] Booth baute einen einfachen ferngesteuerten Roboter, der sich Studenten nähern und fragen konnte, ob er Zugang zu einem per Schlüsselkarte versperrten Schlafsaal bekommen könnte. Unter den gegebenen Umständen ließen nur 19 Prozent der Personen den Roboter hinein (interessanterweise war die Zahl etwas höher, wenn die Studenten in einer Gruppe unterwegs waren). Sagte der Roboter jedoch, dass er Kekse ausliefere, wurde er in 79 Prozent der Fälle eingelassen.

Wie oben gesagt, eignen sich einige KIs wegen des »Mathwashing«-Problems für Verbrechen. Die Entscheidungen einer KI können auf komplexen Beziehungen zwischen vielen Variablen basieren, von denen einige möglicherweise Stellvertreter oder Indikatoren für Informationen sind, die die KI eigentlich nicht haben sollte, wie beispielsweise Geschlecht oder Hautfarbe. Das sorgt für eine Schicht der Verschleierung, die es ihr – beabsichtigt oder nicht – ermöglichen könnte, Gesetze zu brechen, ohne dass es bemerkt wird.

Aufgabe: ~~Verbrechen begehen.~~
mit den Zahlen herumspielen und sehen,
was passiert

Oft ist eine KI für bestimmte Aufgaben besser geeignet, weil ihre Leistungsfähigkeit die der menschlichen übersteigt. So ist sie oft deutlich schneller als Menschen. In einigen Multiplayer-Computerspielen muss die KI, wenn sie gegen Menschen spielt, verlangsamt werden, damit die Menschen überhaupt eine Chance gegen sie haben. KIs sind außerdem wesentlich konsistenter als Menschen, dafür aber furchtbar schlecht im Umgang mit dem Unerwarteten. Kann eine KI auch gerechter sein? Möglicherweise. Immerhin kann ein KI-basiertes System auf Fairness getestet werden, indem man eine Menge Probeentscheidungen durchführt und nach unerwünschten statistischen Beziehungen sucht. Durch sorgfältige Anpassung der Trainingsdaten an die gewünschte Situation anstatt an die reale Welt wäre es möglich, eine KI so zu trainieren, dass ihre Entscheidungen fair sind – zumindest deutlich fairer als die eines durchschnittlichen Menschen.

Algorithmische Kreativität?

Werden Musik, Filme und Romane der Zukunft von KIs geschrieben? Vielleicht zumindest teilweise.

KI-generierte Kunst kann beeindruckend, seltsam und verstörend sein: sich ständig ändernde Tulpen, fehlerhafte Menschen mit halb geschmolzenen Gesichtern, Himmel aus halluzinierten Hunden. Ein Tyrannosaurus könnte sich in Blumen oder Früchte verwandeln, die Mona Lisa könnte ein dümmliches Grinsen bekommen, ein Pianoriff könnte sich in ein Gitarrensolo verwandeln. KI-generierter Text könnte die Qualität surrealistischer Performancekunst erreichen.

Lieblingstiere

Das neuronale Netzwerk GPT-2 sollte den Satz »Meine zehn Lieblingstiere sind ...« vervollständigen. Hier sind die Ergebnisse.

Meine zehn Lieblingstiere sind:

1. Zebras mit einer weißen Narbe auf dem Rücken,
2. unauffällige Spinnen und Tintenfische,
3. Frosch mit großen Blättern, hoffentlich schwarz,
4. Nymphensittich mit Schuppen,
5. Tordalk, mit Flügeln, die etwa zehn Zentimeter aus jemandes Gesicht hängen, und ein Herztattoo auf einem Frosch.

Wie die KI-basierte Problemlösung lässt sich KI-basierte Kreativität wohl am ehesten als »KI-assistiert« beschreiben.

Damit ein GAN ein Gemälde erzeugen kann, braucht es zunächst die passenden Trainingsdaten. Dabei entscheidet ein Mensch, welche Daten das sein sollen. Einige der interessantesten Ergebnisse entstehen, wenn Künstler das GAN von ihren eigenen Gemälden oder Fotos lernen lassen. So verbrachte die Künstlerin Anna Ridler (*http://annaridler.com/*) einen Frühling damit, Tausende von Tulpenfotos zu machen. Diese benutzte sie anschließend, um ein GAN zu trainieren, das dann eine endlose Reihe fotorealistischer Tulpen erzeugte. Dabei war die Menge der Streifen auf den einzelnen Tulpen an den Preis von Bitcoin gebunden. Die Künstlerin und Softwareentwicklerin Helena Sarin (*https://twitter.com/NeuralBricolage*) hat einige interessante GAN-Remixe ihrer Aquarelle und Skizzen erzeugt und in kubistische oder seltsam strukturierte Hybride verwandelt. Andere Künstler bedienen sich bereits vorhandener Datensätze wie lizenzfreier Renaissanceporträts oder Landschaften, um zu sehen, was ein GAN daraus machen kann. Schon die Auswahl eines Datensatzes kann ein künstlerischer Vorgang sein. Fügen Sie andere Malstile hinzu, kann ein hybrides oder kaum noch erkennbares Kunstwerk das Ergebnis sein. Reduzieren Sie einen Datensatz auf einen bestimmten Blickwinkel, Stil oder eine bestimmte Beleuchtung, fällt es dem neuronalen Netzwerk leichter, aus dem Gesehenen realistische Bilder zu erzeugen. Wenn Sie mit einem Modell beginnen, das mit einem großen Datensatz trainiert wurde, und dann das Transferlernen verwenden, um sich auf einen kleineren und spezielleren Datensatz zu konzentrieren, erhalten Sie weitere Möglichkeiten, Ihre Ergebnisse zu verfeinern.

Ich werde einen Datensatz von 100.000
Giraffenbildern kuratieren!!!

Den. Besten. Datensatz.
Den. Es. Je. Gab.

Wer einen Algorithmus zur Texterstellung trainiert, hat durch die verwendeten Trainingsdaten auch Einfluss auf die Ergebnisse. Der Science-Fiction-Autor Robin Sloan ist einer der wenigen, der mit Texten experimentiert, die von neuronalen Netzwerken erzeugt wurden. Dabei dienen die erzeugten Texte als Möglichkeit, seinen Texten ein Element der Unvorhersagbarkeit hinzuzufügen. Hierfür schuf er ein eigenes Werkzeug, das auf Basis zuvor von ihm geschriebener Sätze und dem Wissen über andere Science-Fiction-Geschichten, Wissenschaftsnachrichten und sogar Naturschutzmeldungen einen Folgesatz vorschlug. Als Sloan sein Werkzeug in einem Interview mit der New York Times vorführte, übergab er ihm den Satz: »Die Bisons sind um den Canyon versammelt.« Das Werkzeug antwortete mit »am kahlen Himmel«. Das war keine perfekte Weiterführung, weil der Satz des Algorithmus merklich danebenlag. Aber für Sloans Zwecke war er angenehm schräg. Er verwarf sogar ein früheres Modell, das er mit Science-Fiction-Geschichten der 1950er- und 1960er-Jahre trainiert hatte, weil sie ihm zu klischeehaft vorkamen.

Wie das Sammeln der Daten, so ist auch das Training der KI eine Kunst für sich. Wie lange sollte das Training dauern? Eine unvollständig trainierte KI kann mit ihren seltsamen Aussetzern oder einer verschwurbelten Rechtschreibung recht interessant sein. Sollte das Training neu gestartet werden, wenn eine KI festhängt und schräge Texte oder seltsame visuelle Artefakte wie zum Beispiel sich multiplizierende Raster oder übersättigte Farben erzeugt (ein Prozess, der als **Mode Collapse** – Moduskollaps – bezeichnet wird)? Oder ist das vielleicht irgendwie cool? Wie bei anderen Anwendungen müssen die Künstler auch hier darauf achten, dass die KI die Eingabedaten nicht zu sehr imitiert. Geht es nach der KI, ist eine exakte Kopie sogar erwünscht, und sie wird alles daransetzen, ein möglichst gutes Plagiat abzuliefern.

Am Ende ist es die Aufgabe des Künstlers, die Ausgaben der KI zu kuratieren und in etwas Lohnenswertes zu verwandeln. GANs und Text erzeugende Algorithmen können im Prinzip unendlich viele Ausgaben erzeugen, von denen das wenigste aber wirklich interessant ist. Manche Ergebnisse sind geradezu furchtbar. Viele Text erzeugenden Netze haben schlicht keine Ahnung, was die Wörter überhaupt bedeuten. (Katzennamen wie Würgion oder Mister Pinkel? Liebes neuronales Netz, das meinst du nicht ernst, oder?) Wenn ich Texte mit einem neuronalen Netz erzeuge, ist gerade mal ein Zehntel, manchmal sogar nur ein Hundertstel der Ergebnisse überhaupt vorzeigbar. Ich kuratiere die Ergebnisse grundsätzlich, um eine Geschichte zu erzählen oder einen interessanten Aspekt zu einem bestimmten Algorithmus oder Datensatz aufzuzeigen.

In manchen Fällen ist die Auswahl der von einer KI erzeugten Ausgaben überraschend aufwendig. In Kapitel 4 habe ich BigGAN genutzt, um zu zeigen, wie schwer sich neuronale Netzwerke tun, wenn sie mit zu vielfältigen Bildern trainiert werden. Dabei habe ich aber noch nicht über seine coolsten Eigenschaften gesprochen: Bilder zu erzeugen, die eine Mischung mehrerer Kategorien sind.

Stellen Sie sich »Huhn« als einen Punkt in einem Koordinatenraum vor und »Hund« als einen anderen. Wenn Sie jetzt den kürzesten Weg zwischen beiden suchen, überqueren Sie andere Punkte in diesem Raum, die irgendwo zwischen den beiden liegen. Punkte, an denen die »Huhnde« Flügel, Hängeohren und heraushängende Zungen haben. Wenn Sie sich von »Hund« zu »Tennisball« bewegen, finden Sie unterwegs strubbelige grüne Kugeln mit schwarzen Augen und Stupsnasen. Diese riesige mehrdimensionale visuelle Landschaft der Möglichkeiten wird als **latenter Raum** (**Latent Space**) bezeichnet. Sobald der latente Raum von BigGan zugänglich war, begannen Künstler mit dessen Erforschung. Schnell fanden sie Koordinaten mit Mänteln, die von Augen bedeckt waren, und von Tentakeln umgebene Trenchcoats, Hundevögel mit eckigen Gesichtern, die beide Augen auf derselben Gesichtsseite hatten, bildschöne Hobbitdörfer inklusive der runden Türen und feurige Atompilzwolken mit den Gesichtern süßer Hundewelpen. (ImageNet enthält ebenfalls eine Menge Hunde, wodurch auch der latente Raum von BigGAN ziemlich hundelastig sein kann.) Die Möglichkeiten, sich im latenten Raum zu bewegen, werden selbst zu künstlerischen Entscheidungen. Sollten wir uns in geraden Linien oder in Kurven bewegen? Sollen wir in der Nähe unseres Startpunkts bleiben oder uns auch in weit entfernte Winkel vorwagen? Die Übergänge zwischen nützlichen und komplett seltsamen Bereichen von ImageNet sind fließend.

Ist diese ganze Kunst wirklich von einer KI erzeugt? Auf jeden Fall! Aber leistet die KI tatsächlich die kreative Arbeit? Wohl kaum. Menschen, die behaupten, ihre KI sei der eigentliche Künstler, übertreiben maßlos, was deren tatsächliche Fähigkeiten angeht. Gleichzeitig verkaufen sie ihre eigenen künstlerischen Beiträge und die derjenigen, die die Algorithmen entwickelt haben, deutlich unter Preis.

Das Leben mit unseren künstlichen Freunden

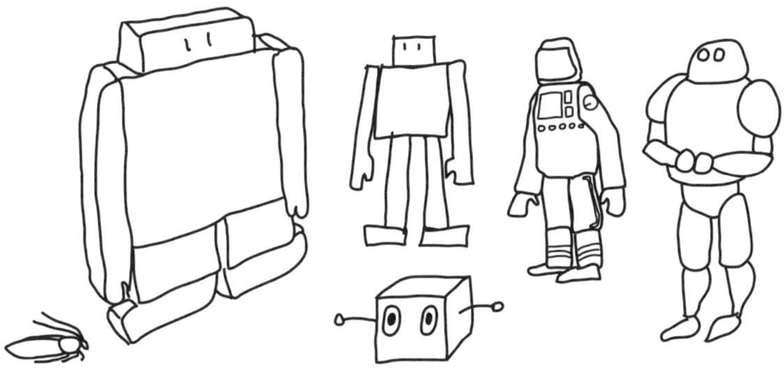

Im Verlauf dieses Buchs haben wir eine Menge verschiedener Beispiele dafür gesehen, wie KI uns überraschen kann.

Wenn man einer KI ein Problem zum Bewältigen und genug Freiheit gibt, kann sie auf Lösungen kommen, von denen ihre Programmierer nicht einmal geträumt haben. Eine KI, die von Punkt A nach Punkt B laufen sollte, baute sich stattdessen zu einem Turm auf und fiel seitwärts um. Sie könnte sich aber auch fortbewegen, indem sie sich in engen Kreisen um sich selbst dreht oder als sich windender Haufen auf dem Boden herumzuckt. Wenn wir die KI in einer Simulation trainieren, kann es passieren, dass sie die Grundbausteine ihres Universums hackt, indem sie Fehler in der (simulierten) Physik ausnutzt, um übermenschliche Kräfte zu erlangen. Anweisungen wird sie wörtlich nehmen: Wenn sie Kollisionen vermeiden soll, wird sie sich einfach nicht bewegen, soll sie vermeiden, ein Videospiel zu verlieren, wird sie das Spiel einfach für immer pausieren lassen. Sie wird Muster in den Trainingsdaten finden, die nicht einmal ihre Programmierer erwartet haben. Einige dieser Muster, zum Beispiel Vorurteile, sollten eigentlich nicht imitiert werden. Modulare KIs können hintereinandergeschaltet werden, um Aufgaben zu bewältigen, die eine einzelne KI niemals lösen könnte, etwa wie ein Smartphone voller Apps oder ein Bienenschwarm.

Auch wenn KI immer leistungsfähiger wird, kann sie nicht erahnen, was wir tatsächlich von ihr wollen. Sie wird *versuchen*, unseren Wünschen zu entsprechen. Aber es kann immer eine Diskrepanz bestehen zwischen dem, was wir von der KI erwarten, und dem, was wir ihr sagen. Wird KI irgendwann so schlau sein, uns und unsere Welt wie ein Mensch zu verstehen – oder wird sie uns sogar überholen? Wahrscheinlich nicht zu unseren Lebzeiten. In absehbarer Zukunft geht die Gefahr nicht von zu schlauen KIs aus, sondern von KIs, die nicht schlau genug sind.

Oberflächlich wird es so scheinen, als würde KI immer mehr verstehen. Sie wird in der Lage sein, fotorealistische Szenen zu erzeugen, vielleicht wird sie ganze Filmszenen mit reichhaltigen Texturen versehen, vielleicht wird sie uns in jedem Computerspiel schlagen, das wir ihr vorsetzen. Hinter den Kulissen geht es aber nur um die Erkennung von Mustern. Die KI weiß nur, was sie gesehen hat und was sie oft genug gesehen hat, damit es für sie einen Sinn ergibt.

Unsere Welt ist zu kompliziert und zu voll mit bizarren und unerwarteten Dingen, als dass eine KI sie während ihres Trainings alle gesehen haben kann. Die Emus könnten weglaufen, Kinder könnten sich als Kakerlaken verkleiden, und Menschen könnten selbst dann nach Giraffen fragen, wenn es keine gibt. KI wird uns missverstehen, weil ihr schlicht der Kontext fehlt, um zu wissen, was wir tatsächlich von ihr wollen.

Um so gut wie möglich mit der KI voranzukommen, müssen wir sie verstehen. Wir müssen verstehen, wie wir ihr die richtigen Probleme zur Lösung geben, wie wir uns auf mögliche Missverständnisse vorbereiten und wie wir sie davon abhalten, die schlimmsten Dinge zu imitieren, die sie in den menschlichen Daten findet. Es gibt genug Gründe, optimistisch zu sein, und genug Gründe, vorsichtig zu sein. Es kommt immer darauf an, wie wir die KI einsetzen.

Und achten Sie immer auf versteckte Giraffen.

Danksagungen

Dieses Buch würde ohne die harte Arbeit, Sachkenntnis und Großzügigkeit einiger Menschen nicht existieren. Ihnen möchte ich hier danken.

Ein großes Dankeschön geht an das Team bei Voracious, dessen harte Arbeit mein umfangreiches, mäanderndes Dokument in etwas verwandelt hat, das ich liebe. Barbara Clarks Korrektorat hat dieses Buch immens verbessert. Nach der Entfernung einer gefühlten Kubiktonne an *actuallys (eigentlich, im Prinzip, tatsächlich)* ist es deutlich schlanker geworden. Ein besonderes Dankeschön geht an meine Lektorin Nicky Guerreiro, die mir eines Tages völlig unerwartet eine E-Mail schickte, um mir mitzuteilen, dass sie gerade zum fünften Mal einen Ausbruch von Gelächter in ihrem Großraumbüro erlebt hatte. Sie wollte fragen, ob sich mein Blog wohl in ein Buch übersetzen ließe. Ohne Nickys Unterstützung und feine Sachkenntnis hätte dieses Buch nicht die Tiefe und die Beherztheit, die es jetzt hat.

Ein weiteres Dankeschön geht an meinen Agenten Eric Lupfer bei Fletcher and Company dafür, dass er mich als Debütautorin durch die vielen Schritte geleitet hat, um ein Blog in ein Buch zu verwandeln.

Das erste Mal hörte ich 2002 von maschinellem Lernen in einem faszinierenden Vortrag von Erik Goodman über evolutionäre Algorithmen für die Erstsemester der Michigan State University. Ich vermute, die Anekdoten über Algorithmen, die ihre Simulationen kaputt machen und die falschen Probleme lösen, haben sich regelrecht bei mir festgesetzt! Danke, dass du mein Interesse so früh geweckt hast – das hat mir viel Freude bereitet!

Danke auch an meine Freunde und meine Familie, die mich während des langen Prozesses unterstützt haben, die meinen Übungsvorträgen zugehört und über meine Witze gelacht haben und die immer bereit waren, meine Batterien mit etwas Musik, Wanderungen und kulinarischen Experimenten wieder aufzuladen.

Und abschließend bedanke ich mich bei allen meinen Lesern und Followern von *aiweirdness.com*, die schon so viele meiner seltsamen KI-Experimente ausprobiert haben – die Strickmuster, die Kekse, den Nagellack, die Burlesque-Shows, die seltsamen Kreaturen, die absurden Katzennamen, die Biermarken und sogar die Oper. Schaut, was wir getan haben! Mögen die Giraffen immer mit euch sein!

Anmerkungen

Einleitung: KI ist überall

1. Caroline O'Donovan et al., »We Followed YouTube's Recommendation Algorithm Down the Rabbit Hole,« *BuzzFeed News,* January 24, 2019, *https://www.buzzfeednews.com/article/carolineodonovan/down-youtubes-recommendation-rabbithole.*

Kapitel 1: Was ist KI?

1. Joel Lehman et al., »The Surprising Creativity of Digital Evolution: A Collection of Anecdotes from the Evolutionary Computation and Artificial Life Research Communities,« ArXiv:1803.03453 [Cs], March 9, 2018, *http://arxiv.org/abs/1803.03453.*
2. Neel V. Patel, »Why Doctors Aren't Afraid of Better, More Efficient AI Diagnosing Cancer,« *The Daily Beast,* December 11, 2017, *https://www.thedailybeast.com/why-doctors-arent-afraid-of-better-more-efficient-ai-diagnosing-cancer.*
3. Jeff Larson et al., »How We Analyzed the COMPAS Recidivism Algorithm,« *ProPublica,* May 23, 2016, *https://www.propublica.org/article/how-we-analyzed-the-compas-recidivism-algorithm.*
4. Chris Williams, »AI Guru Ng: Fearing a Rise of Killer Robots Is Like Worrying about Overpopulation on Mars,« *The Register,* March 19, 2015, *https://www.theregister.co.uk/2015/03/19/andrew_ng_baidu_ai/.*
5. Marianne Bertrand and Sendhil Mullainathan, »Are Emily and Greg More Employable Than Lakisha and Jamal? A Field Experiment on Labor Market Discrimination,« *American Economic Review* 94, no. 4 (September 2004): 991–1013, *https://doi.org/10.1257/0002828042002561.*

Kapitel 2: KI ist überall, aber wo genau ist das?

1. Stephen Chen, »A Giant Farm in China Is Breeding 6 Billion Cockroaches a Year. Here's Why,« *South China Morning Post,* April 19, 2018, *https://www.scmp.com/news/china/society/article/2142316/giant-indoor-farm-china-breeding-six-billion-cockroaches-year.*

2. Heliograf, »High School Football This Week: Einstein at Quince Orchard,« *Washington Post,* October 13, 2017, *https://www.washingtonpost.com/allmetsports/2017-fall/games/football/87408/.*
3. Li L'Estrade, »MittMedia Homeowners Bot Boosts Digital Subscriptions with Automated Articles,« International News Media Association (INMA), June 18, 2018, *https://www.inma.org/blogs/ideas/post.cfm/mittmedia-homeowners-bot-boosts-digital-subscriptions-with-automated-articles.*
4. Jaclyn Peiser, »The Rise of the Robot Reporter,« *New York Times,* February 5, 2019, *https://www.nytimes.com/2019/02/05/business/media/artificial-intelligence-journalism-robots.html.*
5. Christopher J. Shallue and Andrew Vanderburg, »Identifying Exoplanets with Deep Learning: A Five Planet Resonant Chain around Kepler-80 and an Eighth Planet around Kepler-90,« *The Astronomical Journal* 155, no. 2 (January 30, 2018): 94, *https://doi.org/10.3847/1538-3881/aa9e09.*
6. R. Benton Metcalf et al., »The Strong Gravitational Lens Finding Challenge,« *Astronomy & Astrophysics* 625 (May 2019): A119, *https://doi.org/10.1051/0004-6361/201832797.*
7. Avi Bagla, »#StarringJohnCho Level 2: Using DeepFakes for Representation,« YouTube video, posted April 9, 2018, *https://www.youtube.com/watch?v=hlZkATlqDSM&feature=youtu.be.*
8. Tom Simonite, »Facebook Built the Perfect Chatbot but Can't Give It to You Yet,« *MIT Technology Review,* April 14, 2017, *https://www.technologyreview.com/s/604117/facebooks-perfect-impossible-chatbot/.*
9. Ibid.
10. Casey Newton, »Facebook Is Shutting Down M, Its Personal Assistant Service That Combined Humans and AI,« *The Verge,* January 8, 2018, *https://www.theverge.com/2018/1/8/16856654/facebook-m-shutdown-bots-ai.*
11. Andrew J. Hawkins, »Inside Waymo's Strategy to Grow the Best Brains for Self-Driving Cars,« *The Verge,* May 9, 2018, *https://www.theverge.com/2018/5/9/17307156/google-waymo-driverless-cars-deep-learning-neural-net-interview.*
12. »OpenAI Five,« OpenAI, accessed August 3, 2019, *https://openai.com/five/.*
13. Katyanna Quatch, »OpenAI Bots Smashed in Their First Clash against Human Dota 2 Pros,« *The Register,* August 23, 2018, *https://www.theregister.co.uk/2018/08/23/openai_bots_defeated/.*

14. Tom Murphy (@tom7), Twitter, August 23, 2018, *https://twitter.com/tom7/status/1032756005107580929.*
15. Mike Cook (@mtrc), Twitter, August 23, 2018, *https://twitter.com/mtrc/status/1032783369254432773.*
16. Tom Murphy, »The First Level of Super Mario Bros. Is Easy with Lexicographic Orderings and Time Travel... After That It Gets a Little Tricky« (research paper, Carnegie Melon University), April 1, 2013, *http://www.cs.cmu.edu/~tom7/mario/mario.pdf.*
17. Benjamin Solnik et al., »Bayesian Optimization for a Better Dessert« (paper presented at the 2017 NIPS Workshop on Bayesian Optimization, Long Beach, CA, December 9, 2017), *https://bayesopt.github.io/papers/2017/37.pdf.*
18. Sarah Kimmorley, »We Tasted the ›Perfect‹ Cookie Google Took 2 Months and 59 Batches to Create—and It Was Terrible,« *Business Insider Australia,* May 31, 2018, *https://www.businessinsider.com.au/google-smart-cookie-ai-recipe-2018-5.*
19. Andrew Krok, »Waymo's Self-Driving Cars Are Far from Perfect, Report Says,« *Roadshow,* August 28, 2018, *https://www.cnet.com/roadshow/news/waymo-alleged-tech-troubles-report/.*
20. C. Lv et al., »Analysis of Autopilot Disengagements Occurring during Autonomous Vehicle Testing,« *IEEE/CAA Journal of Automatica Sinica* 5, no. 1 (January 2018): 58–68, *https://doi.org/10.1109/JAS.2017.7510745.*
21. Andrew Krok, »Uber Self-Driving Car Saw Pedestrian 6 Seconds before Crash, NTSB Says,« *Roadshow,* May 24, 2018, *https://www.cnet.com/roadshow/news/uber-self-driving-car-ntsb-preliminary-report/.*
22. Fred Lambert, »Tesla Elaborates on Autopilot's Automatic Emergency Braking Capacity over Mobileye's System,« Electrek (blog), July 2, 2016, *https://electrek.co/2016/07/02/tesla-autopilot-mobileye-automatic-emergency-braking/.*
23. Naaman Zhou, »Volvo Admits Its Self-Driving Cars Are Confused by Kangaroos,« *The Guardian,* July 1, 2017, *https://www.theguardian.com/technology/2017/jul/01/volvo-admits-its-self-driving-cars-are-confused-by-kangaroos.*

Kapitel 3: Wie lernt eine Maschine eigentlich wirklich?

1. Ian Goodfellow, Yoshua Bengio, and Aaron Courville, Deep Learning (Cambridge, Massachusetts: The MIT Press, 2016).

2. Sean McGregor et al., »FlareNet: A Deep Learning Framework for Solar Phenomena Prediction« (paper presented at the 31st Conference on Neural Information Processing Systems, Long Beach, CA, December 8, 2017), *https://dl4physicalsciences.github.io/files/nips_dlps_2017_5.pdf*.
3. Alec Radford, Rafal Jozefowicz, and Ilya Sutskever, »Learning to Generate Reviews and Discovering Sentiment,« ArXiv:1704.01444, April 5, 2017, *http://arxiv.org/abs/1704.01444*.
4. Andrej Karpathy, »The Unreasonable Effectiveness of Recurrent Neural Networks,« Andrej Karpathy Blog, May 21, 2015, *http://karpathy.github.io/2015/05/21/rnn-effectiveness/*.
5. Chris Olah et al., »The Building Blocks of Interpretability,« *Distill* 3, no. 3 (March 6, 2018): e10, *https://doi.org/10.23915/distill.00010*.
6. David Bau et al., »GAN Dissection: Visualizing and Understanding Generative Adversarial Networks« (paper presented at the International Conference on Learning Representations, May 6–9, 2019), *https://gandissect.csail.mit.edu/*.
7. »Botnik Apps,« Botnik, accessed August 3, 2019, *http://botnik.org/apps*.
8. Paris Martineau, »Why Google Docs Is Gaslighting Everyone about Spelling: An Investigation,« *The Outline*, May 7, 2018, *https://theoutline.com/post/4437/why-google-docs-thinks-real-words-are-misspelled*.
9. Shaokang Zhang et al., »Zoonotic Source Attribution of *Salmonella enterica* Serotype Typhimurium Using Genomic Surveillance Data, United States,« *Emerging Infectious Diseases* 25, no. 1 (2019): 82–91, *https://doi.org/10.3201/eid2501.180835*.
10. Ian J. Goodfellow et al., »Generative Adversarial Networks,« ArXiv: 1406.2661 [Cs, Stat], June 10, 2014, *http://arxiv.org/abs/1406.2661*.
11. Ahmed Elgammal et al., »CAN: Creative Adversarial Networks, Generating ›Art‹ by Learning About Styles and Deviating from Style Norms,« ArXiv:1706.07068 [Cs], June 21, 2017, *http://arxiv.org/abs/1706.07068*.
12. Beckett Mufson, »This Artist Is Teaching Neural Networks to Make Abstract Art,« *Vice*, May 22, 2016, *https://www.vice.com/en_us/article/yp59mg/neural-network-abstract-machine-paintings*.
13. David Ha and Jürgen Schmidhuber, »World Models,« Zenodo, March 28, 2018, *https://doi.org/10.5281/zenodo.1207631*.

Kapitel 4: Ich versuch's doch!

1. Tero Karras, Samuli Laine, and Timo Aila, »A Style-Based Generator Architecture for Generative Adversarial Networks,« ArXiv:1812. 04948 [Cs, Stat], December 12, 2018, *http://arxiv.org/abs/1812. 04948*.
2. Emily Dreyfuss, »A Bot Panic Hits Amazon Mechanical Turk,« *Wired,* August 17, 2018, *https://www.wired.com/story/amazon-mechanical-turk-bot-panic/*.
3. »COCO Dataset,« COCO: Common Objects in Context, *http://cocodataset.org/#download*. Im Training wurden 2014 Trainingsbilder und 2014 Bilder für die Validierung, also insgesamt 124.000 Bilder verwendet. Jeder Dialog enthielt 10 Fragen. *https://visualdialog.org/data* besagt, dass der Trainingsdatensatz 364 Millionen Dialoge enthielt, so dass jedes Bild 364/1,24 = 239,4 Mal betrachtet wurde.
4. Hawkins, »Inside Waymo's Strategy.«
5. Tero Karras et al., »Progressive Growing of GANs for Improved Quality, Stability, and Variation,« ArXiv:1710.10196 [Cs, Stat], October 27, 2017, *http://arxiv.org/abs/1710.10196*.
6. Karras, Laine, and Aila, »A Style-Based Generator Architecture.«
7. Melissa Eliott (0xabad1dea), »How Math Can Be Racist: Giraffing,« Tumblr, January 31, 2019, *https://abad1dea.tumblr.com/post/182455506350/how-math-can-be-racist-giraffing*.
8. Corinne Purtill and Zoë Schlanger, »Wikipedia Rejected an Entry on a Nobel Prize Winner Because She Wasn't Famous Enough,« *Quartz,* October 2, 2018, *https://qz.com/1410909/wikipedia-had-rejected-nobel-prize-winner-donna-strickland-because-she-wasnt-famous-enough/*.
9. Jon Christian, »Why Is Google Translate Spitting Out Sinister Religious Prophecies?« *Vice,* July 20, 2018, *https://www.vice.com/en_us/article/j5npeg/why-is-google-translate-spitting-out-sinister-religious-prophecies*.
10. Nicholas Carlini et al., »The Secret Sharer: Evaluating and Testing Unintended Memorization in Neural Networks,« ArXiv:1802.08232 [Cs], February 22, 2018, *http://arxiv.org/abs/1802.08232*.
11. Jonas Jongejan et al., »Quick, Draw! The Data« (dataset for online game Quick, Draw!), accessed August 3, 2019, *https://quickdraw.withgoogle.com/data*.

12. Jon Englesman (@engelsjk), Google AI Quickdraw Visualizer (web demo), Github, accessed August 3, 2019, *https://engelsjk.github.io/web-demo-quickdraw-visualizer/.*

13. Gretchen McCulloch, »Autocomplete Presents the Best Version of You,« *Wired,* February 11, 2019, *https://www.wired.com/story/autocomplete-presents-the-best-version-of-you/.*

14. Abhishek Das et al., »Visual Dialog,« ArXiv:1611.08669 [Cs], November 26, 2016, *http://arxiv.org/abs/1611.08669.*

Kapitel 5: Worum geht es wirklich?

1. @citizen_of_now, Twitter, March 15, 2018, *https://twitter.com/citizen_of_now/status/974344339815129089.*

2. Doug Blank (@DougBlank), Twitter, April 13, 2018, *https://twitter.com/DougBlank/status/984811881050329099.*

3. @Smingleigh, Twitter, November 7, 2018, *https://twitter.com/Smingleigh/status/1060325665671692288.*

4. Christine Barron, »Pass the Butter // Pancake Bot,« Unity Connect, January 2018, *https://web.archive.org/web/20201108114623/https://connect.unity.com/p/pancake-bot.*

5. Alex Irpan, »Deep Reinforcement Learning Doesn't Work Yet,« Sorta Insightful (blog), February 14, 2018, *https://www.alexirpan.com/2018/02/14/rl-hard.html.*

6. Sterling Crispin (@sterlingcrispin), Twitter, April 16, 2018, *https://twitter.com/sterlingcrispin/status/985967636302327808.*

7. Sara Chodosh, »The Problem with Cancer-Sniffing Dogs,« October 4, 2016, *Popular Science, https://www.popsci.com/problem-with-cancer-sniffing-dogs/.*

8. Wikipedia, s.v. »Anti-Tank Dog,« last updated June 29, 2019, *https://en.wikipedia.org/w/index.php?title=Anti-tank_dog&oldid=904053260.*

9. Anuschka de Rohan, »Why Dolphins Are Deep Thinkers,« *The Guardian,* July 3, 2003, *https://www.theguardian.com/science/2003/jul/03/research.science.*

10. Sandeep Jauhar, »When Doctor's Slam the Door,« *New York Times Magazine,* March 16, 2003, *https://www.nytimes.com/2003/03/16/magazine/when-doctor-s-slam-the-door.html.*

11. Joel Rubin (@joelrubin), Twitter, December 6, 2017, *https://twitter.com/joelrubin/status/938574971852304384.*

12. Joel Simon, »Evolving Floorplans,« joelsimon.net, accessed August 3, 2019, *http://www.joelsimon.net/evo_floorplans.html.*

13. Murphy, »First Level of Super Mario Bros.«

14. Tom Murphy (suckerpinch), »Computer Program that Learns to Play Classic NES Games,« YouTube video, posted April 1, 2013, *https://www.youtube.com/watch?v=xOCurBYI_gY.*

15. Murphy, »First Level of Super Mario Bros.«

16. Jack Clark and Dario Amodei, »Faulty Reward Functions in the Wild,« OpenAI, December 22, 2016, *https://openai.com/blog/faulty-reward-functions/.*

17. Bitmob, »Dimming the Radiant AI in Oblivion,« VentureBeat (blog), December 17, 2010, *https://venturebeat.com/2010/12/17/dimming-the-radiant-ai-in-oblivion/.*

18. cliffracer333, »So what happened to Oblivion's npc ›goal‹ system that they used in the beta of the game. Is there a mod or a way to enable it again?« Reddit thread, June 10, 2016, *https://www.reddit.com/r/oblivion/comments/4nimvh/so_what_happened_to_oblivions_npc_goal_system/.*

19. Sindya N. Bhanoo, »A Desert Spider with Astonishing Moves,« *New York Times,* May 4, 2014, *https://www.nytimes.com/2014/05/06/science/a-desert-spider-with-astonishing-moves.html.*

20. Lehman et al., »The Surprising Creativity of Digital Evolution,« *ALIFE 2018*, published online July 1 2018, *https://direct.mit.edu/isal/proceedings/alife2018/30/55/99716*

21. Jette Randløv and Preben Alstrøm, »Learning to Drive a Bicycle Using Reinforcement Learning and Shaping,« *Proceedings of the Fifteenth International Conference on Machine Learning, ICML '98* (San Francisco, CA: Morgan Kaufmann Publishers Inc., 1998), 463–471, *http://dl.acm.org/citation.cfm?id=645527.757766.*

22. Yuval Tassa et al., »DeepMind Control Suite,« ArXiv:1801.00690, [Cs], January 2, 2018, *http://arxiv.org/abs/1801.00690.*

23. Benjamin Recht, »Clues for Which I Search and Choose,« arg min blog, March 20, 2018, *http://benjamin-recht.github.io/2018/03/20/mujocoloco/.*

24. @citizen_of_now, Twitter, March 15, 2018, *https://twitter.com/citizen_of_now/status/974344339815129089.*

25. Westley Weimer, »Advances in Automated Program Repair and a Call to Arms,« *Search Based Software Engineering,* ed. Günther Ruhe and Yuanyuan Zhang (Berlin and Heidelberg: Springer, 2013), 1–3.
26. Lehman et al., »The Surprising Creativity of Digital Evolution.«
27. Yuri Burda et al., »Large-Scale Study of Curiosity-Driven Learning,« ArXiv:1808.04355 [Cs, Stat] August 13, 2018, *http://arxiv.org/abs/1808.04355.*
28. A. Baranes and P.-Y. Oudeyer, »R-IAC: Robust Intrinsically Motivated Exploration and Active Learning,« *IEEE Transactions on Autonomous Mental Development* 1, no. 3 (October 2009): 155–69, *https://doi.org/10.1109/TAMD.2009.2037513.*
29. Devin Coldewey, »This Clever AI Hid Data from Its Creators to Cheat at Its Appointed Task,« *TechCrunch,* December 31, 2018, *http://social.techcrunch.com/2018/12/31/this-clever-ai-hid-data-from-its-creators-to-cheat-at-its-appointed-task/.*
30. »YouTube Now: Why We Focus on Watch Time,« YouTube Creator Blog, August 10, 2012, *https://youtube-creators.googleblog.com/2012/08/youtube-now-why-we-focus-on-watch-time.html.*
31. Guillaume Chaslot (@gchaslot), Twitter, February 9, 2019, *https://twitter.com/gchaslot/status/1094359568052817920?s=21.*
32. »Continuing Our Work to Improve Recommendations on YouTube,« Official YouTube Blog, January 25, 2019, *https://youtube.googleblog.com/2019/01/continuing-our-work-to-improve.html.*

Kapitel 6: Die Matrix hacken

1. Doug Blank (@DougBlank), Twitter, March 15, 2018, *https://twitter.com/DougBlank/status/974244645214588930.*
2. Nick Stenning (@nickstenning), Twitter, April 9, 2018, *https://twitter.com/nickstenning/status/983409764989329409*
3. Christian Gagné et al., »Human-Competitive Lens System Design with Evolution Strategies,« *Applied Soft Computing* 8, no. 4 (September 1, 2008): 1439–52, *https://doi.org/10.1016/j.asoc.2007.10.018.*
4. Lehman et al., »The Surprising Creativity of Digital Evolution.«
5. Karl Sims, »Evolving 3D Morphology and Behavior by Competition,« *Artificial Life* 1, no. 4 (July 1, 1994): 353–72, *https://doi.org/10.1162/artl.1994.1.4.353.*

6. Karl Sims, »Evolving Virtual Creatures,« *Proceedings of the 21st Annual Conference on Computer Graphics and Interactive Techniques, SIGGRAPH '94* (New York: ACM, 1994), 15–22, *https://doi.org/10.1145/192161.192167.*
7. Lehman et al., »The Surprising Creativity of Digital Evolution.«
8. David Clements (@davecl42), Twitter, March 18, 2018, *https://twitter.com/davecl42/status/975406071182479361.*
9. Nick Cheney et al., »Unshackling Evolution: Evolving Soft Robots with Multiple Materials and a Powerful Generative Encoding,« *ACM SIGEVOlution* 7, no. 1 (August 2014): 11–23, *https://doi.org/10.1145/2661735.2661737.*
10. John Timmer, »Meet Wolbachia: The Male-Killing, Gender-Bending, Gonad-Eating Bacteria,« *Ars Technica,* October 24, 2011, *https://arstechnica.com/science/news/2011/10/meet-wolbachia-the-male-killing-gender-bending-gonad-chomping-bacteria.ars.*
11. @forgek_, Twitter, October 10, 2018, *https://twitter.com/forgek_/status/1050045261563813888.*
12. R. Feldt, »Generating Diverse Software Versions with Genetic Programming: An Experimental Study,« *IEE Proceedings—Software* 145, no. 6 (December 1998): 228–36, *https://doi.org/10.1049/ip-sen:19982444.*
13. George Johnson, »Eurisko, the Computer With a Mind of Its Own,« Alicia Patterson Foundation, updated April 6, 2011, *https://aliciapatterson.org/stories/eurisko-computer-mind-its-own.*
14. Eric Schulte, Stephanie Forrest, and Westley Weimer, »Automated Program Repair through the Evolution of Assembly Code,« *Proceedings of the IEEE/ACM International Conference on Automated Software Engineering, ASE '10* (New York, NY: ACM, 2010), 313–316, *https://doi.org/10.1145/1858996.1859059.*

Kapitel 7: Unglückliche Abkürzungen

1. Marco Tulio Ribeiro, Sameer Singh, and Carlos Guestrin, »›Why Should I Trust You?‹: Explaining the Predictions of Any Classifier,« ArXiv:1602.04938 [Cs, Stat], February 16, 2016, *http://arxiv.org/abs/1602.04938.*

2. Luke Oakden-Rayner, »Exploring the ChestXray14 Dataset: Problems,« Luke Oakden-Rayner (blog), December 18, 2017, *https://lukeoakdenrayner.wordpress.com/2017/12/18/the-chestxray14-dataset-problems/*.
3. David M. Lazer et al., »The Parable of Google Flu: Traps in Big Data Analysis,« *Science* 343, no. 6176 (March 14, 2014): 1203–5, *https://doi.org/10.1126/science.1248506*.
4. Gidi Shperber, »What I've Learned from Kaggle's Fisheries Competition,« *Medium,* May 1, 2017, *https://medium.com/@gidishperber/what-ive-learned-from-kaggle-s-fisheries-competition-92342f9ca779*.
5. J. Bird and P. Layzell, »The Evolved Radio and Its Implications for Modelling the Evolution of Novel Sensors,« *Proceedings of the 2002 Congress on Evolutionary Computation, CEC'02 (Cat. No.02TH8600)* vol. 2 (2002 World Congress on Computational Intelligence—WCCI'02, Honolulu, HI, USA: IEEE, 2002): 1836–41, *https://doi.org/10.1109/CEC.2002.1004522*.
6. Hannah Fry, *Hello World: Being Human in the Age of Algorithms* (New York: W. W. Norton & Company, 2018).
7. Lo Bénichou, »The Web's Most Toxic Trolls Live in... Vermont?,« *Wired,* August 22, 2017, *https://www.wired.com/2017/08/internet-troll-map/*.
8. Violet Blue, »Google's Comment-Ranking System Will Be a Hit with the Alt-Right,« *Engadget,* September 1, 2017, *https://www.engadget.com/2017/09/01/google-perspective-comment-ranking-system/*.
9. Jessamyn West (@jessamyn), Twitter, August 24, 2017, *https://twitter.com/jessamyn/status/900867154412699649*.
10. Robyn Speer, »ConceptNet Numberbatch 17.04: Better, Less-Stereotyped Word Vectors,« ConceptNet blog, April 24, 2017, *http://blog.conceptnet.io/posts/2017/conceptnet-numberbatch-17-04-better-less-stereotyped-word-vectors/*.
11. Aylin Caliskan, Joanna J. Bryson, and Arvind Narayanan, »Semantics Derived Automatically from Language Corpora Contain Human-like Biases,« *Science* 356, no. 6334 (April 14, 2017): 183–86, *https://doi.org/10.1126/science.aal4230*.
12. Anthony G. Greenwald, Debbie E. McGhee, and Jordan L. K. Schwartz, »Measuring Individual Differences in Implicit Cognition: The Implicit Association Test,« *Journal of Personality and Social Psychology* 74 (June 1998): 1464–80, *http://faculty.washington.edu/agg/pdf/Gwald_McGh_Schw_JPSP_1998.OCR.pdf*.

13. Brian A. Nosek, Mahzarin R. Banaji, and Anthony G. Greenwald, »Math = Male, Me = Female, Therefore Math Not = Me,« *Journal of Personality and Social Psychology* 83, no. 1 (July 2002): 44–59.
14. Speer, »ConceptNet Numberbatch 17.04.«
15. Larson et al., »How We Analyzed the COMPAS.«
16. Jeff Larson and Julia Angwin, »Bias in Criminal Risk Scores Is Mathematically Inevitable, Researchers Say,« *ProPublica,* December 30, 2016, *https://www.propublica.org/article/bias-in-criminal-risk-scores-is-mathematically-inevitable-researchers-say.*
17. James Regalbuto, »Insurance Circular Letter No. 1 (2019),« New York State Department of Financial Services, January 18, 2019, *https://www.dfs.ny.gov/industry_guidance/circular_letters/cl2019_01.*
18. Jeffrey Dastin, »Amazon Scraps Secret AI Recruiting Tool That Showed Bias against Women,« Reuters, October 10, 2018, *https://www.reuters.com/article/us-amazon-com-jobs-automation-insight-idUSKCN1MK08G.*
19. James Vincent, »Amazon Reportedly Scraps Internal AI Recruiting Tool That Was Biased against Women,« *The Verge,* October 10, 2018, *https://www.theverge.com/2018/10/10/17958784/ai-recruiting-tool-bias-amazon-report.*
20. Paola Cecchi-Dimeglio, »How Gender Bias Corrupts Performance Reviews, and What to Do About It,« *Harvard Business Review,* April 12, 2017, *https://hbr.org/2017/04/how-gender-bias-corrupts-performance-reviews-and-what-to-do-about-it.*
21. Dave Gershgorn, »Companies Are on the Hook If Their Hiring Algorithms Are Biased,« *Quartz,* October 22, 2018, *https://qz.com/1427621/companies-are-on-the-hook-if-their-hiring-algorithms-are-biased/.*
22. Karen Hao, »Police across the US Are Training Crime-Predicting AIs on Falsified Data,« *MIT Technology Review,* February 13, 2019, *https://www.technologyreview.com/s/612957/predictive-policing-algorithms-ai-crime-dirty-data/.*
23. Steve Lohr, »Facial Recognition Is Accurate, If You're a White Guy,« *New York Times,* February 9, 2018, *https://www.nytimes.com/2018/02/09/technology/facial-recognition-race-artificial-intelligence.html.*
24. Julia Carpenter, »Google's Algorithm Shows Prestigious Job Ads to Men, but Not to Women. Here's Why That Should Worry You,« *Washington Post,* July 6, 2015, *https://www.washingtonpost.com/*

news/the-intersect/wp/2015/07/06/googles-algorithm-shows-prestigious-job-ads-to-men-but-not-to-women-heres-why-that-should-worry-you/.

25. Mark Wilson, »This Breakthrough Tool Detects Racism and Sexism in Software,« *Fast Company*, August 22, 2017, *https://www.fastcompany.com/90137322/is-your-software-secretly-racist-this-new-tool-can-tell.*
26. ORCAA, accessed August 3, 2019, *http://www.oneilrisk.com.*
27. Faisal Kamiran and Toon Calders, »Data Preprocessing Techniques for Classification without Discrimination,« *Knowledge and Information Systems* 33, no. 1 (October 1, 2012): 1–33, *https://doi.org/10.1007/s10115-011-0463-8.*

Kapitel 8: Ist eine KI aufgebaut wie ein menschliches Gehirn?

1. Ha and Schmidhuber, »World Models.«
2. Anthony J. Bell and Terrence J. Sejnowski, »The ›Independent Components‹ of Natural Scenes Are Edge Filters,« *Vision Research* 37, no. 23 (December 1, 1997): 3327–38, *https://doi.org/10.1016/S0042-6989(97)00121-1.*
3. Andrea Banino et al., »Vector-Based Navigation Using Grid-Like Representations in Artificial Agents,« *Nature* 557, no. 7705 (May 2018): 429–33, *https://doi.org/10.1038/s41586-018-0102-6.*
4. Bau et al., »GAN Dissection.«
5. Larry S. Yaeger, »Computational Genetics, Physiology, Metabolism, Neural Systems, Learning, Vision, and Behavior or PolyWorld: Life in a New Context,« *Santa Fe Institute Studies in the Sciences of Complexity*, vol. 17 (Los Alamos, NM: Addison-Wesley Publishing Company, 1994), 262–63, *http://shinyverse.org/larryy/Yaeger.ALife3.pdf.*
6. Baba Narumi et al., »Trophic Eggs Compensate for Poor Offspring Feeding Capacity in a Subsocial Burrower Bug,« *Biology Letters* 7, no. 2 (April 23, 2011): 194–96, *https://doi.org/10.1098/rsbl.2010.0707.*
7. Robert M. French, »Catastrophic Forgetting in Connectionist Networks,« *Trends in Cognitive Sciences* 3, no. 4 (April 1999): 128–35.
8. Jieyu Zhao et al., »Men Also Like Shopping: Reducing Gender Bias Amplification Using Corpus-Level Constraints,« ArXiv:1707.09457 [Cs, Stat], July 28, 2017, *http://arxiv.org/abs/1707.09457.*

9. Danny Karmon, Daniel Zoran, and Yoav Goldberg, »LaVAN: Localized and Visible Adversarial Noise,« ArXiv:1801.02608 [Cs], January 8, 2018, *http://arxiv.org/abs/1801.02608*.
10. Andrew Ilyas et al., »Black-Box Adversarial Attacks with Limited Queries and Information,« ArXiv:1804.08598 [Cs, Stat], April 23, 2018, *http://arxiv.org/abs/1804.08598*.
11. Battista Biggio et al., »Poisoning Behavioral Malware Clustering,« ArXiv:1811.09985 [Cs, Stat], November 25, 2018, *http://arxiv.org/abs/1811.09985*.
12. Tom White, »Synthetic Abstractions,« *Medium,* August 23, 2018, *https://medium.com/@tom_25234/synthetic-abstractions-8f0e8f69f390*.
13. Samuel G. Finlayson et al., »Adversarial Attacks Against Medical Deep Learning Systems,« ArXiv:1804.05296 [Cs, Stat], April 14, 2018, *http://arxiv.org/abs/1804.05296*.
14. Philip Bontrager et al., »DeepMasterPrints: Generating MasterPrints for Dictionary Attacks via Latent Variable Evolution,« ArXiv:1705.07386 [Cs], May 20, 2017, *http://arxiv.org/abs/1705.07386*.
15. Stephen Buranyi, »How to Persuade a Robot That You Should Get the Job,« *The Observer,* March 4, 2018, *https://www.theguardian.com/technology/2018/mar/04/robots-screen-candidates-for-jobs-artificial-intelligence*.
16. Lauren Johnson, »4 Deceptive Mobile Ad Tricks and What Marketers Can Learn From Them,« *Adweek*, February 16, 2018, *https://www.adweek.com/digital/4-deceptive-mobile-ad-tricks-and-what-marketers-can-learn-from-them/*.
17. Wieland Brendel and Matthias Bethge, »Approximating CNNs with Bag-of-Local-Features Models Works Surprisingly Well on ImageNet,« ArXiv:1904.00760 [Cs, Stat], March 20, 2019, *http://arxiv.org/abs/1904.00760*.

Kapitel 9: Menschliche Bots

1. @yoco68, Twitter, July 12, 2018, *https://twitter.com/yoco68/status/1017404857190268928*.
2. Parmy Olson, »Nearly Half of All ›AI Startups‹ Are Cashing in on Hype,« *Forbes,* March 4, 2019, *https://www.forbes.com/sites/parmyolson/2019/03/04/nearly-half-of-all-ai-startups-are-cashing-in-on-hype/#5b1c4a66d022*.

3. Carolyn Said, »Kiwibots Win Fans at UC Berkeley as They Deliver Fast Food at Slow Speeds,« *San Francisco Chronicle,* May 26, 2019, *https://www.sfchronicle.com/business/article/Kiwibots-win-fans-at-UC-Berkeley-as-they-deliver-13895867.php.*
4. Olivia Solon, »The Rise of ›Pseudo-AI‹: How Tech Firms Quietly Use Humans to Do Bots' Work,« *The Guardian,* July 6, 2018, *https://www.theguardian.com/technology/2018/jul/06/artificial-intelligence-ai-humans-bots-tech-companies.*
5. Ellen Huet, »The Humans Hiding Behind the Chatbots,« *Bloomberg.com*, April 18, 2016, *https://www.bloomberg.com/news/articles/2016-04-18/the-humans-hiding-behind-the-chatbots.*
6. Richard Wray, »SpinVox Answers BBC Allegations over Use of Humans Rather than Machines,« *The Guardian,* July 23, 2009, *https://www.theguardian.com/business/2009/jul/23/spinvox-answer-back.*
7. Becky Lehr (@Breakaribecca), Twitter, July 7, 2018, *https://twitter.com/Breakaribecca/status/1015787072102289408.*
8. Paul Mozur, »Inside China's Dystopian Dreams: A.I., Shame and Lots of Cameras,« *New York Times*, July 8, 2018, *https://www.nytimes.com/2018/07/08/business/china-surveillance-technology.html.*
9. Aaron Mamiit, »Facebook AI Invents Language That Humans Can't Understand: System Shut Down Before It Evolves Into Skynet,« *Tech Times,* July 30, 2017, *http://www.techtimes.com/articles/212124/20170730/facebook-ai-invents-language-that-humans-cant-understand-system-shut-down-before-it-evolves-into-skynet.htm.*
10. Kyle Wiggers, »Babysitter Screening App Predictim Uses AI to Sniff out Bullies,« *VentureBeat* (blog), October 4, 2018, *https://venturebeat.com/2018/10/04/babysitter-screening-app-predictim-uses-ai-to-sniff-out-bullies/.*
11. Chelsea Gohd, »Here's What Sophia, the First Robot Citizen, Thinks About Gender and Consciousness,« *Live Science,* July 11, 2018, *https://www.livescience.com/63023-sophia-robot-citizen-talks-gender.html.*
12. C. D. Martin, »ENIAC: Press Conference That Shook the World,« *IEEE Technology and Society Magazine* 14, no. 4 (Winter 1995): 3–10, *https://doi.org/10.1109/44.476631.*

13. Alexandra Petri, »A Bot Named ›Eugene Goostman‹ Passes the Turing Test... Kind Of,« *Washington Post,* June 9, 2014, *https://www.washingtonpost.com/blogs/compost/wp/2014/06/09/a-bot-named-eugene-goostman-passes-the-turing-test-kind-of/.*
14. Brian Merchant, »Predictim Claims Its AI Can Flag ›Risky‹ Babysitters. So I Tried It on the People Who Watch My Kids,« *Gizmodo,* December 6, 2018, *https://gizmodo.com/predictim-claims-its-ai-can-flag-risky-babysitters-so-1830913997.*
15. Drew Harwell, »AI Start-up That Scanned Babysitters Halts Launch Following Post Report,« *Washington Post,* December 14, 2018, *https://www.washingtonpost.com/technology/2018/12/14/ai-start-up-that-scanned-babysitters-halts-launch-following-post-report/.*
16. Tonya Riley, »Get Ready, This Year Your Next Job Interview May Be with an A.I. Robot,« CNBC, March 13, 2018, *https://www.cnbc.com/2018/03/13/ai-job-recruiting-tools-offered-by-hirevue-mya-other-start-ups.html.*
17. Ibid.

Kapitel 10: Eine Partnerschaft zwischen Mensch und KI

1. Thu Nguyen-Phuoc et al., »HoloGAN: Unsupervised Learning of 3D Representations from Natural Images,« ArXiv:1904.01326 [Cs], April 2, 2019, *http://arxiv.org/abs/1904.01326.*
2. Drew Linsley et al., »Learning What and Where to Attend,« ArXiv: 1805.08819 [Cs], May 22, 2018, *http://arxiv.org/abs/1805.08819.*
3. Hector Yee (@eigenhector), Twitter, September 14, 2018, *https://twitter.com/eigenhector/status/1040501195989831680.*
4. Will Knight, »A Tougher Turing Test Shows That Computers Still Have Virtually No Common Sense,« *MIT Technology Review,* July 14, 2016, *https://www.technologyreview.com/s/601897/tougher-turing-test-exposes-chatbots-stupidity/.*
5. James Regalbuto, »Insurance Circular Letter.«
6. Abby Ohlheiser, »Trolls Turned Tay, Microsoft's Fun Millennial AI Bot, into a Genocidal Maniac,« *Chicago Tribune,* March 26, 2016, *https://www.chicagotribune.com/business/ct-internet-breaks-microsoft-ai-bot-tay-20160326-story.html.*

7. Glen Levy, »Google's Bizarre Search Helper Assumes We Have Parakeets, Diarrhea,« *Time,* November 4, 2010, *http://newsfeed.time.com/2010/11/04/why-why-wont-my-parakeet-eat-my-diarrhea-is-on-google-trends/.*
8. Michael Eisen, »Amazon's $23,698,655.93 Book about Flies,« It Is NOT Junk (blog), April 22, 2011, *http://www.michaeleisen.org/blog/?p=358.*
9. Emilio Calvano et al., »Artificial Intelligence, Algorithmic Pricing, and Collusion,« VoxEU (blog), February 3, 2019, *https://voxeu.org/article/artificial-intelligence-algorithmic-pricing-and-collusion.*
10. Solon, »The Rise of ›Pseudo-AI.‹«
11. Gale M. Lucas et al., »It's Only a Computer: Virtual Humans Increase Willingness to Disclose,« *Computers in Human Behavior* 37 (August 1, 2014): 94–100, *https://doi.org/10.1016/j.chb.2014.04.043.*
12. Liliana Laranjo et al., »Conversational Agents in Healthcare: A Systematic Review,« *Journal of the American Medical Informatics Association* 25, no. 9 (September 1, 2018): 1248–58, *https://doi.org/10.1093/jamia/ocy072.*
13. Margi Murphy, »Artificial Intelligence Will Detect Child Abuse Images to Save Police from Trauma,« *The Telegraph,* December 18, 2017, *https://www.telegraph.co.uk/technology/2017/12/18/artificial-intelligence-will-detect-child-abuse-images-save/.*
14. Adam Zewe, »In Automaton We Trust,« Harvard School of Engineering and Applied Science, May 25, 2016, *https://www.seas.harvard.edu/news/2016/05/in-automaton-we-trust.*
15. David Streitfeld, »Computer Stories: A.I. Is Beginning to Assist Novelists,« *New York Times,* October 18, 2018, *https://www.nytimes.com/2018/10/18/technology/ai-is-beginning-to-assist-novelists.html.*

Index

H

I

J

K

L

M

N

W

Y

Z

Über die Autorin

Janelle Shane hat einen Doktortitel in Elektrotechnik und einen Master in Physik. Auf *aiweirdness.com* schreibt sie über künstliche Intelligenz und die lustigen und manchmal verstörenden Dinge, die Algorithmen bei ihrem Versuch, Menschen zu imitieren, falsch machen. Sie wurde von *Fast Company* zu einer der 100 kreativsten Menschen in der Branche ernannt und hielt 2019 einen TED-Talk. Ihre Arbeiten erschienen in der *New York Times*, *Slate*, *The New Yorker*, *The Atlantic*, *Popular Science* und anderen Publikationen. Janelle ist ziemlich sicher kein Roboter.

Über den Übersetzer

Jørgen W. Lang übersetzt seit über 20 Jahren Computerbücher. Die Übersetzung dieses Buchs ist ein hervorragendes Beispiel dafür, dass trotz KI-basierter Übersetzungswerkzeuge wie Google Translate und DeepL auch in Zukunft echte Menschen nötig sind, um besonders komplexe und umfangreiche Themen richtig einzuordnen und sie mit ihrer Kreativität und Assoziationsfähigkeit zum Leben zu erwecken. Die Übertragungen der Klopf-klopf-Witze, der Eiscreme- und Kuchensorten (Sorbestie ...) entstammen keiner KI, sondern vollständig seinem eigenen Gehirn. Allen Gerüchten zum Trotz ist auch Jørgen kein Roboter.